PONS

lernen & üben RUMÄNISCH

Der direkte Weg zur Sprache

von
Corina Martina

Ernst Klett Sprachen GmbH
Barcelona • Belgrad • Budapest • Ljubljana • London • Posen • Prag • Sofia
Stuttgart • Zagreb

PONS
lernen & üben
RUMÄNISCH

Der direkte Weg zur Sprache

von
Corina Martina

Auflage A1 7 6 5 4 3 / 2010 2009 2008 2007

Internet: www.pons.de
E-Mail: info@pons.de

Redaktion: Christine Lippet
Mitarbeit: Ioana Moldovan
Logoentwurf: Erwin Poell, Heidelberg
Logoüberarbeitung: Sabine Redlin, Ludwigsburg
Einbandgestaltung: Schmidt & Dupont, Stuttgart
Titelfoto: Vlado Golub, Stuttgart
Aufnahme, Tonregie und Mastering: Ton in Ton Medienhaus, Stuttgart
Sprecher: Denisa Caramidaru, Lucian Glass
Layout: Silke Wewoda
Satz: Satzkasten - Dollenbacher & Müller, Stuttgart
Druck: Legoprint
Printed in Italy.
ISBN: 978-3-12-560734-7

Willkommen ...

auf dem direkten Weg zur Sprache. Sie lernen gerade Rumänisch und wollen Ihre Grundkenntnisse zusätzlich verbessern, indem Sie einzelne Punkte gezielt nachschlagen und üben? Dann sind Sie bei PONS lernen & üben Rumänisch genau richtig.

Aufbau des Buchs

Eine Einleitung in die Sprache gibt Ihnen zunächst interessante Hintergrundinformationen zum Rumänischen und Tipps, wie Sie diese Sprache einfacher lernen können.

Der Bereich Alphabet und Aussprache (A) macht Sie mit der Schrift und dem Lautsystem vertraut.
Der Bereich Wortschatz (W) vermittelt Ihnen thematisch gegliedert das grundlegende Vokabular der Sprache.
Der Bereich Grammatik (G) behandelt die für Anfänger und Wiedereinsteiger wichtigen Aspekte der Grammatik.
Der Bereich Kommunikation (K) wiederholt in Teilen das Vokabular aus dem Wortschatz und präsentiert praktische Bausteine für die alltägliche Verständigung.

In den Bereichen A bis K bildet jeweils eine Doppelseite eine didaktische Einheit: auf der linken Seite wird ein Thema oder ein grammatikalisches Phänomen eingängig erklärt und auf der rechten Seite in vielfältigen Übungen trainiert. Ihre Lösungen können Sie dann anhand des Lösungsschlüssels im Anhang kontrollieren.
Verweise zwischen den Bereichen A bis K zeigen Anknüpfungspunkte im Buch auf und ermöglichen Ihnen ein schnelleres Springen zwischen verwandten Themen.
Die übersichtlichen Tabellen verschaffen Ihnen einen Überblick über die verschiedenen grammatikalischen Formen.
Im Mini-Wörterbuch Rumänisch – Deutsch finden Sie noch einmal den Wortschatz des gesamten Buchs mit der Übersetzung.

Ihr Lernprozess wird durch die Audio-CD unterstützt. Viele Hörübungen aus dem Bereich Alphabet und Aussprache sowie die Minidialoge aus dem Bereich Kommunikation trainieren Ihr Ohr für die neue Sprache.

Symbole

7 Zu dieser Erklärung oder Übung finden Sie eine Aufnahme auf der CD. Die Zahl gibt die Tracknummer auf der CD an.

W6 G8 Hier werden Sie z. B. auf den Bereich Wortschatz Kapitel 6 und auf die Grammatik Kapitel 8 verwiesen.

Die rumänische ... — In den Infoboxen finden Sie Zusatzinformationen wie z. B. Ausnahmen, aber auch Lerntipps oder Landeskundliches.

Viel Spaß und Erfolg beim Lernen und Üben!

Inhaltsverzeichnis

Kommunikation

Tabellen

Lösung

Mini-Wörterbuch Rumänisch – Deutsch

Einführung in die rumänische Sprache

Rumänisches Sprachgebiet

Rumänisch wird als Muttersprache von ca. 26 Millionen Menschen gesprochen, die vorwiegend auf dem Gebiet Rumäniens und der Republik Moldawien leben. Außerdem ist Rumänisch eine der sechs Amtssprachen in Vojvodina (Serbien). In Rumänien werden neben Rumänisch auch noch einige Sprachen der dort lebenden ethnischen Minderheiten gesprochen. Die wichtigsten sind Ungarisch, Deutsch, Romanes (Sprache der Sinti und Roma), Türkisch, Serbisch, Bulgarisch.

Rumänische Sprachgeschichte

Rumänisch gehört zu den romanischen Sprachen, d.h. es hat sich, ähnlich wie z.B. Italienisch, Spanisch, Französisch oder Portugiesisch, aus dem Latein entwickelt und weist aus diesem Grunde Gemeinsamkeiten mit all diesen Sprachen auf.

Die rumänische Sprache entstand infolge der römischen Eroberung Dakiens um 108 n. Chr. In der neu entstandenen römischen Provinz (Romania > România) entwickelte sich über mehrere Jahrhunderte des Zusammenlebens eine eigene Sprache aus der Weiterentwicklung des Vulgärlateins. Unter römischem Einfluss entstand hier die erste christliche Bevölkerung in der Region.

Im 7. Jh. wurde die römische Provinz durch eine massive slawische Zuwanderung entlang der Donau, von dem Rest des Reiches abgetrennt. Die geografisch isolierte Lage und die Geschichte Rumäniens prägen die Struktur der Sprache. Umgeben von vielen slawischen Völkern, aber auch in der Geschichte mit Ungarn, Griechenland oder der Türkei verbunden, hat die rumänische Sprache eine Vielzahl von Elementen aus diesen Sprachen übernommen, z.B.:
aus slawischen Sprachen: prieten (Freund), a iubi (lieben);
aus dem Ungarischen: oraş (Stadt), marfă (Ware);
aus dem Griechischen: prosop (Handtuch), tipografie (Druckerei);
aus dem Türkischen: chioşc (Kiosk), ciubuc (Trinkgeld).

Hinzu kommt die Tatsache, dass die alte slawische Sprache bis ins 17. Jh. die offizielle Sprache am Hofe und bis ins 19. Jh. die Kirchensprache war. Die slawische Sprache war jedoch keine lebendige Sprache auf dem Gebiet Rumäniens, sondern – ähnlich wie das Latein in Westeuropa – eine Sprache der Kultur. So wurde die rumänische Sprache bis ins 19. Jh. mit kyrillischen Zeichen geschrieben.

Als sich im 19. Jh., nach vielen Jahrhunderten türkischer, österreichisch-ungarischer oder russischer Herrschaft, ein starkes Nationalgefühl entwickelte, führte man das lateinische Alphabet, als Bekräftigung des lateinischen Ursprungs des Volkes bzw. der Sprache ein und erweiterte es mit Sonderzeichen, die zur Verschriftlichung der slawischen Laute dienten. In dieser Epoche drangen auch viele französische Elemente in das Rumänische ein, denn Frankreich galt als ein Model in politischer und kultureller Hinsicht, z.B. trotuar (< frz. trottoir, Gehweg).

Der Wortschatz der rumänischen Sprache ist zu ca. 70% lateinischen Ursprungs. Auch die Grammatik ist stark ans Lateinische angelehnt: Rumänisch ist die einzige romanische Sprache, die noch ein Deklinationssystem (mit fünf Fällen) besitzt, sowie drei Geschlechter.

Die Rechtschreibung des Rumänischen orientiert sich stark an der Aussprache. Im letzten Jahrhundert gab es zwei wichtige Reformen der Rechtsschreibung. Zum einen Anfang der fünfziger Jahre und zum anderen die Reform 1993.

1953 wurde der Apostroph als Auslassungszeichen durch den Bindestrich ersetzt, statt n'am gilt nun die heutige Schreibung n-am (ich habe nicht). Die wesentliche Änderung war aber die Angleichung von î und â, da beide gleich ausgesprochen werden. Nach der Reform galt nur noch î als richtig. Diese Angleichung wurde wenige Jahre später zum Teil wieder zurückgenommen, so dass seit 1965 alle Wörter aus der Wortfamilie Rumänien mit â geschrieben wurden, also România, român, română, româneşte.

Bei der Rechtschreibreform 1993 wurde die Problematik î – â wie folgt geändert: î steht am Wortanfang (auch nach einer Vorsilbe) und am Wortende, â dagegen steht immer in der Wortmitte. Eine weitere wesentliche Änderung der Reform von 1993 ist bei der 1. Pers. Sg. bzw. 3. Pers. Pl. des Verbs a fi (sein). Früher lautete die Form eu sînt / ei sînt und wurde jetzt geändert in eu sunt. Sie können jedoch auf beide Formen treffen, vor allem umgangssprachlich oder in älteren Texten werden Sie noch der Form sînt begegnen.

Die Besonderheiten der rumänischen Sprache

Die rumänische Sprache gilt als eine der archaischsten romanischen Sprachen, denn sie weist lateinische Strukturen auf, die in anderen romanischen Sprachen verloren gegangen oder vereinfacht worden sind.

• Drei Geschlechter: Maskulinum, Femininum, Neutrum
Das Geschlecht der Substantive bewahrt die Neutrumform des Lateinischen, neben den in den anderen romanischen Sprachen üblichen Feminin- und Maskulinformen.

	Singular	Plural
Feminin	o fată ein Mädchen	două fete zwei Mädchen
Maskulin	un băiat ein Junge	doi băieți zwei Jungs
Neutrum	un tablou ein Bild	două tablouri zwei Bilder

Im Falle des Neutrums spricht man auch von einer Zwitterform, da sich das Neutrum im Singular wie ein Maskulinum und im Plural wie ein Femininum verhält.

• Das Deklinationssystem
Das Rumänische kennt noch 5 Fälle. Dekliniert werden Substantive und ihre Begleiter sowie auch Pronomen.

Nominativ: **Fata** este frumoasă. Das Mädchen ist schön.
Genitiv: Cartea este **a fetei**. Es ist das Buch des Mädchens.
Akkusativ: O văd **pe fata aceea**. Ich sehe jenes Mädchen.
Dativ: Eu dau cartea **fetei**. Ich gebe das Buch dem Mädchen.
Vokativ: **Fato**, grăbeşte-te! Mädchen, beeile dich!

Schon beim ersten Kontakt mit der Sprache fällt dabei besonders der Vokativ auf, denn selbst Eigennamen werden für die Ansprache zum Teil dekliniert.

Nominativ: Rodica şi Ioan se ceartă. Rodica und Ioan streiten sich.
Vokativ: Rodic**o**, fii cuminte! Ioan**e**, nu mai supăra fata! le spune mama.
Rodica, sei brav. Ioan, ärgere das Mädchen nicht mehr, sagt ihnen die Mutter.

• Der bestimmte Artikel
Das Rumänische ist die einzige romanische Sprache, die den bestimmten Artikel nicht vor das Substantiv stellt, sondern es an dieses anhängt. Ein bestimmtes Substantiv wird also durch die Endung gekennzeichnet.

unbestimmt	bestimmt
o fată ein Mädchen, **un** băiat ein Junge **un** tablou ein Bild	fat**a** das Mädchen, băiat**ul** der Junge tablou**l** das Bild

• Die Verkleinerungsformen – Diminutive
Die Verkleinerungsformen werden im Rumänischen durch eine Vielzahl von Suffixen (Endungen) gebildet, die oft auch den Wortstamm verändern:

Neutral: fată (Mädchen) – Diminutive: feti**ță**, fătu**ță**, fătu**că**, feti**şoară**, feti**şcană**.
Neutral: băiat (Junge) – Diminutive: băie**țel**, băie**țaş**, băie**țică**, băie**țandru**.

Es gibt auch einige Suffixe mit denen man das Gegenteil ausdrücken kann, also eine Vergrößerung, z. B. băieț**oi**, făt**oi**.

• Die Bedeutung der Betonung bei der Aussprache
Es gibt keine feste Regel für die Betonung im Rumänischen, sie kann aber sinnverändernd sein, z. B.: str**i**gă (ruft) – strig**ă** (rief). Da die Betonung von Wort zu Wort unterschiedlich ist, muss diese bei jedem Wort mitgelernt werden.

Einsprachige Wörterbücher, wie z. B. der DEX *(Dicționar explicativ al limbii române)* kennzeichnen die Betonung eines Wortes durch einen Akzent auf der betonten Silbe, z. B. cásă (Haus): Betonung auf der 1. Silbe, a mâncá (essen): Betonung auf der 2. Silbe.

• Verkürzte Formen
Bei einem ersten Blick auf einen rumänischen Text, fallen zunächst die vielen Bindestriche auf. Dies liegt daran, dass das Rumänische viele zusammengezogene Formen kennt,

welche die Aussprache erleichtern. Dabei werden entweder zwei kurze Wörter durch Bindestrich gebunden, so dass sie in der Aussprache nur noch eine Silbe bilden: ne-am (wir haben) oder der Bindestrich steht für den Wegfall eines Vokals, z. B. bei nu + Hilfsverb: N-am. Ich habe nicht.

Verkürzte (zusammengezogene) Formen gibt es z. B. bei Pronomen + Hilfsverb, bei Verneinung + Hilfsverb oder beim Konjunktivpartikel să + Pronomen:
Ne-am gândit la tine, **te**-am sunat imediat, dar **n**-am putut să-**ți** vorbim.
Wir haben an dich gedacht, wir haben dich gleich angerufen, aber wir konnten dich nicht sprechen.

• Mehrere Zukunftsformen
Das Rumänische kennt drei verschiedene Möglichkeiten die Zukunft zu bilden. Diese Möglichkeiten unterscheiden sich nur durch ihre Verwendung.

Futurbildung:
1. mit dem Hilfsverb **a vrea** (wollen) + Grundform des Verbs
   Eu **voi** cânta. Ich werde singen.
2. mit dem Hilfsverb **a avea** (haben) + Konjunktiv Präsenz
   Eu **am** să cânt. Ich werde singen.
3. mit der unveränderlichen Form **o** + Konjunktiv Präsenz
   Eu **o** să cânt. Ich werde singen.

• Fehlendes Subjekt
Die rumänische Grammatik erlaubt eine Satzkonstruktion ohne Subjekt, weil dieses meist aus der Verbform zu erschließen ist. Fügt man in solchen Situationen doch ein Subjekt hinzu, dann um zu betonen, dass dies der Autor einer Handlung ist und nicht ein anderer. Steht also ein Subjektpronomen im Satz, so dient es meist der Betonung.

Neutral: Merg la farmacie. (Ich) gehe zur Apotheke.
Betont: Eu merg la farmacie. Ich gehe zur Apotheke.

Allgemeine Lerntipps

Jede Fremdsprache lernt man bekanntlich am einfachsten indem man sich möglichst lange in dem Land aufhält, wo sie gesprochen wird. Ein tägliches Konfrontieren mit der Sprache in Alltagssituationen führt zu einer raschen Aneignung von Vokabeln, Ausdrücken und Redewendungen und festigt Kenntnisse und Hörverstehen in hohem Maße. Dieser Idealsituation kann sich natürlich nicht jeder Lerner erfreuen. Alternativ kann man nach Möglichkeiten suchen, die einem den Kontakt mit der rumänischen Sprache und Kultur ermöglichen, z. B.:

- Konversation in Tandem-Format mit einem Muttersprachler oder regelmäßiges Aufsuchen eines rumänischen Stammtisches. Virtuelle Gesprächspartner findet man online in den rumänischen Chats.

- rumänische Internetseiten, die je nach Interesse mit einer Suchmaschine gefunden werden können. Das Internet bietet die Möglichkeit, verschiedene rumänische Zeitungen und Zeitschriften online zu lesen, z. B. Evenimentul zilei oder România liberă.
- rumänische Fernsehsender wie TVR Internațional oder ProTV Internațional können über Satellitenschüssel auf Koordinaten, die im Internet zu finden sind, empfangen werden. Rumänische Sendungen zu verfolgen, hilft bei der Ausbildung einer gewissen Hörsensibilität bezüglich der Satzmelodie, des Tonfalls, der Sprechgeschwindigkeit, Sprechpausen, usw. und trainiert das Hörverstehen.

Der beste Tipp, den man aber geben kann, ist, keine Gelegenheit auszulassen, sein Rumänisch zu üben. Man sollte sich zwingen, so gut es geht und trotz jeglicher Fehler alles auf Rumänisch zu erklären, auch wenn das eine Menge Kraft und Überwindung kostet oder die Ausdrucksmöglichkeit einschränkt.

Sprachspezifische Lerntipps

• Die Betonung
Wenn Sie neue rumänische Wörter lernen, lernen Sie immer die Betonung des Wortes mit, denn diese ist im Rumänischen nie ganz einfach und eine falsche Betonung behindert das Verstehen des Wortes manchmal sehr oder führt sogar zu Missverständnissen. In unserem Mini-Wörterbuch wurde die Betonung durch Hervorhebung des betonten Vokals gekennzeichnet.

• Deklinierte Formen
Lernen Sie bei neuen Wörtern nicht nur die Grundform.
Bei Substantiven lernen Sie immer Singular- und Pluralform mit dem jeweiligen bestimmten Artikel, z. B.:
băiat – băiatul – băieți – băieții (Junge – der Junge – Jungen – die Jungen)

Bei Adjektiven lernen Sie immer Singular- und Pluralform mit der jeweiligen männlichen und weiblichen Form, z. B.:
cald – caldă – calzi – calde. (warm Sg. m./n. – warm Sg. f. – warme Pl. m. – warme Pl. f./n.).

Ähnlich müssen Pronomen mit ihren unbetonten Formen, Präpositionen mit den Fällen, die sie regieren, etc. gelernt werden.

• Ähnlichkeiten mit anderen Sprachen
Wenn Sie andere romanische Sprachen, Latein oder sogar Englisch (das bekanntlich eine Vielzahl an Vokabeln romanischen Ursprungs besitzt) können, dann versuchen Sie beim Lesen oder Verstehen von Texten an ähnlich klingende Wörter in einer Ihnen bekannten Fremdsprache zu denken, z. B.:
rum. mâncare – it. mangiare (das Essen, essen), frz. manger (essen)
rum. părinți – frz. les parents, engl. parents (die Eltern)
rum. a repeta – frz. repeter, engl. to repeat (wiederholen) etc.

• Wörterbücher

Wenn Sie Wörter in einem Wörterbuch nachschlagen, sollten Sie Folgendes beachten: Die Buchstaben ă und â werden nicht als Variante von a gesehen, sondern als eigenständige Buchstaben, die in der alphabetischen Reihenfolge hinter a kommen, sowie î nach i. Daher finden Sie also erst alle Wörter, die mit ia, ib, ic etc anfangen bis iz und erst danach die Wörter, die mit î anfangen. Substantive werden immer in ihrer unbestimmten Form im Nominativ angegeben.

Abkürzungen und grammatikalische Begriffe

Adj.	Adjektiv (Eigenschaftswort)
Adv.	Adverb (Umstandswort)
Akk.	Akkusativ
Dat.	Dativ
Diphthong	Doppellaut
f.	Femininum (weibliches Geschlecht)
Futur	Zukunft
Gen.	Genitiv
Genus	Geschlecht
Imperativ	Befehls- bzw. Aufforderungsform
jdm.	jemandem
Kasus	Fall
Konjunktion	Bindewort
Konjunktiv	Möglichkeitsform
Konsonant	Mitlaut
m.	Maskulinum (männliches Geschlecht)
Modus, Modi	Aussageweise (z. B. Indikativ, Konjunktiv, Imperativ, Optativ)
Nom.	Nominativ
Numerus	Zahl
Pers.	Person
Pl.	Plural (Mehrzahl)
Präp.	Präposition (Verhältniswort)
Präsens	Gegenwart
Pron.	Pronomen (Fürwort)
Sg.	Singular (Einzahl)
Subst.	Substantiv (Hauptwort)
ugs.	umgangssprachlich
Vok.	Vokativ
Vokal	Selbstlaut
wörtl.	wörtlich übersetzt

Das Alphabet: Konsonanten

Buchstabe	Aussprache	Beispiele
B, b	wie A**b**end	băiat Junge, bărbat Mann
P, p	wie **P**ark	păr Haar, opt acht, cap Kopf
D, d	wie A**d**er	da ja, adresă Adresse
T, t	wie **T**or	tort Torte, cort Zelt
G, g	wie **G**old	gol leer, lung lang
C, c	wie **K**asten	culoare Farbe, mic klein
K, k	wie **K**ilogramm nur in Fremdwörtern	kilometru Kilometer, kaki kaki, rock Rockmusik

A3 Die Konsonanten p, t, k und b, d, g werden ähnlich denen im Deutschen ausgesprochen, jedoch werden Sie nie als Hauchlaut gesprochen. C und g ändern ihre Aussprache, wenn ein e oder i bzw. ein he oder hi folgt.

Buchstabe	Aussprache	Beispiele
V, v	wie Bade**w**anne	vreme Wetter, avion Flugzeug, bolnav krank
F, f	wie o**f**t	fiică Tochter, marfă Ware
Ţ, ţ	wie **Z**aun	ţară Land, poliţie Polizei
Z, z	wie **S**onne	zero Null, roz rosa
S, s	wie Ei**s**	soră Schwester, gras dick

Das s wird immer stimmlos ausgesprochen, das z dagegen immer stimmhaft.

Buchstabe	Aussprache	Beispiele
J, j	wie **J**ournal	joc Spiel, joi Donnerstag, etaj Stockwerk
Ş, ş	wie **Sch**al	uşor einfach, oraş Stadt
H, h	wie **H**ahn, nie als Dehnungs-H	pahar Glas, zahăr Zucker, hai! los!
L, l	wie **L**and	lac See, alb weiß, el er
M, m	wie **M**ontag	meseria Beruf, doamnă Frau
N, n	wie **N**elke	nas Nase, un ein, una eine
R, r	gerollt ausgesprochen	roşu rot, frumos schön
X, x	1. wie **X**enia 2. wie **gz**	1. taxi Taxi 2. exemplu Beispiel

Die Konsonanten q, w, und y kommen nur in Fremdwörtern vor. Sie werden möglichst nahe an der Ursprungssprache ausgesprochen!

1 Stimmhaft oder stimmlos? Hören Sie den Unterschied und ergänzen Sie die Buchstaben in folgenden Wörtern. 1

1. **b** oder **p**?	A iu _ ire	B ca _ ană	C ru _ t	D şam _ on
2. **g** oder **c**?	A auto _ ară	B va _ ă	C mi _	D _ oală
3. **z** oder **s**?	A var _ ă	B _ are	C ma _ ă	D ro _
4. **d** oder **t**?	A zăpa _ ă	B cre _	C car _ of	D fo _ bal
5. **j** oder **ş**?	A ora _	B pră _ itură	C ro _ ie	D a _ uca
6. **v** oder **f**?	A sporti _	B _ rumos	C _ ereastră	D a _ inde

2 Hören Sie sich die Wörter an und vervollständigen Sie diese. Welches Wort passt nicht in die Reihe, weil der gesuchte Buchstabe anders ist? 2

1. A _ ară	B mor _ ov	C _ opil	D lo _
2. A _ ort	B _ imp	C nor _	D _ ren
3. A mătu _ ă	B _ oc	C ro _ u	D _ coală
4. A _ arbă	B cor _	C ara _	D al _
5. A blu _ ă	B televi _ or	C ca _ ă	D ore _

3 Hören Sie sich die folgenden Wörter an und versuchen Sie diese nachzusprechen. Achten Sie dabei besonders auf die Aussprache des r. 3

1. loc de naştere
2. număr de telefon
3. paşaport
4. interesant
5. a vorbi
6. pompieri
7. teatru
8. România

4 Hören Sie und ergänzen Sie die Konsonanten v, b, p, d, t, ţ, z, s, ş in den folgenden Sätzen. Sie können sich den Text mehrmals anhören. 4

1. E _ ti o _ o _ it.
2. Ai ne _ oie de o vacan _ ă _ eparte de _ gomo _ ul ora _ ului _ i de oamenii din _ urul tău.
3. Cu _ i _ uran _ ă mătu _ a ta de la _ ară te a _ _ ea _ _ ă.
4. Ce mai aşte _ _ i?

5 Versuchen Sie es mal mit einem rumänischen Zungenbrecher! Hören Sie sich die beiden Zungenbrecher an und versuchen Sie diese zu ergänzen. Verzweifeln Sie aber nicht daran, Zungenbrecher sind schwierig. 5

1. **S** oder **ş**?	_ a _ e _ a _ i în _ a _ e _ aci.
2. **Pr**, **cr** oder **tr**?	Ca _ _ a _ _ apă pia _ _ a în pa _ _ u, pia _ _ a _ _ apă capul ca _ _ ei.

Das Alphabet: die Vokale und das Alphabet

Vokale

Buchstabe	Aussprache	Beispiele
A, a	wie **A**pfel	nas Nase, mare Meer
Ă, ă	wie Ries**e**, Mal**er**	pătură Decke, măr Apfel
Â, â	ähnlich wie **ü** ohne Lippenrundung, nur im Wortinneren	român Rumäne, pâine Brot
E, e	1. wie R**e**st 2. wie **J**erusalem bei Personalpronomen und Formen des Verbs **a fi** (sein), die mit **e** beginnen, wird ein kurzes **i** vorangestellt	1. elev Schüler, bere Bier 2. el er, ea sie, ei / ele sie, este / e ist, era war (3. Pers. Sg.), eram war (1. Pers. Sg. u. Pl.), etc.
I, i	1. wie Mar**i**a 2. am Wortende, wenn unbetont, weich ausgesprochen, wie Ma**i**	1. dinte Zahn, vin Wein 2. ani Jahre, unchi Onkel vaci Kühe, luni Montag
Î, î	wie **â**, nur im An- oder Auslaut	în in, întrebare Frage, a coborî aussteigen, hinuntergehen
O, o	wie M**o**rgen	om Mensch
U, u	wie N**u**ss	unde wo, cum wie, nu nein

Diphtonge und Triphtonge

Diphtonge und Triphtonge sind Anreihungen von 2 bzw. 3 Vokalen, die zusammen (innerhalb einer Silbe) ausgesprochen werden. Schriftlich werden sie auch nicht getrennt, z. B.:

m**ai** Mai, er**au** waren, r**ău** schlecht, r**âu** Fluss, n**ea**muri Verwandte, l**eu** Löwe, **ie**ri gestern, f**iu** Sohn, n**oa**pte Nacht, **ouă** Eier, râd**eai** lachtest, merg**eau** gingen, cre**ioa**ne Bleistifte, grec**oai**că Griechin.

Vorsicht, **ei** und **eu** sind nicht als / ai / bzw. / oi / zu lesen, sondern als / ei / bzw. / eu /!

Das Alphabet

A (a), **Ă** (ă), **Â** (â din a), **B** (be), **C** (ce), **D** (de), **E** (e), **F** (ef), **G** (ge), **H** (haş), **I** (i), **Î** (î din i), **J** (je), **K** (ka de la kilogram), **L** (le), **M** (me), **N** (ne), **O** (o), **P** (pe), **R** (re), **S** (se), **Ş** (şe), **T** (te), **Ţ** (ţe), **U** (u), **V** (ve), **W** (dublu ve), **X** (ics), **Y** (i grec), **Z** (zet).

1 Hören Sie sich die Wörter an und ergänzen Sie die fehlenden Vokale. Hören Sie sich die Wörter nochmals an und sprechen Sie sie nach. 6

1. s _ pt _ m _ n _	2. p _ _ n _	3. m _ r _
4. l _ m _ _ _	5. m _ _ n _	6. _ _ r _

2 Hören Sie sich den Minidialog an und ergänzen Sie mit den folgenden Diphtongen! 7

iu oa ei oa ea ie

1. ▷ Mihai: Vr____ o caf____?	Möchtest du einen Kaffee?
2. ► Alina: Mulțumesc. Nu vreau.	Danke, ich möchte nicht.
3. ► Alina: Trebu____ să fug la şc____lă.	Ich muss zur Schule laufen.
4. ▷ Mihai: Fugi! E f____rte târz____!	Lauf! Es ist sehr spät!

3 Hören Sie und vervollständigen Sie das Sprichwort mit den richtigen Vokalen und Vokalkombinationen! 8

Zi _ _ bun _ se cun _ _ şte de dimin _ _ ță.
Den guten Tag erkennt man am Morgen.

4 Hören Sie sich das Alphabet an. Hören Sie es sich ein zweites Mal an und sprechen Sie nach. 9

A, ă, â, b, c, d, e, f, g, h, i, î, j, k, l, m, n, o, p, r, s, ş, t, ț, u, v, w, x, y, z.

5 Hören Sie die Reservierung eines Hotelzimmers an. Ergänzen Sie das Telefongespräch, indem Sie die Namen der Personen vervollständigen. 10

1. ▷ Bună ziua. Doresc să rezerv două camere pentru vinerea viitoare.	Guten Tag. Ich würde gerne für nächsten Freitag zwei Zimmer reservieren.
2. ► Pe ce nume?	Auf welchen Namen?
3. ▷ O cameră pentru M _ _ _ _ _ P _ _ _ _ _ _ _ _ şi o cameră pentru V _ _ _ _ _ _ E _ _ _ _ _ _ _ _.	Ein Zimmer für M.P. und ein Zimmer für V.E.
4. ► Vă rog să repetați numele pe litere.	Bitte buchstabieren Sie die Namen.
5. ▷ Sigur. M, _, _, _, _, _ P, _, _, _, _, _, _, _ şi V, _, _, _, _, _, _ E, _, _, _, _, _, _, _.	Sicher.
6. ► Mulțumesc.	Vielen Dank.
7. ▷ Şi eu mulțumesc. La revedere.	Ich danke auch. Auf Wiederhören.

Aussprache

Lautgruppen

A1 Folgt nach c und g ein dunkler Vokal (a, o, u, ă, â) oder ein Konsonant, werden sie wie k bzw. g ausgesprochen. Folgt dagegen ein heller Vokal (e, i), so ändert sich ihre Aussprache zu tsche – ce, tschi – ci bzw. dsche – ge, dschi – gi.

Buchstaben	Aussprache	Beispiele
ce	wie **Tsche**chien	cer Himmel, ocean Ozean
ci	wie Ha**tschi**!	picior Fuß, aici hier, beci Keller
ge	wie engl. **ge**ntleman	german deutsch, deget Finger, geacă Jacke
gi	wie **Gi**n	frigider Kühlschrank, inginer Ingineur

Ein h zwischen c + e / i (also che und chi) bzw. g + e / i (ghe und ghi) bewahrt dagegen die ursprüngliche Aussprache als k bzw. g.

Buchstaben	Aussprache	Beispiele
che	wie **Ke**ller	chelner Kellner, ochelari Brille
chi	wie **Ki**no	chiuvetă Waschbecken, ochi Auge
ghe	wie **Ge**ranie	ghepard Gepard, îngheţată Eis
ghi	wie **Gi**ft	ghid Reiseführer, maghiara Ungarisch

Betonung

Die Betonung hat im Rumänischen keine feste Regel! Sie sollte bei jedem Wort mitgelernt werden. Die nachfolgenden Beispiele wurden in Silben getrennt und die betonte Silbe wurde fett hervorgehoben:

m**a**-să Tisch, u-r**ât** hässlich, l**i**n-gu-ră Löffel, că-c**i**u-lă Mütze, ma-ga-z**i**n Kaufhaus, tra-d**i**-ţii-le die Traditionen, în-vă-ţă-t**o**a-re Lehrerin, e-lec-tri-ci-**a**n Elektriker.

In manchen Fällen bewirkt die unterschiedliche Betonung einen Bedeutungsunterschied, z. B.: v**e**selă fröhlich – ves**e**lă Geschirr.

Zusammenziehen der Wörter

Aus Gründen der Sprachökonomie werden Wörter in der mündlichen Sprache oft verbunden, wenn

- ein Wort mit einem Vokal endet und das nächste mit einem Vokal beginnt: Bine_ai venit! Willkommen! – In diesem Fall ist die Verbindung jedoch nur hörbar, sie wurde hier nur zur Verdeutlichung durch einen Unterstrich gekennzeichnet.
- ein Vokal verschwindet und der Wortrest an das Nachbarwort angehängt wird: N-am ştiut! statt Nu am ştiut! Das wusste ich nicht!

Wörter müssen dagegen auch im Schriftlichen verbunden werden, wenn

- ein unbetontes Reflexiv-/Personalpronomen vor dem Hilfsverb steht: M-am spălat. Ich habe mich gewaschen. (statt *Mă am spălat – falsch!)

1 Hören Sie sich die folgenden Wörter an. Achten Sie besonders auf die Aussprache der Kombination c / g + (h) + Vokal. Sprechen Sie die Wörter nach. 11

1. **ce**r – o**ce**an – pi**ci**or – ai**ci**
2. **ge**rman – de**ge**t – **ge**acă – fri**gi**der – in**gi**ner
3. **che**lner – o**che**lari – **chi**uvetă – o**chi**
4. **ghe**pard – în**ghe**țată – **ghi**d – ma**ghi**ara
5. ban**că** – **gâ**t – le**gu**me – **co**lț – ma**ga**zin

2 Hören Sie und ergänzen Sie mit ce, ci, ge oder gi. 12

1. A _ _ ne	B _ _ nere	C _ _
2. A _ _ as	B de _ _ t	C _ _ ntru
3. A mer _ _	B _ _ antă	C _ _ apă

3 Hören Sie und ergänzen Sie mit ce, ci, che oder chi. 13

1. A fa _ _	B be _ _	C ure _ _ _
2. A ve _ _ _	B _ _ ai	C dul _ _
3. A pa _ _ _ t	B bas _ _ _ t	C con _ _ rt

4 Hören Sie und ergänzen Sie mit ge, gi, ghe oder ghi. 14

1. A _ _ or _ _	B _ _ _ or _ _ _	C _ _ cu
2. A _ _ amantan	B portu _ _ _ za	C mer _ _
3. A _ _ nere	B în _ _ _ țată	C _ _ rman

5 Hören Sie und unterstreichen Sie die betonte Silbe. Achten Sie dabei auf die Veränderungen innerhalb einer Wortfamilie. 15

1. fa-mi-li-e / fa-mi-li-ar / fa-mi-lii-le
2. în-vă-ță-tor / în-vă-ță-toa-re-le / a în-vă-ța / în-va-ță
3. a lo-cu-i / noi lo-cu-im / lo-cu-i-tor / lo-cu-in-ță / lo-ca-li-ta-te
4. a scri-e / scri-soa-re / scri-i-tor / scri-i-toare

6 Hören Sie sich Kurzfassung von Rotkäppchen an, unterstreichen Sie die betonten Silben. 16

A fost odată o fată, care purta mereu o căciuliță roşie. În drum spre casa bunicii fata s-a întâlnit cu lupul. În timp ce fata culegea flori pentru bunicuța bolnavă, lupul a mâncat-o pe bunică. Apoi lupul a înghițit-o şi pe fată. Un vânător le-a salvat şi l-a omorât pe lup.

7 Ziehen Sie zusammen! 17

Nu am timp să îți scriu. ______________________________

Alternanzen

Manche Endungen bewirken bei Substantiven, Adjektiven, Pronomen und Verben eine Angleichung der Konsonanten und der Vokale im Wortinneren (Alternanz). Die wichtigsten Endungen, die Alternanzen bewirken, sind:

-i (Pl. m., 2. Pers. des Verbs),
-e (Pl. f. /n., 3. Pers. des Verbs) und
-ă (Sg. f., 3. Pers. des Verbs).

Veränderungen bei Konsonanten in Schrift und / oder Aussprache:

c + i > ci	copac – copaci Baum – Bäume, sărac – săraci arm, fac – faci < machen,
c + e > ce	pleacă – să plece < weggehen
g + i > gi	coleg – colegi – colege Kollege – Kollegen – Kolleginnen,
	drag – drage – dragi lieb,
g + e > ge	a ruga – rogi – să roage < bitten
d + i, î / â, ut	brad – brazi Tanne – Tannen, verde – verzi grün,
> z	a vedea – vezi - văzut – văzu – văzusem – văzând < sehen
s + i > ş	urs – urşi Bär – Bären, frumos – frumoşi schön, a lăsa – laşi < lassen
sc + i, e > şt	românesc – româneşti – româneşte rumänisch,
şc + i, e > şt	iubesc – iubeşti – iubeşte < lieben,
st + i > şt	ministru – miniştri Minister, nostru – noştri unser
t + i > ț	frate – frați Bruder – Brüder, iubit – iubiți < geliebt

Veränderungen bei Vokalen:

ea + i, e > e	ceaşcă – ceşti Tasse – Tassen, a vrea – vrei < wollen
e + ă > ea	întreg – întreagă ganz, a merge – să meargă < gehen
ia + i, e > ie	băiat – băieți Junge – Jungs, a tăia – taie < schneiden
oa + i > o	floare – flori Blume – Blumen, moale – moi weich
o + ă, e > oa	domn – doamnă Herr – Frau, frumos – frumoasă schön,
	a dormi – doarme – să doarmă < schlafen

Alternanzen, die nur manchmal vorkommen:

a + e > e	fată – fete Mädchen
a + i > ă	țară – țări Land – Länder
ă + i, e > e	văr – veri Cousin – Cousins, măr – mere Apfel – Äpfel
â + i > i	tânăr – tineri jung, Jugendlicher – Jugendliche, vând – vinzi < kaufen
l + i > i	copil – copii Kind – Kinder, cal – cai Pferd – Pferde, gol – goi < leer

Umgekehrt bewirkt der Wegfall der Endung die gegensätzliche Alternanz:
şt + Ø > sc: a creşte – eu cresc – crescut < wachsen, şi + Ø > s: a ieşi – ies < hinausgehen, a fugi – fug < laufen, rennen etc.

1 Fügen Sie die Endung -i hinzu und achten Sie dabei auf die Alternanzen. Hören Sie sich zur Kontrolle die Wortpaare auf der CD an. 18

1. bărbat – ________
2. fac – ________
3. şcoală – ________
4. ghid – ________
5. invit – ________
6. geacă – ________
7. fericit – ________
8. vostru – ________

2 Fügen Sie nun die Endung -e hinzu und achten Sie dabei auf die Alternanzen. Hören Sie sich zur Kontrolle die Wortpaare auf der CD an. 19

1. citesc – el ________
2. piatră –________
3. fiică – ________
4. el roagă – să ________
5. vorbesc – el ________
6. pară – ________
7. eu pot – ea ________
8. a minți – el ________

3 Fügen Sie nun die Endung -ă hinzu. Hören Sie sich zur Kontrolle die Wortpaare auf der CD an. 20

1. serios – ________
2. el merge – să ________
3. deştept –________
4. prost – ________
5. profesor – ________
6. nepot – ________

4 Wie verändern sich die folgenden Wörter mit dem Wegfall der Endung? Hören Sie sich zur Kontrolle die Wortpaare auf der CD an. 21

1. el scoate – eu ________
2. a plânge – eu ________
3. ea aduce – ei ________
4. a minți – ei ________
5. a fugi – eu ________
6. studenți –________
7. această –________
8. dinți –________

Persönliche Angaben

Angaben zur Person date personale

(pre-) nume	Name	număr de telefon	Telefonnummer
nume (de familie)	Nachname	email	E-Mail
dată de naştere	Geburtsdatum	loc de muncă	Arbeitsort
loc de naştere	Geburtsort	profesie / meserie	Beruf
naționalitate	Nationalität	nivel de formare	Bildungsstand
stare civilă	Familienstand	fotografie	Foto
domiciliu	Wohnort	înălțime	Körpergröße
adresă	Adresse	greutate	Gewicht

Dokumente documente

paşaport	Pass	card de credit	Kreditkarte
buletin	Ausweis	carnet de conducere	Führerschein

Charaktereigenschaften trăsături de caracter

sociabil, -ă	gesellig	prietenos, -oasă	freundlich
interesant, - ă	interessant	liniştit, -ă	ruhig
plictisitor, -toare	langweilig	vorbăreț, -eață	geschwätzig
arogant, -ă	arrogant	politicos, -oasă	höflich

Aussehen fizic

culoarea ochilor	Augenfarbe	drăguț, -ă	hübsch
culoarea părului	Haarfarbe	urât, -ă	hässlich
culoarea pielii	Hautfarbe	frumos, -oasă	schön
blond	blond	atractiv, -ă	attraktiv
brunet	dunkelhaarig	mare	groß
şaten, -ă	mit braunen Haaren	mic, -ă	klein
chel, cheală	kahl	slab, -ă	schlank
cu părul lung	mit langen Haaren	corpolent, -ă	korpulent
cu părul scurt	mit kurzen Haaren	gras, -ă	dick
cu mustață	mit Schnauzbart	sportiv, -ă	sportlich
cu barbă	mit Bart		
cu ochelari	mit Brille		

1 Diese dreiteiligen Wörter sind durcheinander geraten. Bringen Sie die Wortteile bitte wieder zusammen. Benutzen Sie dazu das Bindeglied de.

loc număr carnet nume loc card	de	telefon naştere credit muncă familie conducere

1. ____________ muncă
2. ____________ familie
3. număr ____________
4. loc ____________
5. ____________ credit
6. ____________ conducere

2 Welche Adjektive gehören zu welcher Gruppe? Ordnen Sie bitte zu.

sociabil gras frumos interesant atractiv prietenos slab politicos

1. Aussehen	2. Charaktereigenschaften

3 Nach welchen Dokumenten bzw. persönlichen Angaben können Sie wo gefragt werden? Bitte kreuzen Sie an.

1. Grenzkontrolle
A ☐ numărul de telefon
B ☐ culoarea ochilor
C ☐ paşaportul
D ☐ cardul de credit

2. Bank
A ☐ profesia
B ☐ cardul de credit
C ☐ înălţimea
D ☐ culoarea pielii

3. Verkehrskontrolle
A ☐ greutatea
B ☐ locul de naştere
C ☐ nivelul de formare
D ☐ carnetul de conducere

4 Füllen Sie bitte dieses Formular für sich selbst aus.

numele: ____________

prenumele: ____________

locul de naştere: ____________

data de naştere: ____________

adresa: ____________

Berufe / Arbeitsorte

K3 G1

Beruf	profesia / meseria	Arbeitsort	locul de muncă
director, -toare	Direktor, -in	firmă	Firma
manager (engl. Aussprache)	Geschäftsführer, -in	companie / firmă	Unternehmen
adjunct, -ă	Stellvertreter, -in	instituție	Institution
secretar, -ă	Sekretär, -in	birou	Büro
inginer, -ă	Ingenieur, -in		
muncitor, -toare	Arbeiter, -in	fabrică	Fabrik
om de afaceri	Geschäftsmann, -frau	firmă internațională	Internationales Unternehmen
angajat, -ă la bancă	Bankangestellte, -r	bancă	Bank
medic	Arzt, Ärztin	spital	Krankenhaus
doctor, -iță	Arzt, Ärztin		
farmacist, -ă	Apotheker, -in	farmacie	Apotheke
pictor, -iță	Maler, -in	atelier	Studio / Werkstatt
cântăreț, -eață	Sänger, -in	scenă	Bühne
scriitor, -oare	Schriftsteller, -in	editură	Verlag
actor, actriță	Schauspieler, -in	teatru	Theater
pompier	Feuerwehrmann, -frau	pompieri	Feuerwehr
polițist, -ă	Polizist, -in	poliție	Polizei
politician, -ă	Politiker, -in	parlament	Parlament
învățător, -oare	(Grundschul-) Lehrer, -in	şcoală	Schule
profesor, -oară	Lehrer, -in / Professor, -in	universitate	Universität
cercetător, -oare	Wissenschaftler, -in	institut	Institut
brutar, -iță	Bäcker, -in	brutărie	Bäckerei
măcelar, -iță	Metzger, -in	măcelărie	Metzgerei
frizer, -iță	Friseur, -in (für Männer)	frizerie	Friseursalon (für Männer)
coafor, -eză	Friseur, -in (für Frauen)	salon de coafură	Friseursalon (für Frauen)
chelner, chelneriță	Kellner, -in	restaurant	Restaurant
vânzător, -toare	Verkäufer, -in	magazin	Laden / Geschäft
croitor, -easă	Schneider, -in	croitorie	Schneiderei
şofer, -iță	Fahrer, -in	taxi	Taxi
bucătar, -ăreasă	Koch, Köchin	cantină / bucătărie	Kantine / Küche

1 Wer arbeitet wo? Bitte ordnen Sie zu.

1. profesor
2. doctor
3. bucătar
4. cercetător

A bucătărie
B institut
C şcoală
D spital

2 Hier steht entweder die männliche oder die weibliche Berufsbezeichnung. Bitte ergänzen Sie das fehlende Gegenstück, z. B. secretar – secretară.

1. brutar – ____________________
2. chelner – ____________________
3. ____________________ – profesoară
4. ____________________ – doctoriță
5. director – ____________________
6. bucătar – ____________________
7. ____________________ – ingineră
8. ____________________ – polițistă

3 Lesen Sie die Umschreibungen. Welcher Beruf ist gemeint? Bitte geben Sie in Ihrer Antwort die männliche und die weibliche Form an.

1. Person, die Haare schneidet: ____________________
2. Person, die auf der Straße für Ordnung sorgt: ____________________
3. Person, die im Laden arbeitet: ____________________
4. Person, die an der Grundschule unterrichtet: ____________________

4 Care este sau a fost profesia lor? – Was sind oder waren diese Personen von Beruf? Bitte kreuzen Sie an.

1. John Lenon
   - A ☐ bucătar
   - B ☐ vânzător
   - C ☐ cântăreț
2. Bill Gates
   - A ☐ brutar
   - B ☐ pompier
   - C ☐ om de afaceri
3. John Kenedy
   - A ☐ politiciană
   - B ☐ politician
   - C ☐ inginer
4. William Shakespeare
   - A ☐ scriitor
   - B ☐ frizer
   - C ☐ secretar

Länder / Nationalitäten / Sprachen

K4
K7

	Land	Nationalität	Sprache	sprechen
	țara	naționalitatea	limba …	a vorbi …
Bulgarien	Bulgaria	bulgar, -oaică	bulgară	bulgara
China	China	chinez, -oaică	chineză	chineza
Deutschland	Germania	german, -că / neamț, nemțoaică	germană	germana / nemțește
England	Anglia	englez, -oaică	engleză	engleza / englezește
Estland	Estonia	estonian, -că	estoniană	estoniana
Finnland	Finlanda	finlandez, -ă	finlandeză	finlandeza
Frankreich	Franța	francez, franțuzoaică	franceză	franceza / franțuzește
Griechenland	Grecia	grec, -oaică	greacă	greaca / grecește
Holland	Olanda	olandez, -ă	olandeză	olandeza
Italien	Italia	italian, -că	italiană	italiana
Japan	Japonia	japonez, -ă	japoneză	japoneza
Lettland	Letonia	letonian, -că	letoniană	letoniana
Litauen	Lituania	lituanian, -că	lituaniană	lituaniana
Norwegen	Norvegia	norvegian, -că	norvegiană	norvegiana
Österreich	Austria	austriac, -ă	austriacă	austriaca
Polen	Polonia	polonez, -ă	poloneză	poloneza
Portugal	Portugalia	portughez, -ă	portugheză	portugheza
Rumänien	România	român, -că	română	româna / românește
Russland	Rusia	rus, -oaică	rusă	rusa / rusește
Schweden	Suedia	suedez, -ă	suedeză	suedeza
Spanien	Spania	spaniol, -oaică	spaniolă	spaniola
Tschechien	Cehia	ceh, -oaică	cehă	ceha
Türkei	Turcia	turc, -oaică	turcă	turca / turcește
Ungarn	Ungaria	ungur, -oaică	ungară / maghiară	ungara / ungurește / maghiara
USA	America	american, -că	americană	americana

Verben verbe

a merge la …	fahren nach …	a face vacanță la …	Urlaub machen in …
a fi din …	kommen / stammen aus …	a vorbi	sprechen
a locui la …	wohnen in …	a înțelege	verstehen

1 Welche dieser Länder sind direkte Nachbarn? Kreuzen Sie bitte an.

1. Germania
   - A ☐ Cehia
   - B ☐ China
   - C ☐ Polonia

2. România
   - A ☐ Polonia
   - B ☐ Ungaria
   - C ☐ Rusia

3. Franța
   - A ☐ Italia
   - B ☐ Japonia
   - C ☐ Spania

2 Welche Stadt gehört zu welchem Land? Ordnen Sie bitte zu.

1. Bucureşti
2. Berlin
3. Barcelona
4. Londra
5. Varşovia

A Germania
B Polonia
C România
D Spania
E Anglia

3 Welche Sprache sprechen die Menschen welcher Nationalität?

Ergänzen Sie bitte die Sätze nach dem Muster: Românii vorbesc româneşte.

1. Germanii vorbesc _______________ .
2. Englezii vorbesc _______________ .
3. _______________ vorbesc ruseşte.
4. Francezii vorbesc _______________ .
5. _______________ vorbesc italiana.
6. Spaniolii vorbesc _______________ .
7. _______________ vorbesc poloneza.
8. Japonezii vorbesc _______________ .

4 Wo wohnten diese berühmten Persönlichkeiten?

Anglia	Spania	Germania	America	Rusia	Italia	Franța

1. Elvis Presley a trăit în _______________ .
2. Charles Dickens a trăit în _______________ .
3. Leonardo da Vinci a trăit în _______________ .
4. Napoleon Bonaparte a trăit în _______________ .
5. Vladimir Lenin a trăit în _______________ .
6. Salvador Dali a trăit în _______________ .
7. Richard Wagner a trăit în _______________ .

Familie

K5

Familienmitglieder membri de familie

				Koseformen
bunic	Großvater	bunici	Großeltern	tataie
bunică	Großmutter			mamaie
nepot	Enkel	nepoți	Enkel	nepoțel
nepoată	Enkelin			nepoțică
tată	Vater	părinți	Eltern	tătic
mamă	Mutter			mămică
naș	Pate	nași	Paten	nan
nașă	Patin			nană
soț	Ehemann	soț și soție	Ehepaar	
soție	Ehefrau			
fiu	Sohn	copii	Kinder	copilaș
fiică	Tochter			copilă
frate	Bruder	frați	Geschwister	frățișor
soră	Schwester			surioară
mătușă	Tante	rude	Verwandte	mătușică
unchi	Onkel			nene
vară	Cousine			verișoară
văr	Cousin			verișor
socru	Schwiegervater	socri	Schwiegereltern	
soacră	Schwiegermutter			
ginere	Schwiegersohn			
noră	Schwiegertochter			

Familienstand starea civilă

căsătorit / însurat (m.)	verheiratet	logodit, -ă	verlobt
căsătorită / măritată (f.)	verheiratet	divorțat, -ă	geschieden
necăsătorit, -ă	nicht verheiratet	văduv, -ă	verwitwet

Familienfeste und -ereignisse sărbători și ocazii de familie

nuntă	Hochzeit	divorț	Scheidung
cununie	Trauung	ziua de nume / onomastică	Namenstag
logodnă	Verlobung	zi de naștere	Geburtstag
botez	Taufe	înmormântare	Beerdigung

Wortschatz

1 Finden Sie das passende Gegenstück, z. B. bunic – bunică.

socru	divorțat	mamă	soră	unchi	noră	fiu	măritată	soție

1. tată – ____________
2. soț – ____________
3. fiică – ____________
4. frate – ____________
5. mătuşă – ____________
6. însurat – ____________
7. soacră – ____________
8. ginere – ____________
9. divorțată – ____________

2 Wer ist das? Versuchen Sie, die Rätsel auf Rumänisch zu lösen.

1. Der Sohn Ihres Vaters aber nicht Sie ist Ihr ____________ .
2. Der Vater Ihrer Mutter ist Ihr ____________ .
3. Der Sohn Ihres Onkels ist Ihr ____________ .
4. Die Mutter Ihres Mannes / Ihrer Frau ist Ihre ____________ .

3 Wie ist der Familienstand dieser Menschen?
Ergänzen Sie bitte das fehlende Wort in der Lücke, z. B. divorțat, văduvă.

1. Paul hat eine Frau. El este ________________ .
2. Die Frau von Liviu ist gestorben. El este ________________ .
3. Anda hat sich scheiden lassen. Ea este ________________ .
4. Oana hat einen Mann. Ea este ________________ .

Und wie ist Ihr Familienstand? Eu sunt ________________ .

4 Die Menschen links haben ein Einladungskärtchen (invitație) zu verschiedenen Anlässen geschrieben. Wer hat was geschrieben?

1. Iulia und Adrian wollen heiraten. A Sunt bunică!
2. Ioana feiert die Geburt ihres ersten Enkels. B Suntem părinți!
3. Elena und Sorin haben ein Kind bekommen. C Ne căsătorim!

Freizeit / Hobbys

K8

Hobby hobby

a călători	reisen	a cânta	singen
a citi (cărți)	(Bücher) lesen	a dansa	tanzen
a învăța limbi străine	Fremdsprachen lernen	a sărbători	feiern
		o sărbătoare	ein Fest
a găti	kochen	a merge la cumpărături	einkaufen gehen
a se întâlni cu prietenii	sich mit Freunden treffen	a se juca pe computer	am Computer spielen
a se uita la televizor	fernsehen	a merge în drumeție	wandern
a fotografia	fotografieren	a merge la plimbare	spazieren gehen
		a se plimba	spazieren gehen

Kunst und Kultur artă şi cultură

pictură	Malerei	teatru	Theater
a picta	malen	cinema	Kino
muzică	Musik	expoziție	Ausstellung
a face muzică	musizieren	concert	Konzert

Verben verbe

a merge la teatru	ins Theater gehen	a vizita o expoziție	eine Ausstellung besuchen
a merge la cinema	ins Kino gehen	a se uita la filme	Filme ansehen
a merge la concert	ins Konzert gehen	a se uita la piese de teatru	Theaterstücke ansehen

Sport sport

fotbal	Fußball	tenis	Tennis
baschet	Basketball	înot	Schwimmen
volei	Volleyball	atletism	Leichtathletik

Verben verbe

a înota	schwimmen	a face jogging	joggen
a juca fotbal	Fußball spielen	a se uita la fotbal	Fußball ansehen
a juca baschet	Basketball spielen	a se uita la un meci de baschet	ein Basketball-spiel ansehen

Wortschatz

1 Was mag Mircea und was mag Angela? Ordnen Sie bitte die Hobbys der entsprechenden Person zu. Achtung! Hier werden die Verben im Konjunktiv verwendet.

să înoate	să danseze	să călătorească	să joace fotbal
să facă jogging	să picteze	să cânte	să meargă în drumeție
să citească	să se uite la meci		

Lui Mircea îi place:

1. singen: ______________
2. reisen: ______________
3. schwimmen: ______________
4. wandern: ______________
5. Fußball spielen: ______________

Angelei îi place:

6. lesen: ______________
7. tanzen: ______________
8. malen: ______________
9. joggen: ______________
10. ein Spiel ansehen: ______________

Und was sind Ihre Hobbys? Îmi place să ______________

2 Was passt zusammen? Bitte ordnen Sie zu. Mehrere Zuordnungen sind möglich.

1. a merge
   - A ☐ tenis
   - B ☐ la televizor
   - C ☐ la teatru
   - D ☐ la plimbare

2. a juca
   - A ☐ muzică
   - B ☐ fotbal
   - C ☐ la plimbare
   - D ☐ o expoziție

3. a se uita
   - A ☐ la un film
   - B ☐ la cumpărături
   - C ☐ la o piesă de teatru
   - D ☐ la un meci

4. a face
   - A ☐ la cinema
   - B ☐ jogging
   - C ☐ cumpărături
   - D ☐ muzică

3 Das, was andere Menschen als Hobbys bezeichnen, haben diese Menschen zu ihrem Beruf gemacht. Um welchen Bereich geht es? Kreuzen Sie an.

1. Robert de Niro
   - A ☐ înot
   - B ☐ volei
   - C ☐ cinema

2. Michael Schumacher
   - A ☐ artă
   - B ☐ sport
   - C ☐ muzică

3. Vincent van Gogh
   - A ☐ pictură
   - B ☐ teatru
   - C ☐ muzică

Zahlen

0 - 10

zero	null		
unu, -a	eins	primul, prima întâiul, întâia	erste, -r
doi, două	zwei	al doilea, a doua	zweite, -r
trei	drei	al treilea, a treia	dritte, -r
patru	vier	al patrulea, a patra	vierte, -r
cinci	fünf	al cincilea, a cincea	fünfte, -r
şase	sechs	al şaselea, a şasea	sechste, -r
şapte	sieben	al şaptelea, a şaptea	siebte, -r
opt	acht	al optulea, a opta	achte, -r
nouă	neun	al nouălea, a noua	neunte, -r
zece	zehn	al zecelea, a zecea	zehnte, -r

11 - 19

unsprezece	elf	al unsprezecelea, -cea	elfte, -r
doisprezece	zwölf	al doisprezecelea, -cea	zwölfte, -r
treisprezece	dreizehn	al treisprezecelea, -cea	dreizehnte, -r
paisprezece	vierzehn	al paisprezecelea, -cea	vierzehnte, -r
cin(ci)sprezece	fünfzehn	al cin(ci)sprezecelea, -cea	fünfzehnte, -r
şaisprezece	sechzehn	al şaisprezecelea, -cea	sechzehnte, -r
şaptesprezece	siebzehn	al şaptesprezecelea, -cea	siebzehnte, -r
optsprezece	achtzehn	al optsprezecelea, -cea	achtzehnte, -r
nouăsprezece	neunzehn	al nouăsprezecelea, -cea	neunzehnte, -r

Zu den Zahlen über 10 gibt es im Rumänischen umgangssprachlich auch eine verkürzte Variante, z. B. unsprezece und ugs. unşpe. Vergleichen Sie die Übersicht in den Tabellen.

20 - 90

douăzeci	zwanzig	şaizeci	sechzig
treizeci	dreißig	şaptezeci	siebzig
patruzeci	vierzig	optzeci	achtzig
cincizeci	fünfzig	nouăzeci	neunzig

100 - ...

o sută	hundert	două sute	zweihundert
o mie	tausend	două mii	zweitausend
un milion	eine Million	două milioane	zwei Millionen

1 Bringen Sie die Zahlen bitte in die richtige Reihenfolge. Ergänzen Sie dann die dazu passenden Ordnungszahlen in der männlichen Form, z. B. 10: zece – al zecelea.

patru	şase	şapte	cinci	doi	nouă	opt	trei

2: ____________ – ______________ 6: ____________ – ______________
3: ____________ – ______________ 7: ____________ – ______________
4: ____________ – ______________ 8: ____________ – ______________
5: ____________ – ______________ 9: ____________ – ______________

2 Schreiben Sie diese Telefonnummern in Zahlwörtern von eins bis neun auf.

1. 51043: cinci ______________________________________
2. 89267: ______________________________________

3 Schreiben Sie die ausgeschriebene Zahl in Ziffern auf.

1. unsprezece: 11
2. paisprezece: _____
3. nouăsprezece: _____
4. optsprezece: _____
5. cincisprezece: _____
6. şaptesprezece: _____
7. şaisprezece: _____
8. treisprezece: _____
9. doisprezece: _____

4 Bei diesen Zehnerzahlen fehlt der erste Teil. Ergänzen Sie bitte.

două	patru	şapte	şai	trei	opt	cinci	nouă

20. ______________zeci
30. ______________zeci
40. ______________zeci
50. ______________zeci
60. ______________zeci
70. ______________zeci
80. ______________zeci
90. ______________zeci

5 Die Zahlen ab 20 werden gebildet, indem man die Einer an die Zehner reiht, gebunden mit şi (21 = douăzeci şi unu, 132 = o sută treizeci şi doi etc.). Schreiben Sie die in Ziffern angegebenen Zahlen bitte aus.

1. 37: ______________________
2. 58: ______________________
3. 146: ______________________
4. 229: ______________________

Zeitangaben

Jahreszeiten anotimpuri

primăvară	Frühling	toamnă	Herbst
vară	Sommer	iarnă	Winter

Monate lunile anului

ianuarie	Januar	iulie	Juli
februarie	Februar	august	August
martie	März	septembrie	September
aprilie	April	octombrie	Oktober
mai	Mai	noiembrie	November
iunie	Juni	decembrie	Dezember

Wochentage zilele săptămânii

săptămână	Woche	joi	Donnerstag
luni	Montag	vineri	Freitag
marţi	Dienstag	sâmbătă	Samstag
miercuri	Mittwoch	duminică	Sonntag

Datum data

1998	o mie nouă sute nouăzeci şi opt
2006	două mii şase
1.12.2006	întâi decembrie două mii şase / întâi a doisprezecea două mii şase
5.04.1950	cinci aprilie o mie nouă sute cincizeci / cinci a patra două mii şase

Man verwendet bei der Datumsangabe nur beim ersten des Monats die Ordnungszahl (întâi), sonst wird immer die Grundzahl verwendet.

Uhrzeit ora

oră	Stunde	fără	vor
minut	Minute	şi	nach
secundă	Sekunde	jumătate	halb
ora	Uhr	un sfert	viertel
fix	Punkt	trei sferturi	drei viertel

	Umgangssprache	offiziell
9:00	nouă	ora nouă
2:55	trei fără cinci	ora două şi cincizeci şi cinci de minute
17:30	cinci şi jumătate / cinci jumate	ora şaptesprezece şi treizeci de minute
19:10	şapte şi zece	ora nouăsprăzece şi zece minute

1 Zur welcher Jahreszeit gehören diese Monate? Ordnen Sie bitte zu.

aprilie · august · noiembrie · iunie · ianuarie · septembrie
decembrie · octombrie · februarie · mai · martie · iulie

1. primăvară	2. vară	3. toamnă	4. iarnă

2 Verbinden Sie die ausgeschriebene Datumsangabe mit der entsprechenden Form in Ziffern.

1. trei noiembrie două mii şase — A 15.1.2006
2. zece septembrie două mii şase — B 13.5.2006
3. cincisprezece ianuarie două mii şase — C 10.9.2006
4. treisprezece mai două mii şase — D 3.11.2006

3 Wie spät ist es? – Cât e ceasul? Bitte ergänzen Sie die passenden Wörter.

opt · fără · şi · fix · sfert

14:00

1. două ________

20:30

2. ________ şi jumătate

12:50

3. unu ________ zece

11:15

4. unsprezce şi un _____

08:20

5. opt ________ douăzeci

In der Stadt

K3
Allgemein general

K4

oraş	Stadt	bulevard	große Straße
sat	Dorf	alee	Allee
țară	Land	centru	Zentrum
cartier	Stadtviertel	oraşul vechi	Altstadt
stradă	Straße	provincie	Provinz
capitală	Hauptstadt	județ	Kreis

Einrichtungen und Gebäude instituții şi clădiri

piață	Platz	parc	Park
monument	Denkmal	ştrand	Freibad
muzeu	Museum	piscină	Hallenschwimmbad
biserică	Kirche	teren de sport	Sportplatz
mănăstire	Kloster	patinoar	Eislaufbahn
bibliotecă	Bibliothek	poştă	Post
primărie	Rathaus	poliție	Polizei
gară	Bahnhof	pompieri	Feuerwehr
galerie	Galerie	spital	Krankenhaus
cinema(tograf)	Kino	grădiniță	Kindergarten
teatru	Theater	şcoală	Schule
club	Club	universitate	Universität

Geschäfte magazine

magazin	Geschäft	bancă	Bank
alimentară	Lebensmittelgeschäft	brutărie	Bäckerei
florărie	Blumenladen	librărie	Buchhandlung
electro-casnice	Haushaltswaren	piață	Markt
bijuterie	Juweliergeschäft	măcelărie	Metzgerei
magazin de pantofi	Schuhgeschäft	aprozar	Obst- und Gemüsehandel
magazin universal	Warenhaus	chioşc de ziare	Zeitungskiosk
tutungerie	Tabakwaren- und Zeitungsgeschäft	magazin de jucării	Spielzeugladen
cofetărie / patiserie	Kaffeehaus / Konditorei	farmacie	Apotheke
magazin de lactate	Geschäft für Milchprodukte	magazin de confecții	Bekleidungs-geschäft

Wortschatz

1 Kreuzen Sie an. Wohin gehen Sie, wenn Sie …

1. … zum Arzt müssen?
   - A ☐ biserică
   - B ☐ ştrand
   - C ☐ spital
   - D ☐ bancă

2. … etwas kaufen wollen?
   - A ☐ bancă
   - B ☐ magazin
   - C ☐ pompieri
   - D ☐ gară

3. … Medizin brauchen?
   - A ☐ farmacie
   - B ☐ şcoală
   - C ☐ parc
   - D ☐ poştă

4. … spazieren gehen wollen?
   - A ☐ bibliotecă
   - B ☐ magazin universal
   - C ☐ librărie
   - D ☐ parc

2 In welches Geschäft gehen Sie, wenn Sie Folgendes kaufen wollen? Bitte ergänzen Sie.

de confecţii	de lactate	cofetărie	de jucării
alimentară	brutărie	librărie	

1. Lebensmittel: ____________
2. Kuchen: ____________ / patiserie
3. Brot: ____________
4. Spielzeug: magazin ____________
5. Bücher: ____________
6. Kleidung: magazin ____________
7. Käse: magazin ____________

3 Es gibt viel Sehenswertes in Bukarest. Bitte übersetzen Sie diese Sehenswürdigkeiten ins Rumänische. Achtung! Die Wörter werden mit dem bestimmten Artikel gebraucht.

1. St. Antim Kirche ____________ Sfântul Antim
2. Altstadt ____________
3. Der Platz der Universität ____________ Universităţii
4. Herăstrău Park ____________ Herăstrău
5. Das Cotroceni Viertel ____________ Cotroceni

Restaurant / Speisen und Getränke

K12

Gastronomie gastronomie

bar	Bar	restaurant	Restaurant
cafenea	Café	cantină	Kantine
băutură	Getränk	mâncare	Essen

Im Restaurant la restaurant

chelner, -iță	Kellner, -in	meniu	Menü
masă	Tisch	meniul zilei	Tagesmenü
ciubuc	Trinkgeld	lista de meniuri	Speisekarte

Auf dem Tisch pe masă

farfurie	Teller	şervețel	Serviette
cuțit	Messer	sticlă	Flasche
furculiță	Gabel	cană	Tasse
lingură	Löffel	ceaşcă	(Tee-, Kaffee-) Tasse
linguriță	Teelöffel	pahar	Glas

Verben verbe

a bea	trinken	a comanda	bestellen
a mânca	essen	a rezerva	reservieren
a gusta	eine Kleinigkeit essen / probieren	a plăti	bezahlen

Speisen mâncăruri

aperitiv	Vorspeise	gustare	Snack
supă	klare Suppe	desert	Nachtisch
ciorbă	Fleisch- oder Gemüsesuppe	îngheţată	Speiseeis
preparate (Pl.)	Gericht	prăjitură	Kuchen
... din carne	Fleischgericht	tort	Torte
... din peşte	Fischgericht	garnitură	Beilage
... de legume	Gemüsegericht	salată	Salat
pâine	Brot	o felie de...	eine Scheibe

Getränke băuturi

alcoolic, -ă	alkoholisch	nealcoolic, -ă	alkoholfrei
bere	Bier	ceai	Tee
țuică	Schnaps	cafea	Kaffee
lichior	Likör	suc	Saft
vin	Wein	apă	Wasser
şampanie	Sekt	apă minerală	Mineralwasser

Wortschatz

1 Welches Wort passt nicht in die Reihe?

1. țuică – apă – bere – vin
2. cafea – ceai – suc – bere
3. farfurie – cuțit – supă – furculiță
4. chelner – supă – desert – băutură

2 Ordnen Sie die Wörter bitte den entsprechenden Überschriften auf der Speisekarte zu.

prăjitură cafea înghețată apă minerală bere suc vin țuică

1. desert	2. băuturi alcoolice	3. băuturi nealcoolice

3 Lösen Sie bitte das Kreuzworträtsel.

1. Rumänische Suppe
2. O felie de…
3. Sie bringt Ihnen das Menü.
4. … din carne / din pește / de legume
5. Süßer Gang zum Abschluss
6. schwarz, heiß, macht munter
7. starkes, alkoholisches Getränk
8. Speise / Essen allgemein
9. kaltes Getränk zum Frühstück
10. … minerală

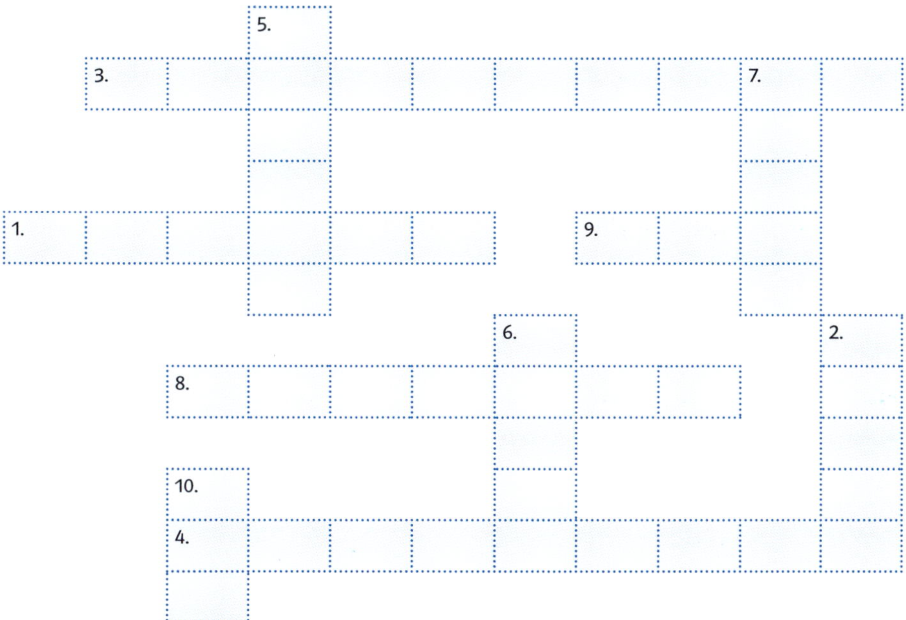

Lebensmittel / Mengenangaben

K12

Gemüse legume

castravete	Gurke	roşie	Tomate
cartof	Kartoffel	ridiche	Radieschen
varză	Weißkohl	salată (verde)	(Kopf-) Salat
morcov	Karotte	ceapă	Zwiebel
vânătă, vinete	Aubergine, -n	usturoi	Knoblauch

Milchprodukte produse lactate

smântână	Schmand	lapte	Milch
frişcă	(Schlag-) Sahne	brânză	Käse
iaurt	Yoghurt	unt	Butter
telemea	Feta-Käse	brânză de vacă	fester Quark

Fleisch carne

carne de vită	Rindfleisch	pui	Hähnchen
carne de curcan	Putenfleisch	cârnat	Wurst
carne de porc	Schweinefleisch	şuncă	Schinken
carne de pasăre	Geflügel	slănină	Speck

Backwaren produse de panificație

pâine	Brot	prăjitură	Kuchen
chiflă	Brötchen	fursec	Kleingebäck
plăcintă	Blechkuchen	tort	Torte

Gewürze condimente

sare	Salz	boia	Paprikapulver
piper	Pfeffer	dulce / iute	süß / scharf
zahăr	Zucker	oțet	Essig
		ulei	Speiseöl

Getreide u. a. cereale etc.

orez	Reis	făină	Mehl
paste / tăiței (Pl.)	Nudeln	ou, ouă	Ei, Eier

Mengenangaben cantități

sticlă	Flasche	litru	Liter
gram	Gramm	pachet	Packung
kilogram	Kilo	felie	Scheibe

Wortschatz

1 Was passt nicht in die Reihe? Markieren Sie bitte.

1. pui – şuncă – legume – carne de vită – cârnat
2. castravete – unt – roşie – varză – morcov
3. smântână – lapte – unt – zahăr – iaurt

2 Hier sehen Sie einen Einkaufszettel. Übersetzen Sie ihn bitte ins Rumänische.

1. Zucker ____________
2. Brot ____________
3. Butter ____________
4. Milch ____________
5. Salat ____________
6. Käse ____________
7. Mehl ____________
8. Eier ____________

3 Das ist ein Rezept für salată de vinete (ein Auberginenbrotaufstrich), eins der populärsten Nationalgerichte Rumäniens. Ergänzen Sie bitte die fehlenden Wörter im Rezept.

ulei | pâine | vinete | roşii | maioneză | cepe | sare | usturoi | ceapă

(1) 1,5 kg Auberginen	1,5 kg. de (1) ____________ ,
(2) 200 ml Öl	200 ml (2) ____________ ,
(3) 1 große Zwiebel oder	1 (3) ____________ mare sau
(4) 2 kleine Zwiebeln, (5) Salz;	2 (4) ____________ mici, (5) ____________ ,
(6) Es wird mit Tomaten	Se serveşte cu (6) ____________
(7) und Brot serviert	şi (7) ____________
Extra:	Extra:
(8) Majonäse	(8) ____________
(9) Knoblauch	(9) ____________

Und wie wird's gemacht? Die Auberginen werden auf einem Blech oder auf dem Grill bei höchster Temperatur gebraten, so dass die Haut schwarz wird. Zum Abkühlen werden sie auf ein schräges Holzbrett gelegt, damit die überschüssige Flüssigkeit abfließen kann. Sie werden sorgfältig gepellt und am besten mit einem Holzmesser (damit die Farbe hell bleibt) fein gehackt. Die Masse wird dann in einer Schüssel mit Öl und Salz zu einem Mus verrührt. Zum Schluss wird die fein gehackte Zwiebel hinzugefügt. Mann kann statt Öl und Salz auch eine Majonäse hinzufügen und auch Knoblauch kann je nach Geschmack hinzugefügt werden. Den Salat kann man dann mit Tomatenscheiben garnieren. Dazu gibt es Brot.

Kleidung / Farben

K13

Kleidung   îmbrăcăminte

îmbrăcăminte de damă	Damenbekleidung	îmbrăcăminte de bărbați	Herrenbekleidung

Kleidungsstücke   haine

lenjerie	Unterwäsche	tricou	T-Shirt
pantof	Schuh	cămaşă	Hemd
pardesiu	dünner Mantel	pulovăr	Pullover
bluză	Bluse	palton	Mantel
pantalon, oft pantaloni (Pl.)	Hose	fustă	Rock
căciulă	Mütze	impermeabil / haină de ploaie	Regenmantel
şosetă	Socke	rochie	Kleid
costum	Anzug	geacă	Jacke

Größe   mărime

mare	groß	mic, -ă	klein
lung, -ă	lang	scurt, -ă	kurz
larg, -ă	weit	strâmt, -ă	eng

Stil   stil

elegant, -ă	elegant	şic	schick
modern, -ă	modisch	sportiv, -ă	sportlich

Farben   culori

alb, -ă	weiß	gri	grau
galben, -ă	gelb	roşu, roşie	rot
negru, neagră	schwarz	maro	braun
albastru, -ă	blau	verde	grün
violet, -ă	lila	portocaliu, -ie	orange

Verben   verbe

a (se) încălța	(sich) Schuhe anziehen	a (se) descălța	(sich) Schuhe ausziehen
a (se) îmbrăca	(sich) anziehen	a (se) dezbrăca	(sich) ausziehen
a purta	tragen	a proba	anprobieren
a se potrivi	passen	a nu se potrivi	nicht passen
se potriveşte	es passt	nu se potriveşte	es passt nicht

Wortschatz

1 Welche Wörter gehören zu welcher Kategorie? Bitte schreiben Sie die vorgegebenen Wörter in die passende Spalte.

mare	larg	sportiv	alb	lung	modern
roşu	albastru	şic	gri	scurt	elegant

1. culoare	2. stil	3. mărime

2 Wie heißen diese Farben auf Rumänisch? Bitte ordnen Sie zu.

1. schwarz
2. rot
3. blau
4. gelb
5. grün
6. weiß

A verde
B alb
C galben
D albastru
E negru
F roşu

3 Schreiben Sie hinter diese Verben und Adjektive den Gegensatz, z. B. strâmt – larg.

1. se potriveşte – ____________
2. a încălţa – ____________
3. a îmbrăca – ____________
4. a se îmbrăca – ____________
5. mare – ____________
6. lung – ____________

4 Lesen Sie die Umschreibungen. Welche Kleidungsstücke sind gemeint? Die Anzahl der Buchstaben hilft Ihnen.

1. „Kleidungsstück“ für die Füße. _ _ _ _ _ _
2. Das ziehen Frauen an, es kann „mini“ sein. _ _ _ _ _
3. Vor langer Zeit durften es nur Männer anziehen. _ _ _ _ _ _ _ _
4. Das zieht man an, wenn es kalt ist. _ _ _ _ _ _
5. Das tragen viele Männer im Büro. _ _ _ _ _ _
6. Das trägt man auf dem Kopf. _ _ _ _ _ _ _
7. Ein Kleidungsstück nur für Frauen. _ _ _ _ _ _

Wortschatz

Wohnen

Wohnort domiciliu

hotel	Hotel	cu un etaj	einstöckig
casă	Haus	cu două etaje	zweistöckig
cabană	Berghütte	cu grădină	mit Garten
bloc	mehrstöckiges Haus / Hochhaus	cu terasă	mit Terrasse

In einem Gebäude într-o clădire

apartament	Wohnung	cameră, camere	Zimmer (Sg. / Pl.)
etaj	Etage	casa scării	Treppenhaus
etajul unu / doi	1. / 2. Etage	lift	Aufzug
garaj	Garage	beci	Keller

Zimmer camere

balcon	Balkon	toaletă	Toilette
birou	Arbeitszimmer	camera copiilor	Kinderzimmer
dormitor	Schlafzimmer	bucătărie	Küche
cameră de zi	Wohnzimmer	baie	Badezimmer
sufragerie	Esszimmer		

In einem Zimmer într-o cameră

uşă	Tür	fereastră / geam	Fenster
podea	Boden	tavan	Decke
colț	Ecke	perete	Wand

K14

Wohneinrichtung mobilier

sofa	Sofa	dulap	Schrank
fotoliu	Sessel	noptieră	Nachttisch
scaun	Stuhl	dulap de bucătărie	Küchenschrank
masă	Tisch	frigider	Kühlschrank
raft	Regal (-brett)	televizor	Fernseher
pat	Bett	computer	Computer
aşternut	Bettwäsche	oglindă	Spiegel
perdea	Vorhang / Gardine	chiuvetă	Waschbecken
lampă	Lampe	cadă	Badewanne
tablou	Bild	duş	Dusche

Wortschatz

1 Jeweils ein Wort passt nicht in die Reihe. Markieren Sie es bitte.

1. duş – cadă – televizor – chiuvetă
2. pat – hotel – casă – apartament
3. dormitor – bucătărie – sufragerie – uşă
4. cabană – casă – bloc – fereastră

2 Wie heißen diese Zimmer bzw. Räume?

1. Das Zimmer, in dem Sie schlafen, heißt ____________________ .
2. Der Raum, in dem Sie kochen, heißt ____________________ .
3. Der Raum, in dem Sie ein Auto abstellen, heißt ____________________ .
4. Der Raum, in dem Sie sich waschen, heißt ____________________ .

3 Füllen Sie bitte die Lücken in dieser Wohnungsbeschreibung aus. Die Wörter haben bereits den passenden bestimmten oder unbestimmten Artikel.

un computer	dulapul	camere	o masă	dormitorul
un balcon	sufrageria	apartamentul	birou	patul

1. Meine Wohnung hat drei Zimmer.	____________ meu are trei ____________ .
2. Das Schlafzimmer ist klein.	____________ e mic.
3. Es passen nur das Bett und der Schrank hinein.	În el încap doar ____________ şi ____________ .
4. Im Arbeitszimmer steht ein großer Tisch mit Computer.	În ____________ se află ____________ mare cu ____________ .
5. Das Esszimmer hat einen großen Balkon.	____________ are ____________ mare.

4 Welche Einrichtungsgegenstände können Sie normalerweise in einem Hotelzimmer finden? Ergänzen Sie bitte das Wortnetz.

Verkehr

K11

Allgemein general

circulație / trafic	Verkehr	bifurcație	Abzweigung
amendă	Geldstrafe	intersecție	Kreuzung
bilet	Ticket / Fahrschein	parcare	Parkplatz
ambuteiaj	Stau	stație	Haltestelle
trecere de pietoni	Fußgängerüberweg	semafor	Ampel
zebră	Zebrastreifen	accident	Unfall

Straßen străzi

autostradă	Autobahn	ocolire	Umleitung
stradă	Straße	şosea	Landstraße
drum	Weg	pod	Brücke

Bahnhöfe etc. gări etc.

autogară	Busbahnhof	port	Hafen
gară	Bahnhof	aeroport	Flughafen

Verkehrsmittel mijloace de transport

autobuz	Bus	avion	Flugzeug
automobil	Auto	metrou	U-Bahn
maşină	Auto	taxi	Taxi
bicicletă	Fahrrad	troleibuz	Trolleybus
vapor / navă	Schiff	tren	Zug
elicopter	Hubschrauber	tramvai	Straßenbahn

Verkehrsteilnehmer participanți la trafic

şofer	Fahrer	agent de circulație	Verkehrspolizist
pasager / călător	Passagier	pieton	Fußgänger

Verben verbe

a călători	fahren / reisen	a opri	anhalten
a conduce	fahren / lenken	a traversa	überqueren
a porni	losfahren / wegfahren	a chema un taxi	Taxi rufen
a ajunge	ankommen	a parca	parken
a coti la… / a o lua la… / a o face la…	nach … abbiegen	a se urca	einsteigen
		a cobori	aussteigen
a staționa / a sta	stehen		

Wortschatz

1 Kreuzen Sie bitte an.

1. Eine Flugreise startet wo?
   - A ☐ în stația de autobuz
   - B ☐ în aeroport
   - C ☐ în gară
2. Ein Auto parken Sie wo?
   - A ☐ pe trecerea de pietoni
   - B ☐ în intersecție
   - C ☐ în parcare
3. Ein Bus wird von wem gefahren?
   - A ☐ de şofer
   - B ☐ de agentul de circulație
   - C ☐ de călător
4. Bei roter Ampel tun Sie was?
   - A ☐ a traversa
   - B ☐ a opri
   - C ☐ a coti

2 Welches ist das langsamste Verkehrsmittel und welches das schnellste? Geben Sie eine 1 für das schnellste und eine 5 für das langsamste.

☐ maşină ☐ bicicletă ☐ avion ☐ tren ☐ autobuz

3 Welches Verb passt zu welchem Substantiv? Verbinden Sie.

1. a parca automobilul	A un taxi
2. a chema	B la bifurcație
3. a coti	C în parcare
4. a traversa	D pe trecerea de pietoni

4 Bus fahren. Welches rumänische Wort würden Sie für das jeweilige deutsche Wort in Klammern benutzen? Ergänzen Sie bitte.

şofer	a coborî	amendă	a opri	bilet	stație	a urca

1. Bevor man los fährt, kauft man eine (Fahrkarte) ______________________ ,
   sonst muss man eine (Strafe) ______________________ zahlen.
2. Dann wartet man an einer (Haltestelle) __________________________ .
3. Wenn der Bus ankommt, kann man (einsteigen) ________________________ .
4. Oft muss man das Ticket (dem Fahrer) ____________________ zeigen.
5. Wenn der Bus an der gewünschten Haltestelle (anhält) ___________________ ,
   darf man (aussteigen) _______________________ .

Körper / Hygiene / Gesundheit

Körper corp

ochi	Auge	cap	Kopf
sprânceană	Augenbraue	gât	Hals
ureche	Ohr	laba piciorului	Fuß
nas	Nase	picior	Bein / Fuß
gură	Mund	braț	Arm
dinte	Zahn	umăr	Schulter
buză	Lippe	fund	Hintern
față	Gesicht	piept	Brust
mână	Hand	burtă	Bauch
palmă	Handfläche	păr (Sg.)	Haare
deget	Finger	piele	Haut

Beachten Sie den Plural einiger Körperteile: sprânceană – sprâncene, ureche – urechi, dinte – dinți, cap – capete, gât – gâturi, picior – picioare, deget – degete, mână – mâini, față – fețe.

Körperpflege îngrijirea corpului

a face duş	duschen	gel de duş	Duschgel
a spăla	waschen	şampon	Shampoo
a se spăla	sich waschen	săpun	Seife
a se rade	sich rasieren	aparat de ras	Rasierapparat
a se şterge	sich abtrocknen	prosop	Handtuch
a se pieptăna	sich kämmen	pieptene	Kamm
a se da cu cremă	sich eincremen	cremă	Creme
a se spăla pe dinți	sich die Zähne putzen	pastă de dinți	Zahnpasta
a face baie	baden	periuță de dinți	Zahnbürste

Gesundheit sănătate

a fi bolnav, -ă	krank sein	a avea febră	Fieber haben
a fi sănătos, -oasă	gesund sein	diaree	Durchfall
doare	(es) tut weh	medicament	Medizin
dor	(sie) tun weh	a lua	einnehmen
durere	Schmerz	tabletă / pastilă	Tablette
a transpira	schwitzen	a-şi rupe ceva	sich etwas brechen
a se arde	sich verbrennen		

Lerntipp: Malen Sie einen menschlichen Körper und beschriften Sie ihn mit den rumänischen Begriffen. So können Sie sich die Bezeichnungen besser merken!

1 Welche dieser Körperteile gehören zum Gesicht (față) und welche zum übrigen Körper (corp)?

sprâncene	umeri	dinți	brațe	ochi	degete	nas	gură	picior	buze

1. față	2. corp

2 Welche Körperteile kommen nacheinander, wenn man den menschlichen Körper von oben nach unten betrachtet? Ordnen Sie bitte zu.

burtă	umeri	cap	gât	picioare	piept	păr	fund

1. ______________________
2. ______________________
3. ______________________
4. ______________________
5. ______________________
6. ______________________
7. ______________________
8. ______________________

3 Welche Artikel der Körperhygiene benutzt man wofür? Verbinden Sie bitte.

1. a se spăla pe dinți
2. a se spăla
3. a se şterge
4. a se rade
5. a se pieptăna

A săpun
B aparat de ras
C pieptăn
D prosop
E periuță de dinți

4 Wenn Ihnen etwas wehtut, sagen Sie: mă doare… (Sg.) / mă dor… (Pl.) Ergänzen Sie bitte die Sätze.

dinții	febră	burta	sănătos	pieptul	capul

1. Mă doare ______________ (Kopf).
2. Mă dor ______________ (Zähne).
3. Am ______________ .
(Ich habe Fieber.)
4. Mă doare ______________ (Brust).
5. Mă doare ______________ (Bauch).
6. Sunt ______________ (gesund)!

Wortschatz

Verbenmix

Gefühle sentimente

a iubi	lieben	a-i plăcea	mögen
a urî	hassen	a simți	fühlen

Sinne simțuri

a auzi	hören	a vedea	sehen
a asculta	zuhören	a se uita	schauen
a atinge	berühren	a mirosi	riechen

Alltagsaktivitäten activități cotidiene

a fi	sein	a începe	anfangen
a avea	haben	a termina	beenden
a face	tun / machen	a dori	wünschen
a căuta	suchen	a vrea	wollen
a găsi	finden	a putea	können
a ajuta	helfen	a trebui	müssen / sollen
a locui	wohnen	a trăi	leben
a munci / a lucra	arbeiten	a se scula	aufstehen
a se odihni	sich ausruhen	a dormi	schlafen

Bewegung mişcare

a veni	kommen	a duce	tragen
a alerga	laufen	a şedea	sitzen
a merge	gehen	a se aşeza	sich setzen
a sta culcat	liegen	a se ridica	aufstehen

Sprache limbă

a răspunde	antworten	a spune / a zice	sagen
a vorbi	sprechen	a povesti	erzählen
a întreba	fragen	a tăcea	schweigen

Geistige Aktivitäten intelect

a gândi	denken	a scrie	schreiben
a crede	glauben	a citi	lesen
a învăța	lernen	a înțelege	verstehen
a uita	vergessen	a şti	wissen

1 Lieben oder hassen? Finden Sie die Gegenteile.

a se aşeza	a termina	a vorbi	a se odihni	a iubi	a răspunde

1. a tăcea – ____________________
2. a întreba – ____________________
3. a începe – ____________________
4. a urî – ____________________
5. a se ridica – ____________________
6. a munci – ____________________

2 Falls Sie diese Sätze auf Rumänisch formulieren müssten, welches Verb würden Sie nehmen? Ordnen Sie bitte die Infinitive zu.

a înțelege	a merge	a vedea	a putea	a face	a iubi	a lucra	a avea

1. Tudor *liebt* seine Frau. ____________________
2. Florin *kann* helfen. ____________________
3. Ana *hat* ein neues Spielzeug. ____________________
4. Ioana *arbeitet* den ganzen Tag lang. ____________________
5. Ich *sehe* dich. ____________________
6. Wo *gehst* du hin? ____________________
7. Ich *verstehe* dich gut. ____________________
8. Was *machst* du gerade? ____________________

3 Finden Sie die folgenden Verben im Suchgitter: sehen, arbeiten, kommen, lieben, lesen, wünschen, beenden, vergessen, können, antworten, wissen, haben, leben, sein, sitzen – natürlich auf Rumänisch.

r	i	l	n	m	g	l	i	m	r	p	t	i	z	u	n
i	m	t	u	r	e	p	n	a	u	u	n	l	f	o	e
e	ă	b	s	a	g	e	h	c	i	t	r	ă	i	b	g
a	u	o	c	e	i	o	p	u	s	e	i	j	p	u	h
v	e	n	i	l	a	ş	e	d	e	a	t	v	ă	l	d
e	n	a	t	g	u	t	m	o	s	t	n	o	m	i	v
a	g	c	i	u	b	i	a	r	ă	s	p	u	n	d	e
b	o	c	ă	i	b	u	t	i	v	t	d	e	a	r	d
a	n	o	d	t	e	g	p	u	r	î	d	u	p	o	e
l	u	c	r	a	n	i	s	o	t	e	r	m	i	n	a

Wortschatz

G1

Geschlecht der Substantive

Das grammatikalische Geschlecht (Genus) hat im Rumänischen drei Kategorien: Maskulinum, Femininum und Neutrum. Zur Unterscheidung gibt es mehrere Merkmale:

- das natürliche Geschlecht: domn (Herr), doamnă (Frau), bărbat (Mann), femeie (Frau), lup (Wolf), lup**oaică** (Wölfin) etc.
- G3 G4 die Kennzeichnung durch den Artikel
- die Endung

Das Neutrum kennzeichnet sich dadurch, dass es sich im Singular wie ein Maskulinum verhält und im Plural wie ein Femininum.

Die Endungen im Singular

Die maskulinen und neutralen Substantive enden im Singular meist auf einen Konsonanten, die femininen meist auf die Vokale a, ă, e oder i:

Maskulinum	Neutrum	Femininum
Konsonant	Konsonant	Vokal
-i, -u	-o, -ou, -u, -i	-ă, -e, -i, -a

Ausnahmen:

- Einige Substantive auf -e sind maskulin: frat**e** (Bruder), munt**e** (Berg), peret**e** (Wand)
- Einige wenige Wörter auf -e sind neutral: num**e** (Name), prenum**e** (Vorname), spat**e** (Rücken)
- Sehr wenige Wörter auf -a, -ea oder ă bezeichnen männliche Personen und sind daher maskulin: tat**ă** (Vater), pop**ă** (Pfarrer), pap**ă** (Papst), Tom**a**, Mirc**ea**

> **Tipp:** Aufgrund dieser Besonderheiten empfiehlt es sich, am Anfang das Geschlecht zusammen mit dem jeweiligen Substantiv zu lernen.

Maskulinum / Femininum bei belebten Substantiven

W2 Bei belebten Substantiven (Berufe, Nationalitäten, Tiere etc.) kann man die feminine Form von der maskulinen Form ableiten, indem man folgende Endungen anhängt: -ă, -e, -iță, -că sowie -oaică, -easă oder -esă.

A4 prieten – prieten**ă** (Freund – Freundin), vânzător – vânzătoar**e** (Verkäufer – Verkäuferin), doctor – doctori**ță** (Arzt – Ärztin), român – român**că** (Rumäne – Rumänin), lup – lup**oaică** (Wolf – Wölfin), mire – mir**easă** (Bräutigam – Braut), prinț – prinț**esă** (Prinz – Prinzessin)

Bei der Bildung des Femininum kommt es oft zu Veränderungen des Vokals im Wortinneren: o wird zu oa, z. B. profes**o**r – profes**oa**ră (Lehrer – Lehrerin).

1 Welches Geschlecht haben folgende Substantive? Ordnen Sie sie der jeweiligen Kategorie zu.

copac Baum   casă Haus   băiat Junge   masă Tisch   an Jahr
zero Null   câine Hund   fată Mädchen   cafea Kaffee   radio Radio

1. Maskulinum	2. Femininum	3. Neutrum

2 Bilden Sie die feminine Form der folgenden Substantive.

1. student – ______________________ Student – Studentin
2. inginer – ______________________ Ingenieur – Ingenieurin
3. elev – ______________________ Schüler – Schülerin
4. ambasador – ______________________ Botschafter – Botschafterin
5. cititor – ______________________ Leser – Leserin
6. turist – ______________________ Tourist –Touristin
7. coleg – ______________________ Kollege – Kollegin

3 Bilden Sie die maskuline Form der folgenden Substantive.

1. candidată – ______________________ Kandidatin – Kandidat
2. frizeriță – ______________________ Friseur – Friseurin
3. ursoaică – ______________________ Bär – Bärin
4. elvețiancă – ______________________ Schweizer – Schweizerin
5. nepoată – ______________________ Neffe – Nichte
6. orăşeancă – ______________________ Städter – Städterin

Tipp: Die häufigste weibliche Endung ist -ă. Berufe, deren männliche Bezeichnung auf -tor enden, bilden die weibliche Bezeichnung auf -toare. Vergleichen Sie mit den Lösungen und prägen Sie sich die Paare ein, indem Sie sie laut nachsprechen.

Singular und Plural

Grundregeln

- Maskuline Substantive enden im Plural auf -i:
  bărbat – bărbați (Mann – Männer), frate – frați (Bruder – Brüder).
- Feminine Substantive enden im Plural auf -e, -i oder auf -le, wenn das Sg. auf -a endet:
  casă – case (Haus – Häuser), grădină – grădini (Garten – Gärten), cafea – cafele (Kaffee – Kaffee). Alle femininen belebten Substantive, die aus einem Maskulinum abgeleitet sind, enden im Plural auf **-e**: studentă – studente (Studentin – Studentinnen).
- Neutrale Substantive enden im Plural auf -uri oder -e seltener auf -i:
  pat – paturi (Bett – Betten), caiet – caiete (Heft – Hefte),
  exercițiu – exerciții (Übung – Übungen).

	Maskulinum	Neutrum	Femininum
Pluralendung	-i	-uri, -e, -i	-e, -i, -le

Besonderheiten

- Aussprache:
  Die Pluralendung -i wird nach Konsonant sehr kurz ausgesprochen:
  an – ani (Jahr – Jahre), copac – copaci (Baum – Bäume), pasăre – păsări (Vogel – Vögel).

A4

- Vokal- und Konsonantenänderungen:
  Unter dem Einfluss der Endung ändern sich oft die Vokale und Konsonanten im Stamm des Wortes (Alternanz):
  băiat – băieți (Junge – Jungen), fată – fete (Mädchen – Mädchen) etc.

Wichtigste Alternanzen im Plural:

Vokale:	o	> oa	telefon – telefoane (Telefon – Telefone)
	oa	> o	floare – flori (Blume – Blumen)
	ea	> e	fereastră – ferestre (Fenster – Fenster)
	a	> e	fată – fete (Mädchen – Mädchen)
	a	> ă	gară – gări (Bahnhof – Bahnhöfe)
	â	> i	cuvânt – cuvinte (Wort – Wörter)
	ia	> ie	băiat – băieți (Junge – Jungen)
Konsonanten:	c	> ce, ci	vacă – vaci (Kuh – Kühe)
	g	> ge, gi	fag – fagi (Buche – Buchen)
	t	> ț	frate – frați (Bruder – Brüder)
	s	> ş	urs – urşi (Bär – Bären)
	d	> z	ghid – ghizi (Reiseführer – Reiseführer)
	l	> i	copil - copii (Kind – Kinder)
			cal - cai (Pferd – Pferde)

1 Vervollständigen Sie die Tabelle, indem Sie die fehlende Plural- oder Singularform ergänzen.

	Singular		Plural	
1.	coleg	Kollege		Kollegen
2.		Kollegin	colege	Kolleginnen
3.	student	Student		Studenten
4.		Studentin	studente	Studentinnen
5.		Tourist	turişti	Touristen
6.	turistă	Touristin		Touristinnen
7.	elev	Schüler		Schüler
8.		Schülerin	eleve	Schülerinnen
9.	prieten	Freund		Freunde
10.	prietenă	Freundin		Freundinnen
11.		Deutscher	germani	Deutsche
12.	româncă	Rumänin		Rumäninnen

2 Finden Sie die Pluralformen der folgenden Wörter im Wortgitter.

carte Buch   masă Tisch   dulap Schrank   lampă Lampe   pat Bett
perete Wand   radio Radio   raft Regal   scaun Stuhl   uşă Tür

M	E	S	E	T	N	F	**C**	**Ă**	**R**	**Ț**	**I**	Z
Z	E	L	I	P	R	S	C	A	U	N	E	J
Ă	R	Ş	E	G	D	F	R	U	H	O	A	L
Ț	A	U	M	Ț	U	V	Ț	N	I	D	U	Ş
I	D	Ț	E	R	L	Z	A	L	M	O	Ş	P
M	I	U	A	P	A	U	G	Ă	V	Ț	I	A
Ş	O	Ă	Ş	S	P	F	Ă	M	J	D	C	T
N	U	E	J	L	U	N	C	P	N	O	Ă	U
Ț	R	A	P	E	R	E	Ț	I	E	Ț	E	R
C	I	I	E	D	I	R	A	F	T	U	R	I

3 Bestimmen Sie das Geschlecht der Wörter aus der Übung 2.

1. Maskulinum	2. Femininum	3. Neutrum

Grammatik

Der unbestimmte Artikel

Der unbestimmte Artikel steht vor dem Substantiv und hat folgende Formen:

	Maskulinum	Neutrum	Femininum
Sg.	**un** un bărbat ein Mann	**un** un ziar eine Zeitung	**o** o femeie eine Frau
Pl.	**nişte** nişte bărbaţi einige Männer	**nişte** nişte ziare einige Zeitungen	**nişte** nişte femei einige Frauen

Der unbestimmte Artikel im Genitiv-Dativ:

	Maskulinum	Neutrum	Femininum
Sg.	**unui** unui băiat einem / eines Jungen	**unui** unui oraş einer Stadt	**unei** + Pluralform unei femei einer Frau
Pl.	**unor** unor băieţi einiger Jungen	**unor** unor oraşe einiger Städte	**unor** unor femei einiger Frauen

Verwendung

Der unbestimmte Artikel wird verwendet:

- Meistens bei zählbaren Substantiven
  Am cumpărat **un** ziar. Ich habe eine Zeitung gekauft.
  Am cumpărat **nişte** mere. Ich habe einige Äpfel gekauft.
- Im Singular bei Stoffnamen, hat nişte die Bedeutung eines Teilungsartikels, z. B.: **nişte** gheaţă (etwas Eis).
- Als direktes Objekt haben Substantive ohne Artikel oder mit dem unbestimmten Artikel die gleiche Bedeutung.
  El are casă la ţară. / El are **o** casă la ţară. Er hat ein Haus auf dem Land.
- Nach Präpositionen kann bei Substantiven ohne nähere Bestimmung der unbestimmten Artikel benutzt werden. Stau la hotel. / Stau la **un** hotel.
  Ich wohne im Hotel. / Ich wohne in einem Hotel.

G33

Gebundene Formen

- mit der Präposition în (in): **în**tr-un, **în**tr-o (in einem, in einer)
- mit der Präposition din (aus): **din**tr-un, **din**tr-o (aus einem, aus einer)
- mit der Präposition prin (durch): **prin**tr-un, **prin**tr-o (durch einen, durch eine)

1 Setzen Sie den unbestimmten Artikel ein.

1. ________ avion ein Flugzeug
2. ________ avioane einige Flugzeuge
3. ________ maşină ein Auto
4. ________ maşini einige Autos
5. ________ bicicletă ein Fahrrad
6. ________ tramvaie einige Straßenbahnen
7. ________ autobuz ein Bus
8. ________ metrouri einige U-Bahnen

2 Ergänzen Sie die Tabelle.

1. o convorbire	ein Gespräch	dintr-o convorbire	aus einem Gespräch
2. o cameră	ein Zimmer	într-o cameră	in einem Zimmer
3. _______ parc	ein Park	________________	durch einen Park
4. _______ seară	ein Abend	________________	an einem Abend
5. _______ copac	ein Baum	________________	in einem Baum
6. _______ şcoală	eine Schule	________________	aus einer Schule
7. _______ cunoscut	ein Bekannter	________________	durch einen Bekannten

3 Ergänzen Sie die Sätze mit dem passenden unbestimmten Artikel im Dativ oder Genitiv.

1. Îi voi da ciocolata ________________ copil.
   Ich werde die Schokolade einem Kind geben.
2. Maria e prietena ________________ cunoscute.
   Maria ist die Freundin einer Bekannten.
3. Am ascultat părerea ________________ prieteni.
   Ich habe mir die Meinung einiger Freunde angehört.
4. Nu am cunoştinţele ________________ doctor.
   Ich habe nicht die Kenntnisse eines Arztes.
5. Le-am povestit întâmplarea ________________ colege.
   Ich habe einigen Kolleginnen von dem Ereignis erzählt.
6. I-am scris ________________ prieten.
   Ich habe einem Freund geschrieben.

Der bestimmte Artikel

Der bestimmte Artikel wird im Rumänischen als Endung an das Wort angehängt: bărbat – bărbat**ul** (Mann – der Mann), bărbați – bărbați**i** (Männer – die Männer). Dabei bekommen maskuline und neutrale Substantive im Singular die Endung -(u)l oder -le, wenn das Sg. auf -e endet und feminine Substantive die Endung -a.

Singular Maskulinum / Neutrum		Singular Femininum	
Ohne Artikel	Mit Artikel	Ohne Artikel	Mit Artikel
Kons.	**-ul**	**-ă**	**-a**
pantof Schuh	pantof**ul** der Schuh	casă Haus	cas**a** das Haus
-i	**-ul**	**-ie**	**-ia**
unchi Onkel	unchi**ul** der Onkel	pălărie Hut	pălăr**ia** der Hut
-e	**-le**	**-e**	**-ea**
nume Name	nume**le** der Name	mare Meer	mar**ea** das Meer
-u	**-l**	**-a**	**-ua**
teatru Theater	teatru**l** das Theater	cafea Kaffee	cafea**ua** der Kaffee

Aussprache: Das -l im Sg. m. / n. wird oft nicht ausgesprochen: unchiu'.

Ausnahmen:

- Das Substantiv tată hat zwei Formen: allein stehend tata, mit näherer Bestimmung tatăl: Merg cu **tata** la piață. Ich gehe mit dem Vater auf den Markt., **tatăl** băiatului (der Vater des Jungen).
- Die Wochentage luni, marți, miercuri, joi, vineri haben die bestimmten Formen: lunea, marțea, miercurea, joia, vinerea.

Plural Maskulinum		Plural Femininum / Neutrum	
Ohne Artikel	Mit Artikel	Ohne Artikel	Mit Artikel
-i	**-i**	**-e, -i, -le**	**-le**
pantofi Schuhe	pantofi**i** die Schuhe	case Häuser	case**le** die Häuser

Gebrauch

- Bei näher bestimmten Substantiven: Maşin**a** mea este veche. Mein Auto ist alt.
- Bei einigen einzigartigen Substantiven im Nominativ wie z. B. lună (Mond), soare (Sonne), cer (Himmel): Soare**le** e puternic. Die Sonne ist / scheint stark.
- Bei Verwandtschaftsnamen: Bunic**ul** este bătrân. Der Großvater ist alt.
- Bei Körperteilen: Mihai are ochi**i** negri. Mihai hat schwarze Augen.
- Städtenamen, die auf Konsonant oder **-i** enden: Bucureşti**ul** e mare. Bukarest ist groß.
- Nach Verben wie: a plăcea (mögen), a iubi (lieben), a urî (hassen): Iubesc flori**le**. Ich liebe Blumen.
- Nach Präpositionen **nur**, wenn das Substantiv näher bestimmt ist und nicht der unbestimmte Artikel gewählt wird: Antena e pe cas**a** aceasta. Die Antenne ist auf diesem Haus. ABER: Antena e pe cas**ă**. Die Antenne ist auf dem Haus.
  Ausnahme: Nach der Präp. **cu**: Merg la mare **cu** maşina. Ich fahre mit dem Auto ans Meer.

1 Benutzen Sie das Substantiv mit dem bestimmten Artikel. Als kleine Hilfe ist auch das Geschlecht des Substantivs angegeben.

1. Pe ce stradă stă Andrei? – Pe (Stradă, f.) ______________________ Davila.
   In welcher Straße wohnt Andrei? – In der Davila Straße.
2. La ce număr? – La (număr, n.) ______________________ 7.
   In welcher Nummer? – In der Nummer 7.
3. Ce autobuz ajunge acolo? – Poţi merge cu (autobuz, n.) ______________________ 9.
   Welcher Bus fährt dorthin? – Du kannst mit dem Bus Nummer 9 fahren.
4. La ce staţie cobor? – La (staţie, f.) ______________________
   "(Facultate, f.) ______________________ de Medicină".
   An welcher Haltestelle steige ich aus? – An der Haltestelle „Medizinische Fakultät."

2 Antworten Sie auf die Frage.

1. Îi place Bucureştiul? (Paris) – Nu, îi place Parisul.
   Mag er / sie Bukarest? – Nein, er / sie mag Paris.
2. Mergem cu bicicleta? (taxi, n.) – Nu, mergem cu ______________ .
   Fahren wir mit dem Fahrrad? – Nein, wir fahren mit dem Taxi.
3. Cumpărăm maşina lor? (casă, f.) – Nu, cumpărăm ______________ lor.
   Kaufen wir ihr Auto? – Nein, wir kaufen ihr Haus.
4. El este fiul ei? (frate, m.) – Nu, este ______________ ei.
   Ist er ihr Sohn? – Nein, er ist ihr Bruder.
5. Lupul are ochii mari? (urechi, f.) – Nu, are ______________ mari.
   Hat der Wolf große Augen? – Nein, er hat große Ohren.

3 Entscheiden Sie, ob der bestimmte Artikel benötigt wird und falls ja, ändern Sie die Form. Achten Sie darauf, ob das Substantiv im Singular oder im Plural steht.

1. Mâine mergem pe (munte) ______________ cu (prieteni) ______________ .
   Morgen fahren wir mit Freunden auf den Berg.
2. Vrem să stăm la (cabană) ______________ "Bradu".
   Wir wollen in der „Bradu"-Hütte („Die Tanne") wohnen.
3. Vom face (plimbări) ______________ prin (pădure) ______________ .
   Wir werden Spaziergänge durch den Wald machen.
4. Ne plac (plimbări) ______________ la (munte) ______________ .
   Wir mögen die Spaziergänge im Gebirge.
5. (Soră) ______________ mea şi (prieten) ______________ ei vor veni cu (cort) ______________ .
   Meine Schwester und ihr Freund werden mit dem Zelt kommen.
6. Ei vor sta la (cort) ______________ .
   Sie werden im Zelt wohnen.

Die Fälle

Im Rumänischen gibt es folgende fünf Fälle, die sich entweder durch die Wortstellung oder durch die Endung voneinander unterscheiden:

Der Nominativ (Subjekt des Satzes, wer? was?)

- ist nicht durch die Endung gekennzeichnet
- steht in der Regel in Aussagesätzen am Satzanfang, in Fragesätzen am Satzende:
  Vecina mea merge la piață. Meine Nachbarin geht auf den Markt.
- das Subjekt kann jedoch auch fehlen:
  Merge la piață. / **Ea** merge la piață. Sie geht auf den Markt.

Der Akkusativ (dir. Objekt, wen? was?; Adverbialbestimmungen, wo? wann?)

- ist nicht durch die Endung gekennzeichnet
- steht meist nach dem Verb: Cumpăr nişte **mere**. Ich kaufe einige Äpfel.
- zwischen Verb und Akkusativ kann auch ein Dativ stehen:
  Îi dăm vânzătoarei **banii**. / Îi dăm **banii** vânzătoarei. Wir geben der Verkäuferin das Geld.
- Die meisten Präpositionen verlangen den Akkusativ: în, pe, de la, spre, cu etc.

Der Genitiv (Besitzanzeige, wessen?)

- Nomen, Pronomen etc. im Genitiv geben den Besitzer an
- ist durch die Endung gekennzeichnet:
  Sg.: m. / n.: **-(u)lui**, f.: Pluralform + **-i**; Pl.: **-lor**
- ist durch die Artikel al-a-ai-ale gekennzeichnet
- G3 nach Präpositionen mit bestimmtem Artikel:
  asupra, deasupra, împotriva, în fața, de-a lungul, dedesubtul, în spatele etc.
- in der Regel steht erst der Besitz, dann der Besitzer:
  casa **mamei** (das Haus der Mutter)

Der Dativ (indirektes Objekt, wem?)

- ist durch die gleichen Endungen wie im Genitiv gekennzeichnet
- steht vor oder nach dem Verb, kann vor oder nach dem direkten Objekt stehen:
  Le aduc **copiilor** o ciocolată. / Le aduc o ciocolată **copiilor**.
  Ich bringe den Kindern eine Schokolade mit.
- nach den Präpositionen: datorită, mulțumită, grație, potrivit, contrar

Der Vokativ (direkte Ansprache)

- ist durch die Endung gekennzeichnet:
  Sg.: m. / n.: **-e** / **-ule**, f.: **-o**; Pl.: **-lor**
- zur Kennzeichnung des direkt Angesprochenen
- Stellung im Satz ist flexibel:
  Băiete, vino încoace! / Vino, **băiete**, încoace! / Vino încoace, **băiete**! Junge, komm her!

Grammatik

1 Erkennen Sie im folgenden Dialog die Fälle der unterstrichenen Wörter.

1. ▷ Bună seara, domnule Ionescu! — Guten Abend, Herr Ionescu!
   Fall: ______________________
2. ► A, bună seara, ați fost în oraș? — Ah, guten Abend, waren Sie in der Stadt?
   Fall: ______________________
3. ▷ Da, am fost la cinema, ideea mamei. — Ja, wir waren im Kino, Mutters Idee.
   Fall: ______________________
4. ► Și cum a fost filmul? — Und wie war der Film?
   Fall: ______________________
5. ▷ Mie mi-a plăcut, mamei mai puțin. — Mir hat er gefallen, Mutter weniger.
   Fall: ______________________

2 Formulieren Sie Sätze aus folgenden Satzteilen.

1. te duci – Ioano – unde ?
   Unde te duci, Ioano? / Ioano, unde te duci?
   Wohin gehst du Ioana?
2. ce – azi – Radule – faci ?
   ____
   Was machst du heute, Radu?
3. copiilor – bunica – o prăjitură – le face
   ____
   Großmutter macht den Kindern einen Kuchen.
4. pe prietenul meu – la gară – îl aștept
   ____
   Ich warte am Bahnhof auf meinen Freund.
5. la mare – prietenei mele – cu mașina – mergem
   ____
   Wir fahren mit dem Auto meiner Freundin ans Meer.

3 Finden Sie die passende Antwort zu den Fragen.

1. Pe cine suni?
   Wen rufst du an?
2. Cui îi scrii?
   Wem schreibst du?
3. A cui e poza?
   Wessen Foto ist es?
4. Cine vine la cină?
   Wer kommt zum Abendessen?

A A prietenului meu.
  Meines Freundes.

B O prietenă.
  Eine Freundin.

C Bunicii.
  Der Oma.

D Pe fratele meu.
  Meinen Bruder.

Genitiv / Dativ

Der Genitiv und der Dativ haben beide folgende Endungen:

	Maskulinum	Neutrum	Femininum
Sg.	**-(u)lui**	**-(u)lui**	Pluralform + **-i**
	băiat**ului** dem Jungen	oraş**ului** der Stadt	feme**ii** der Frau
Pl.	**-lor**	**-lor**	**-lor**
	băieţi**lor** der Jungen	oraşe**lor** der Städte	femei**lor** der Frauen

Ausnahmen:
Sg. f. auf trennbares -ie: Genitiv / Dativ auf -iei: soţie – soţ**iei**. Ehefrau – der Ehefrau

Personennamen: Vor maskulinen Namen steht der Artikel lui:
cartea **lui** Ioan (Ioans Buch), Îi dau **lui** Petre cadoul. Ich gebe Petre das Geschenk.
Bei femininen Namen steht die Endung -ei / -ăi: Maria – Mar**iei**, Anca – Anc**ăi**.

Steht vor dem Substantiv ein Begleiter (Pronomen, unbestimmter Artikel, Adjektiv), übernimmt dieser die Genitiv- / Dativendung: acest**ui** băiat (diesem Jungen / dieses Jungen), iubit**ului** prieten (dem geliebten Freund / des geliebten Freundes).
Im Femininum Singular wird beim Substantiv zusätzlich die Pluralform gebraucht: acest**ei** fet**e** (diesem Mädchen / dieses Mädchens).

Um den Bezug zum Besitzer leichter erkennbar zu machen, gibt es im Genitiv zusätzlich den Genitivartikel.

	Maskulinum	Neutrum	Femininum
Sg.	al	al	a
Pl.	ai	ale	ale

Genitiv / Dativ nur für Plural: alor
Der Genitivartikel richtet sich in Geschlecht und Zahl nach dem Besitzobjekt und nicht nach dem Besitzer: Cartea este **a** băiatului. Das Buch gehört dem Jungen.
Cărţile sunt **ale** băiatului. Die Bücher gehören dem Jungen.

Verwendung des Genitivartikels

- wenn der Besitz und der Besitzer nicht direkt nebeneinander stehen:
  casa bunicilor şi **a** părinţilor (das Haus der Eltern und der Großeltern)
- mit dem Verb a fi (sein, im Sinne von gehören):
  Cartea este **a** băiatului. Das Buch gehört dem Jungen.

Genitiv und Dativ nach Präpositionen

- Präpositionen und zusammengesetzte Präpositionen, die den Genitiv verlangen, enden auf -a, -ul oder -le (bestimmte Artikel): deasupr**a** (über), împotriv**a** (gegen), în jur**ul** (rund um), în spate**le** (hinter) etc.
- Präpositionen, die den Dativ verlangen sind: graţie (dank), mulţumită (dank), datorită (wegen), conform (laut), contrar (entgegen), potrivit (passend / laut).

Grammatik

1 Ergänzen Sie mit der richtigen Form im Genitiv.

1. Nicu este copilul (frate) ________________ meu.
   Nicu ist das Kind meines Bruders.
2. Unchiul tău e fratele (mamă) ________________ tale.
   Dein Onkel ist der Bruder deiner Mutter.
3. Soacra ta e mama (soț) ________________ tău.
   Deine Schwiegermutter ist die Mutter deines Ehemannes.
4. Bunica mea e mama (tată) ________________ meu.
   Meine Oma ist die Mutter meines Vaters.

2 Bilden Sie Sätze nach folgendem Beispiel. Denken Sie an den Genitivartikel!

1. cartea băiatului – Cartea este a băiatului.
   das Buch des Jungen – Das Buch gehört dem Jungen.
2. copiii prietenilor die Kinder der Freunde: ________________
3. dulapul bunicii Omas Schrank: ________________
4. mobila prietenului die Möbel des Freundes: ________________
5. notele elevului die Noten des Schülers: ________________
6. părerea studentei die Meinung der Studentin: ________________
7. casa vecinilor das Haus der Nachbarn: ________________

3 Ergänzen Sie die Sätze mit der richtigen Genitiv- oder Dativform des Substantivs, das am Satzende in Klammern steht. Setzen Sie wo nötig auch den Genitivartikel ein.

1. Îi voi da ciocolata ________________ meu. (copil)
   Ich werde die Schokolade meinem Kind geben.
2. Maria e prietena bună ________________ mei. (cunoscuți)
   Maria ist die gute Freundin meiner Bekannten.
3. Am ascultat părerea sinceră ________________ mei. (prieteni)
   Ich habe mir die ehrliche Meinung meiner Freunde angehört.
4. Nu am cunoştinţele de matematică ________________ tău. (frate)
   Ich habe nicht die Mathematikkenntnisse deines Bruders.
5. Prietenii ________________ şi ________________ mei se cunosc. (vecini / părinți)
   Die Freunde der Nachbarn und meiner Eltern kennen sich.

Akkusativ mit **pe** / Genitiv / Dativ mit **lui**

Akkusativ mit pe

Als Zeichen für den Akkusativ wird im Rumänischen vor Bezeichnungen belebter Substantive (Personen, Namen, Tiernamen) oder deren Platzhalter (Pronomen) die Präposition pe verwendet. Hier hat pe keine Bedeutung und wird auch nicht übersetzt:

Pe muss verwendet werden:

- vor Bezeichnungen für Personen (Berufe, Nationalitäten etc.):
  Îl întreb **pe** student. Ich frage den Studenten. Îi întâlnesc **pe** copii. Ich treffe die Kinder.
- vor Namen: O văd **pe** Maria. Ich sehe Maria.
- vor betonten Personalpronomen im Akkusativ: Te aştept **pe** tine. Ich warte auf dich.
- vor Possessivpronomen: Îl iau **pe** al meu. Ich nehme meins mit.
- vor Demonstrativpronomen: O cumpăr **pe** aceasta. Ich kaufe diese.

G12

> Wie die obigen Beispiele alle zeigen, wird in diesen Fällen das direkte Objekt nach pe durch ein vorausgehendes, unbetontes Akkusativpronomen aufgegriffen, so dass das Objekt gedoppelt wird: Te aştept **pe tine**. (wörtl. Dich ich warte auf dich.)

- vor Relativpronomen care (welches), cine (wer) und deren zusammengesetzte Formen:
  Pe cine vezi azi? Wen siehst Du heute?
- vor Negativpronomen nimeni: Nu văd **pe nimeni**. Ich sehe niemanden.

Pe kann fehlen:

- bei Personenbezeichnungen mit einem unbestimmten Artikel:
  Întrebăm un medic. / Îl întrebăm **pe** un medic. Wir fragen einen Arzt.
- bei nicht näher definierten Personenbezeichnungen: Caut profesor de germană.
  Ich suche einen Deutschlehrer. Aştept avocatul. Ich warte auf den Anwalt.

Genitiv / Dativ mit lui

Vor maskulinen Namen wird vor den Genitiv / Dativ der Artikel lui gestellt, dieser wird nicht übersetzt:
cartea **lui** Ioan (Ioans Buch), Îi dau **lui** Petre cadoul. Ich gebe Petre das Geschenk.

Lui wird noch verwendet:

- bei femininen Namen, die auf einen Konsonanten oder auf -i enden:
  cartea **lui** Carmen (Carmens Buch), caietul **lui** Mimi (Mimis Heft)
- umgangssprachlich auch bei allen femininen Personennamen: **lui** Ioana / Ioanei
- umgangssprachlich bei manchen männlichen Verwandtschaftsbegriffen:
  lui tata (Vaters / dem Vater), **lui** bunicul (Opas / dem Opa).

Grammatik

1 In welchen Sätzen fehlt die Präposition pe? Setzen Sie pe nur ein, wenn es zwingend notwendig ist.

1. ► Aduceți și ________ câinele în excursie?	Bringt ihr auch den Hund mit?
2. ▷ Nu știm, dar de obicei îl luăm ________ Bombo peste tot.	Wir wissen nicht, aber normalerweise nehmen wir Bombo überall hin mit.
3. ► Și Emil o aduce ________ Miți, pisica lui.	Emil bringt auch seine Katze, Miți, mit.
4. ► Pisica lui Emil, Miți, urăște ________ câinii.	Emils Katze hasst Hunde.
5. ▷ Bine, dar nu-mi las ________ câinele singur în casă.	Gut, aber ich lasse meinen Hund nicht allein im Haus.
6. ▷ Poate rog ________ un vecin să aibă grijă.	Vielleicht bitte ich einen Nachbar, dass er aufpasst.
7. ► Sau poate își lasă Emil ________ pisica acasă?	Oder vielleicht lässt Emil seine Katze zu Hause?
8. ▷ Și ________ cine aduci tu?	Und wen bringst du mit?

2 In welchen Sätzen fehlt lui? Setzen Sie lui nur dort ein, wo es nötig ist.

1. Îi cumperi o carte ________ Alexandrei? Kaufst du Alexandra ein Buch?
2. Nu, îi cumpăr o carte ________ Alexandru. Nein, ich kaufe Alexandru ein Buch.
3. Acesta e CD-ul ________ Ion? Ist das Ions CD?
4. Nu, e CD-ul ________ Ioanei. Nein, es ist Ioanas CD.

3 Etwas stimmt nicht! Ergänzen Sie mit pe oder lui.

1. Pantofii aceștia nu sunt ai Elenei, sunt ai ________ Alexandru.
   Diese Schuhe gehören nicht Elena, sie gehören Alexandru.
2. Nu întreb la Informații, îl întreb ________ Radu.
   Ich frage nicht die Auskunft, ich frage Radu.
3. Nu le spun secretul colegilor, ci doar ________ Mihai.
   Ich sage das Geheimnis nicht den Kollegen, sondern nur Mihai.
4. Lucrarea aceasta nu este a Smarandei, ci a ________ Catrinel.
   Diese Arbeit gehört nicht Smaranda, sondern Catrinel.
5. Nu chem Pompierii, îl chem ________ administrator.
   Ich rufe nicht die Feuerwehr, sondern den Hausmeister.
6. Nu-i dau prăjitura ________ Andrei, ci copiilor.
   Ich gebe den Kuchen nicht Andrei, sondern den Kindern.

Grammatik

Der Vokativ

Der Vokativ hat folgende Endungen:

	Maskulinum	Femininum
Sg.	**-e / -ule**	**-o**
	băiet**e** / băiat**ule** Junge	fat**o** Mädchen
Pl.	**-lor**	**-lor**
	băieţi**lor** Jungs	fete**lor** Mädchen

G9 Vokativendungen werden auch zur Substantivierung von Adjektiven benutzt:

	Maskulinum	Femininum
Sg.	iubit**e** / iubit**ule** Liebster	frumoas**o** (Du) Schöne
Pl.	harnici**lor** (Ihr) Fleißigen	deştepte**lor** (Ihr) Klugen

Einige Substantive bekommen jedoch keine Vokativendung:
Mamă! Mutter! Tată! Vater! Frate! Bruder! Copii! Kinder! Doamnă! (Meine) Dame!

G4 Umgangssprachlich wird statt Vokativ oft Nominativ mit bestimmtem Artikel verwendet:
Domn**ule** Ionescu! / Domn**ul** Ionescu! Herr Ionescu! Băiet**e**! / Băiat**ule**! / Băiat**ul**! Junge!

In der heutigen Sprache gibt es die Tendenz, die Namen ohne Vokativendung zu benutzen: Mari**o**! / Maria! Rad**ule**! / Radu!

Verwendung

Der Vokativ wird verwendet, um die Anrede der Person zu kennzeichnen. Dies betrifft also belebte Substantive und auch Namen:

- Substantiv / substantiviertes Adjektiv: Ce faci, frumoas**o**? Wie geht's, du Schöne?
- Adjektiv + Substantiv
  Vokativendungen gibt es nur im Maskulinum Singular.
  Das Adjektiv und das Substantiv haben die Endung -e:
  Iubit**e** coleg**e**! Lieber Kollege!, Stimat**e** domnul**e**! Sehr geehrter Herr!
  Das Adjektiv hat die Endung -ule:
  Bun**ule** prieten! Guter Freund!
  Ausnahme: Das Adjektiv drag (lieb) hat im Singular Maskulinum und Singular Femininum die Form dragă: **dragă** Maria – **dragă** Ion (liebe Maria – lieber Ion).
- Feste Formen der Anrede: Domnule / Doamnă / Domnilor / Doamnelor …
  Herr / Frau / Herren / Damen … Doamnelor şi domnilor! Meine Damen und Herren!

Ohne Vokativ:

- Substantiv (Sg. f, Pl. f, Pl. m.) + Adjektiv: Prietenă dragă! Liebe Freundin!
  Stimate doamne! Sehr geehrte Damen! Stimaţi domni! Sehr geehrte Herren!
- Adjektiv + best. Art. + Possessiv + Substantiv: Iubitul meu bunic! Mein lieber Großvater!

Grammatik

1 Welche der Wörter der folgenden Anredeformen haben eine Vokativendung? Kreuzen Sie an.

- ☐ 1. dragă prietene — lieber Freund
- ☐ 2. dragă prietenă — liebe Freundin
- ☐ 3. dragul meu prieten — mein lieber Freund
- ☐ 4. stimate Domnule Ionescu — sehr geehrter Herr Ionescu
- ☐ 5. iubiți copii — liebe Kinder
- ☐ 6. dragi oaspeți — liebe Gäste
- ☐ 7. Iubito! — Liebste!
- ☐ 8. Frumosule! — Hübscher!

2 Wie lautet die Nominativform der benutzten Vokative?

1. Vecine, vii şi tu? Kommst Du auch, Nachbar? ______________
2. Bunico, ce ne-ai adus? Oma, was hast du uns mitgebracht? ______________
3. Băiete, fii atent! Junge, sei vorsichtig! ______________
4. Ce spui, colego? Was sagst du, Kollegin? ______________
5. Copile, ai răbdare! Kind, hab Geduld. ______________
6. Veniți cu noi, fetelor? Kommt ihr mit uns, Mädchen? ______________

3 Verändern Sie die Anrede nach dem Beispiel, indem Sie das Possessivpronomen weglassen und entsprechend Vokativ oder Nominativ verwenden.

1. Dragul meu vecin, doreşti să iei masa cu noi? –
   Dragă vecine, doreşti să iei masa cu noi?
   Mein lieber Nachbar, möchtest du mit uns essen?
2. Stimata mea doamnă, vă mulțumesc pentru scrisoare.
   ____
   Meine verehrte Dame, ich danke Ihnen für den Brief.
3. Iubiții mei prieteni, din păcate voi lipsi mâine.
   ____
   Meine lieben Freunde, leider werde ich morgen fehlen.
4. Dragul meu domn, aceasta este o neînțelgere.
   ____
   Mein lieber Herr, dies ist ein Missverständnis.
5. Stimatele mele colege, mâine avem liber.
   ____
   Verehrte Kolleginnen, wir haben morgen frei.

Das Adjektiv

Im Nominativ richtet sich das Adjektiv in Geschlecht und Zahl nach dem Substantiv, auf das es sich bezieht: băiatul e frumos / fata e frumoas**ă** (der Junge ist hübsch / das Mädchen ist hübsch). Bezieht sich das Adjektiv gleichzeitig auf feminine und maskuline Substantive, so erhält es die Pluralendung des Maskulins: Colegii şi colegele sunt drăguț**i**. Die Kollegen und die Kolleginnen sind nett. Im Genitiv-Dativ ist die Form für Femininum Sg. identisch mit der Pluralform im Nominativ: studentei frumoas**e** der schönen Studentin. Die Adjektive werden in der Regel dem Substantiv nachgestellt, können aber zur Betonung auch vorangestellt werden. Dann übernimmt das Adjektiv den bestimmten Artikel und ggf. den Fall des Substantivs: clădire**a** veche / veche**a** clădire **(**das alte Gebäude).

Adjektive mit 4 Formen

A4 Adjektive mit vier Formen haben zwei Formen im Singular und zwei Formen im Plural, je nach Geschlecht, z. B. bun (gut):

	Maskulinum	Neutrum	Femininum
Sg.	Konsonant, **-i**, **-u**: bun	Konsonant, **-i**, **-u**: bun	**-ă**, **-ea**, **-e**: bun**ă**
Pl.	**-i**: bun**i**	**-e**: bun**e**	**-e**: bun**e**

Zu dieser Gruppe gehören die meisten Adjektive, so auch die Adjektive auf -os, -an, -bil, -al, -ar, -iv, -at, ez, -ist: politic**os** (höflich), franc**ez** (französisch), dific**il** (schwierig), tr**ist** (traurig) sowie auch Partizipien oder Gerundien: căsătorit (verheiratet).

Adjektive mit 3 Formen

Adjektive mit drei Formen haben entweder nur eine Form im Femininum (Sg. und Pl.) und zwei Formen im Maskulinum, z. B. plictisotor (langweilig) oder sie haben zwei Endungen im Singular, je nach Geschlecht, aber nur eine Endung im Plural, z. B. nou (neu):

	Maskulinum	Neutrum	Femininum
Sg.	Konsonant, **-u**: no**u**	Konsonant, **-u**: no**u**	**-ă**, **-e**: nou**ă**
Pl.	**-i**: no**i**	**-i**: no**i**	**-i**: no**i**

Adjektive mit 3 Endungen sind weniger häufig: mic (klein), lung (lang), larg (breit), nou (neu), roşu (rot) etc. Zu dieser Gruppe gehören auch Adjektive auf -esc, -tor, -iu: nemțesc (deutsch), plictisitor (langweilig), argintiu (silbern).

Adjektive mit 2 Formen

Adjektive mit zwei Endungen haben je eine Endung für Singular und eine für Plural, unabhängig vom Geschlecht des Substantivs, z. B.: mare (groß), tare (stark), subțire (dünn), verde (grün), iute (scharf), dulce (süß).

Sg. -e: mar**e** Pl. -i: mar**i**

Unveränderliche Adjektive

Unveränderliche Adjektive haben nur eine Form. Es handelt sich dabei meist um Adjektive fremden Ursprungs, z. B. bej (beige), maro (braun) etc.

Grammatik

1 Ergänzen Sie die Tabelle mit den 4 Formen des Adjektivs.

	Sg. m.	Sg. f. / Sg. n.	Pl. m.	Pl. f. / Pl. n.
1. schön		frumoasă	frumoşi	
2. stark	puternic			
3. ledig		necăsătorită		
4. reich	bogat		bogați	
5. blau	albastru	albastră	albaştri	
6. interessant			interesanți	interesante
7. schwarz	negru	neagră		negre

2 Ergänzen Sie die Sätze mit der richtigen Form der angegebenen Adjektive.
Zahl und Geschlecht des Adjektivs sind in Klammern hinter der Lücke angegeben.

adus mitgebracht   urât hässlich   lung lang
nou neu   surprinzător erstaunlich   francez französisch
larg breit   negru schwarz   simplu einfach   şic schick

1. Cenuşăreasa îşi dezbrăcă hainele __________________ (Pl. f.) şi îşi îmbrăcă rochia __________________ (Sg. f.).
   Das Aschenputtel zog sich die hässlichen Kleider aus und zog sich das neue Kleid an.
2. Rochia era după moda __________________ (Sg. f.), __________________ (Sg. f.) direct de la Paris.
   Das Kleid war nach der französischen Mode, direkt aus Paris mitgebracht.
3. Era __________________ (Sg. f.), de culoare __________________ (Sg. f.) şi cu mâneci __________________ (Pl. f.).
   Es war lang, in schwarzer Farbe und mit breiten Ärmeln.
4. Aşa s-a transformat o fată __________________ (Sg. f.) într-o domnişoară foarte __________________ (Sg. f.).
   So hat sich ein einfaches Mädchen in ein sehr schickes Fräulein verwandelt.
5. Nu e __________________ (Sg. m.) că prințul s-a îndrăgostit de ea pe loc.
   Es ist nicht erstaunlich, dass sich der Prinz auf der Stelle in sie verliebt hat.

3 Finden Sie die richtige Form der vorgegebenen Adjektive.

Cine e fata (bun) __________________ şi (frumos) __________________ , dar (sărac) __________________ , de care se îndrăgosteşte prințul din poveste? – Cenuşăreasa.
Wer ist das gute und schöne, aber arme Mädchen, in das sich der Prinz aus dem Märchen verliebt? – Aschenputtel.

Die Steigerung des Adjektivs

- Eine positive Steigerung des Adjektivs drückt man wie folgt aus:

mai	+ Adjektiv	ca / decât de + Numeralien

Um den Vergleich anzuschließen, kann man wahlweise decât oder ca verwenden. De verwendet man jedoch nur, wenn eine Zahl folgt.
Metroul e **mai** rapid **ca** tramvaiul. Die U-Bahn ist schneller als die Straßenbahn.
Tramvaiul e **mai** romantic **decât** metroul. Die Straßenbahn ist romantischer als die U-Bahn.
Am mers pe jos **mai** mult **de** 4 km. Wir sind mehr als 4 km zu Fuß gegangen.

- Um eine negative Steigerung auszudrücken, fügt man noch puţin (wenig) ein.

mai puţin	+ Adjektiv	ca / decât de + Numeralien

La prânz, restaurantul e **mai puţin** frecventat **decât** seara.
Mittags ist das Restaurant weniger besucht als abends.

- Um eine wachsende Intensität auszudrücken, verwendet man tot mai oder din ce în ce mai:
Străzile sunt **tot mai** aglomerate. Die Straßen werden immer voller.
Şoferii sunt **din ce în ce mai** nemulţumiţi. Die Fahrer sind immer unzufriedener.

- Die Gleichheit drückt man wie folgt aus:

la fel de tot atât de tot aşa de	+ Adjektiv	+ ca şi / ca

Berea e **la fel de** rece **ca şi** vinul. Das Bier ist genauso kalt wie der Wein.

- Den relativen Superlativ bildet man wie folgt:

cel / cea / cei / cele + mai	+ Adjektiv	+ din / dintre

Mihai e **cel mai** mare elev **din** clasă. Mihai ist der größte Schüler in der Klasse.
Es gibt auch den relativen Superlativ der Inferiorität:
cea mai puţin inteligentă reacţie (die am wenigsten intelligente Reaktion)

- Der absolute Superlativ wird mit foarte (sehr) bzw. extrem de (äußerst), extraordinar de (außerordentlich), incredibil de (unglaublich) etc. gebildet:
foarte drăguţ (sehr nett), **incredibil de** mare (unglaublich groß).
Mihai e un băiat **foarte** drăguţ. Mihai ist ein sehr netter Junge.

1 Ergänzen Sie die Sätze mit den folgenden Formen.

mai frumoasă schöner | din ce în ce mai neliniştită immer unruhiger
cea mai frumoasă die Schönste
la fel de neliniştită genauso unruhig | foarte frumoasă sehr schön

1. Oglindă, onglinjoară, cine e ______________________ din ţară?
   Spiegel, Spiegelein, wer ist die Schönste im ganzen Land?
2. Regina mea bună, eşti ______________________ .
   Meine gute Königin, du bist sehr schön.
3. Dar şi ______________________ decât tine este Albă ca Zăpada.
   Aber noch schöner als du ist Schneewittchen.
4. Regina deveni ______________________ .
   Die Königin wurde immer unruhiger.
5. Iar oglinda deveni ______________________ ca şi regina.
   Der Spiegel wiederum wurde genauso unruhig wie die Königin.

2 Bilden Sie einen Vergleich. Achten Sie auf die Bedeutung.

1. Mihai / e / mare / Ion
   ______________________ Ion ist größer als Mihai.
2. Merele / sunt / scumpe
   ______________________ Die Äpfel sind sehr teuer.
3. Doina / frumoasă / Florina
   ______________________ Doina ist genauso schön wie Florina.
4. Anca / directă / Lavinia
   ______________________ Anca ist weniger direkt als Lavinia.

3 Formulieren Sie Vergleiche nach dem Muster.

1. Modoveanu / cel / + înalt / vârf / Munţii Carpaţi
   Moldoveanu e cel mai înalt vârf din Munţii Carpaţi.
   Der Modoveanu ist der höchste Gipfel des Karpatengebirges.
2. Alpii / cei / + înalţi / munţi / Europa
   Alpii sunt ______________________ Europa.
   Die Alpen sind die höhsten Berge in Europa.
3. Volga / cel / + lung / râu / Europa
   Volga ______________________ Europa.
   Die Volga ist der längste Fluß in Europa.
4. Bucureştiul / cel / + mare / oraş / România
   Bucureştiul ______________________ România.
   Bukarest ist die größte Stadt in Rumänien.

Grammatik

Die Personalpronomen im Nominativ

Im Rumänischen gibt es folgende Personalpronomen:

Singular		Plural	
eu ich		noi wir	
tu du		voi ihr	
el er	ea sie	ei sie	ele sie

Aussprache: Das **e** am Anfang der Wörter eu, el, ea, ei, ele wird wie ein **je** ausgesprochen.

Es gibt im Rumänischen für die 2., aber auch für die 3. Person so genannte Höflichkeitspronomen, die man verwendet, wenn man jemanden siezt:
Dumnealui este profesorul de engleză. Er ist der Englischlehrer.

Das Höflichkeitspronomen der 2. Person Singular und Plural (Sie/Ihnen) lauten:

2. Pers.	dumneavoastră	+ Verb in der 2. Pers. Pl.

Schriftlich wird die Form Dumneavoastră als Dvs. abgekürzt.

Die Höflichkeitspronomen der 3. Person (im Deutschen ohne Entsprechung) lauten:

		m.	f.	
3. Pers.	Sg.	dumnealui (dânsul)	dumneaei (dânsa)	+ Verb in der 3. Pers. Sg.
	Pl.	dumnealor (dânşii)		+ Verb in der 3. Pers. Pl.

Die Höflichkeitspronomen lauten in allen Fällen (N./Akk./G./D.) gleich.

In der Familie und umgangssprachlich gibt es spezifische Formen der Höflichkeit für die 2. Person: Bunico, vii şi **dumitale** la plimbare? Großmutter, kommst du auch mit spazieren?

N./Akk.	G./D.
dumneatale, dumneata, dumitale (mata, matale) + Verb 2. Pers. Sg.	dumitale (matale) + Verb 2. Pers. Sg.

Verwendung

Die Personal- und Höflichkeitspronomen werden meistens weggelassen:
Merg acasă./**Eu** merg acasă. Ich gehe nach Hause.

Die Person wird durch die Endungen des Verbs oder durch den Kontext impliziert. Der Gebrauch der Personalpronomen bewirkt hingegen eine Betonung und dient der Unterscheidung gegenüber anderen Personen:
El conduce (nu **tu**). Er fährt (nicht du).

1 Antworten Sie nach dem Beispiel. Die Übersetzung der Sätze hilft Ihnen.

1. Vine şi Radu? – Nu, el nu vine.
   Kommt Radu auch? – Nein, er kommt nicht.
2. Mergi şi tu? – Da, şi __________ merg.
   Gehst Du auch? – Ja, ich gehe auch.
3. Aţi înţeles toţi? – Nu, __________ nu am înţeles.
   Habt ihr alle verstanden? – Nein, wir haben nicht verstanden.
4. Locuieşte şi Dana aici? – Da, şi __________ locuieşte aici.
   Wohnt Dana auch hier? – Ja, sie wohnt auch hier.
5. O cunoaştem şi noi? – Nu, __________ nu o cunoaşteţi.
   Kennen wir sie auch? – Nein, ihr kennt sie nicht.
6. Sunt şi eu invitat? – Da, şi __________ eşti invitat.
   Bin ich auch eingeladen? – Ja, du bist auch eingeladen.
7. Vin şi colegele tale la petrecere? – Da, vin şi __________ .
   Kommen auch deine Kolleginnen zu der Feier? – Ja, sie kommen auch.
8. Sunt şi părinţii tăi aici? – Da, şi __________ sunt aici.
   Sind deine Eltern auch hier? – Ja, sie sind auch hier.

2 Ergänzen Sie die Sätze. Verwenden Sie Höflichkeitspronomen.

1. ______________________ sunteţi Doamna Stănescu?
   Sind Sie Frau Stănescu?
2. ______________________ este Domnul Alexandrescu?
   Ist er Herr Alexandrescu?
3. Vin şi ______________________ ?
   Kommen auch sie?
4. ______________________ este directoare.
   Sie ist Direktorin.
5. Vreau să discut cu ______________________ .
   Ich will mich mit Ihnen unterhalten.
6. ______________________ este fratele?
   Ist er der Bruder?
7. ______________________ a primit invitaţia?
   Hat sie die Einladung bekommen?

Die Personalpronomen im Akkusativ

Die unbetonten Personalpronomen im Akkusativ

Meistens werden die unbetonten Formen verwendet. Sie stehen je nach Zeit vor oder nach dem Verb. Die unbetonte Form wiederholt im Rumänischen das direkte Objekt mit Person: Îl văd pe Ioan. Ich sehe Ioan. (wörtl. Ihn ich sehe Ioan.)

Die unbetonten ungebundenen Formen

mă	te	îl	o	ne	vă	îi	le
mich	dich	ihn	sie	uns	euch / Sie	sie (m.)	sie (f.)

Die unbetonten gebundenen Formen

-mă, m-	-te, te-	-l, l-	-o	-ne , ne-	-vă, v-	-i, i-	-le / le-
mich	dich	ihn	sie	uns	euch / Sie	sie (m., f.)	sie (f.)

Die Bindung kann nach links oder nach rechts erfolgen.

Die Bindung ist obligatorisch für:

- Zusammengesetzes Perfekt, Konditional-Optativ:
  Mi-au scris. Sie haben mir geschrieben. **Te**-aş fi sunat. Ich hätte dich angerufen.
- Imperativ bei reflexiven Verben: Grăbeşte-**te**! Beeil dich!
- Gerund: văzând-**o** weil / während ich sie sehe

Die Bindung ist optional, im Gesprochenem allerdings sehr häufig, bei:

- Verneinung und Konjunktiv, mit -l, -o und -i:
  Nu-**l** văd. Ich sehe ihn nicht. N-**o** înțeleg. Ich verstehe sie nicht.
  Nu-**i** cunosc. Ich kenne sie nicht. Vreau să-**l** văd. Ich will ihn sehen.
  Trebuie s-**o** sun. Ich muss sie anrufen. Doresc să-**i** vizitez. Ich möchte sie besuchen.
- Verben, die mit Vokal anfangen:
  M-auzi? Hörst du mich? **Te**-aştept. Ich warte auf dich. etc.
  Jedoch: **O** văd. Ich sehe sie.

Die betonten Personalpronomen im Akkusativ

mine	tine	el	ea	noi	voi	ei	ele
mich	dich	ihn	sie	uns	euch / Sie	sie (m.)	sie (f.)

Verwendung der betonten Formen:

- Mit Präpositionen (pe, cu, pentru, la etc.) sowie den Adverbien ca, cât und decât:
  Vorbesc cu **tine**. Ich spreche mit dir.
- G7 Als Betonung des schon vorhandenen Pronomens im Akkusativ, mit der Präp. pe:
  Te iubesc doar pe **tine**. Ich liebe nur dich.
- Die betonte Form kann, im Gegensatz zur unbetonten, auch allein einen Satz bilden:
  Pe cine inviți? Pe **tine**. (= Pe tine te invit). Wenn lädst du ein? Dich. (= Ich lade dich ein.)
- Im Nebensatz, nach pe care (den / die / das):
  Cartea pe care **o** citesc. Das Buch, das ich lese.

1 Setzen Sie die passenden unbetonten ungebundenen Akkusativpronomen ein.

1. Acum __________ înțeleg.
   Jetzt vestehe ich sie.
2. __________ deranjez?
   Störe ich dich?
3. __________ aştept pe prietenul meu.
   Ich warte auf meinen Freund.
4. __________ invit pe toți.
   Ich lade sie alle ein. (m.)
5. __________ arăt pozele.
   Ich zeige euch die Fotos.
6. __________ cunoşti bine.
   Du kennst mich gut.
7. Cărțile? Nu __________ cumpăr.
   Die Bücher? Ich kaufe sie nicht.
8. __________ conduc.
   Ich begleite Sie.

2 Setzen Sie die passenden unbetonten gebundenen Akkusativpronomen ein.

1. __________ am aşteptat aseară. Ich habe gestern Abend auf dich gewartet.
2. Am văzut __________ ieri. Ich habe sie gestern gesehen. (Sg. f.)
3. Nu __________ ai întâlnit? Hast du sie nicht getroffen? (Pl. m.)
4. Şi vinul? De ce nu __________ bei? Und der Wein? Warum trinkst du ihn nicht?
5. Unde sunt ziarele? __________ ai citit deja? Wo sind die Zeitungen?
   Hast du sie schon gelesen?

3 Setzen Sie die passenden betonten Akkusativpronomen ein.

1. Veniți cu __________ ? Kommt ihr mit mir?
2. Stai la __________ ? Wohnst du bei uns?
3. Te invit doar pe __________ . Ich lade nur dich ein.
4. Vii mâine la __________ ? Kommst du morgen zu ihnen? (m.)
5. Nu-l întreb pe el, o întreb pe __________ . Ich frage nicht ihn, ich frage sie.
6. Vă aştept şi pe __________ . Ich warte auch auf euch.
7. Le cunosc doar pe __________ . Ich kenne nur sie. (Pl. f.)

Die Personalpronomen im Dativ

Die unbetonten Personalpronomen im Dativ

Meistens werden die unbetonten Formen verwendet. Sie stehen je nach Zeit vor oder nach dem Verb. Bei zwei Pronomen steht Dativ vor Akkusativ: **Mi-l** aduci? Bringst du ihn mir? Nachgestellt wird das Pronomen mit Imperativ oder Gerundium: Scrie-**mi**! Schreib mir!

Die unbetonte Form wiederholt das indirekte Objekt mit Person:
Îi răspund **Mariei**. Ich antworte Maria.
Colega căreia **îi** dau flori… Die Kollegin, der ich Blumen gebe …

Die unbetonten ungebundenen Formen

îmi, mi	îți, ți	îi, i	ne, ni	vă, vi	le, li
mir	dir	ihm / ihr	uns	euch / Ihnen	ihnen

Die Formen mi, ți, i, ni, vi, li werden vor den folgenden Pronomen verwendet: se / s-, l-, i-, te, te-, le, le-: **Ni** s-a părut. Es schien uns. **Mi** le dai. Du gibst sie mir.

Die unbetonten gebundenen Formen

-mi, mi-	-ți, ți-	-i, i-	-ne, ne-, ni	-vă, v-, vi	-le, le-, li
mir	dir	ihm / ihr	uns	euch / Ihnen	ihnen

Die Bindung kann nach links oder nach rechts erfolgen. Die Bindung ist obligatorisch mit:

- Zusammengesetztem Perfekt, Konditional-Optativ:
  Ți-am spus. Ich habe es dir gesagt. **Le**-aş spune. Ich würde es ihnen sagen.
- Imperativ bei reflexiven Verben: Aminteşte-**ți**! Erinnere dich!

Die Bindung ist optional, im Gesprochenen allerdings sehr häufig, mit:

- Verneinung + Singular: Nu-**mi** dai cartea? Gibst du mir das Buch nicht?
- Konjunktiv + Singular: Vreau să-**ți** scriu. Ich will dir schreiben.
- Verben, die mit Vokal anfangen: **I**-aduci o cafea? Bringst du ihm / ihr einen Kaffee?

Die betonten Personalpronomen im Dativ

mie	ție	lui	ei	nouă	vouă	lor
mir	dir	ihm	ihr	uns	euch / Ihnen	ihnen

Verwendung der betonten Formen:

- Als Betonung des schon vorhandenen Pronomens im Dativ:
  Îți răspund doar **ție**. Ich antworte nur dir.
- Mit den Präpositionen, die den Dativ verlangen:
  datorită, mulțumită, grație, conform, potrivit: **datorită** ție… dank dir …
- Die betonte Form kann, im Gegensatz zur unbetonten, auch allein einen Satz bilden:
  Cui îi scrii? – **Lui**. Wem schreibst du? – Ihm.

Possessivischer Dativ: Sehr oft wird statt eines Possessivpronomens ein Dativpronomen verwendet: **Îți** înțeleg enervarea. / Înțeleg enervarea **ta**. Ich verstehe **deine** Aufregung.

Grammatik

1 Setzen Sie die passenden unbetonten ungebundenen Dativpronomen ein.

1. __________ cânți ceva la pian?
   Spielst du uns etwas am Klavier?
2. Ce __________ aduci Elenei?
   Was bringst du Elena mit?
3. __________ scriem o scrisoare.
   Wir schreiben dir einen Brief.
4. __________ povesteşti totul?
   Erzählst du mir alles?
5. Şi cărțile? Când __________ le dai?
   Und die Bücher? Wann gibst du sie mir?

2 Setzen Sie die passenden unbetonten gebundenen Dativpronomen ein.

1. __________ -a fost frig?
   War es euch / Ihnen kalt?
2. Nu- __________ spun nimic.
   Ich sage ihm nichts.
3. Doreşte- __________ ceva!
   Wünsch dir etwas!
4. Nu __________ -a plăcut.
   Es hat mir nicht gefallen.
5. __________ -ai văzut reacția?
   Hast du ihre Reaktion gesehen?
6. __________ -ai trimis pachet?
   Hast du uns ein Paket geschickt?

3 Setzen Sie die passenden betonten Dativpronomen ein.

1. Le dai __________ cadoul?
   Gibst du ihr das Geschenk?
2. Îți spun doar __________ .
   Ich sage es nur dir.
3. Dar __________ i-a plăcut?
   Aber hat es ihm gefallen?
4. __________ nu ne-ați spus nimic.
   Uns habt ihr nichts gesagt.

Die Possessiva

Die Possessiva richten sich nach dem Besitzobjekt. Es gibt folgende Formen:

Besitzer	Sg. m. / n. prietenul	Sg. f. prietena	Pl. m. prietenii	Pl. f. / n. prietenele
1. Pers. Sg.	(al) meu	(a) mea	(ai) mei	(ale) mele
2. Pers. Sg.	(al) tău	(a) ta	(ai) tăi	(ale) tale
3. Pers. Sg.	(al) său	(a) sa	(ai) săi	(ale) sale
1. Pers. Pl.	(al) nostru	(a) noastră	(ai) noştri	(ale) noastre
2. Pers. Pl.	(al) vostru	(a) voastră	(ai) voştri	(ale) voastre
3. Pers. Pl.	(al) lor	(a) lor	(ai) lor	(ale) lor

Für die dritte Person Singular werden auch sehr häufig die Personalpronomen im Genitiv gebraucht, unabhängig von Geschlecht und Zahl des Besitzobjekts: (a/al/ai/ale) lui für Maskulin und Neutrum und (a/al/ai/ale) ei für Feminin. Dadurch lassen sich auch Missverständnisse vermeiden: casa sa (ihr / sein Haus), aber: casa **ei** (ihr Haus) und casa **lui** (sein Haus).

Genitiv / Dativ Formen gibt es nur im Sg. f. Diese sind identisch mit Pl. f.:
mele – tale – sale / ei – noastre – voastre – lor.
Mulțumim prietenei **noastre**. Wir danken unserer Freundin.

Die Höflichkeitspronomen dumneavoastră, dumneatale, dumnealui, dumneaei, dumnealor bleiben als Possessiva unverändert.

Übliche Wortstellung: Substantiv + bestimmter Artikel + Possessiv, z. B.:
priete**nul meu** (mein Freund)

Der Artikel richtet sich nach dem Besitzobjekt, z. B.:
prietenul **meu** – un prieten de-**al meu** (mein Freund – einer meiner Freunde)

Besitzobjekt	Sg. m. / n.	Sg f.	Pl. m.	Pl. f. / n.
N. / Akk.	al	a	ai	ale
G. / D.	al	a	alor	

Verwendung der Artikel al, a, ai, ale, alor:
- Wenn direkt vor dem Possessiv kein bestimmter Artikel steht oder wenn der Besitzer nicht direkt dem Besitzobjekt folgt: prietena aceasta **a** ta (diese Freundin von dir)
- Wenn das Substantiv unbestimmt ist, zusammen mit dem Partitiv **de**: de-al / de-a / de-ai / de-ale: un prieten **de-al** nostru (ein Freund von uns), prieteni **de-ai** noştri (Freunde von uns)
- Mit allein stehenden Possessivpronomen: Caietul e **al** nostru. Das Heft ist unseres.

Umgangssprachlich gibt es bei Verwandtschaftsnamen im Singular Konstruktionen wie: taică-meu (mein Vater), frate-tu (dein Bruder), unchiu-su (sein / ihr Onkel), soră-mea (meine Schwester), maică-ta (deine Mutter), mătuşă-sa (seine / ihre Tante) etc.

Grammatik

1 Ergänzen Sie die Sätze mit den entsprechenden Possessiva. Achten Sie auf die Endung der Substantive, sie gibt Ihnen einen Hinweis auf das Geschlecht und die Zahl des Substantivs.

1. A fost ideea ________________ ? War es deine Idee?
2. A vorbit cu soțul ________________ . Sie hat mit ihrem Mann gesprochen.
3. Ei sunt studenții ________________ . Sie sind meine Studenten.
4. Propunerile ________________ sunt bune. Deine Vorschläge sind gut.
5. Telefonul ________________ e defect. Unser Telefon ist defekt.
6. Ele sunt colegele ________________ ? Sind es deine Kolleginnen?
7. Care e părerea ________________ ? Was ist eure Meinung?
8. Vecinii ________________ sunt simpatici. Unsere Nachbarn sind sympathisch.

2 Ergänzen Sie die Sätze und benutzen Sie die entsprechenden Possessiva zusammen mit den Possessivartikeln.

1. Bicicleta asta e frumoasă, dar ________________ e şi mai frumoasă.
   Dieses Fahrrad ist schön, aber meins ist noch schöner.
2. Unde sunt bagajele? ________________ sunt aici.
   Wo sind die Koffer? Deine sind hier.
3. Pantofii aceştia nu sunt ________________ .
   Diese Schuhe sind nicht meine.
4. Vrem să avem o grădină ca ________________ .
   Wir wollen einen Garten haben wie euren.
5. Nu am maşină, dar o iau pe ________________ .
   Ich habe kein Auto, aber ich nehme ihres (Pl.).

3 Ergänzen Sie die Sätze mit dem Possessivartikel und mit der Präposition de.

1. Am invitat nişte prietene ____________________________ .
   Ich habe einige meiner Freundinnen eingeladen.
2. Am vorbit cu un coleg ____________________________ .
   Ich habe mit einem Kollegen von ihm gesprochen.
3. Citesc o carte ____________________________ .
   Ich lese eins deiner Bücher.
4. A fost la o petrecere ____________________________ .
   Es war bei einer eurer Feiern.

Die Demonstrativa

Es gibt im Rumänischen jeweils ein Demonstrativum der Nähe, der Distanz und der Gleichheit: acesta – acela – acelaşi (dieser – jener – derselbe). Sie richten sich in Geschlecht und Zahl nach dem Substantiv, auf das sie sich beziehen.

Im Nominativ / Akkusativ lauten die Formen:

	Sg. m. / n.	Sg. f.	Pl. m.	Pl. f. / n.
Nähe	acesta	aceasta	aceştia	acestea
Distanz	acela	aceea	aceia	acelea
Gleichheit	acelaşi	aceeaşi	aceiaşi	aceleaşi

Das Demonstrativpronomen steht in der Regel nach Substantiv + bestimmtem Artikel: geamantanul **acesta** (dieser Koffer), cartea **aceasta** (dieses Buch).
Oder es steht alleine: **Acesta** este geamantanul meu. Dieser ist mein Koffer.

Um das Substantiv besonders hervorzuheben, kann das Demonstrativpronomen vorangestellt werden: acest geamantan (dieser Koffer), în acel timp (in jener Zeit) etc.

	Sg. m. / n.	Sg. f.	Pl. m.	Pl. f. / n.
Nähe	acest	această	aceşti	aceste
Distanz	acel	acea	acei	acele

Im Genitiv / Dativ lauten die vorangestellten (und allgemeinen) Formen:
Sg.: acestui(a), acestei(a), Pl.: acestor(a); Sg.: acelui(a), acelei(a), Pl.: acelor(a);
Sg.: aceluiaşi, aceleiaşi, Pl.: aceloraşi.

Im Alltag werden nachgestellte Demonstrativa statt im Genitiv / Dativ oft im Nominativ benuzt, für Sg. f. wird die Pluralform verwendet:
domnului acesta (dieses / m Herren), doamnei acestea (dieser Frau).

Sehr häufig werden jedoch in der gesprochenen Sprache nach dem Substantiv oder allein stehend folgende Formen verwendet:

Nähe	ăsta	asta	ăştia	astea
Distanz	ăla	aia	ăia	alea

Die Sg. f. Formen aceasta / asta, aceea / aia haben auch eine neutrale Bedeutung:
Nu vreau să fac **asta**. Ich will das nicht machen. **Aia** nu ştiu. Das (jenes) weiß ich nicht.

G10

Der Demonstrativartikel

Der Demonstrativartikel steht vor einem Adjektiv oder einer Zahl: **cel** tânăr (der Junge), **cei** trei prieteni (die drei Freunde). Eine Betonung bewirkt der Demonstrativartikel nach Substantiv + bestimmtem Artikel: ursul **cel** puternic (der starke Bär).

	Sg. m. / n.	Sg. f.	Pl. m.	Pl. f. / n.
N. / Akk.	cel	cea	cei	cele
G. / D.	celui	celei	celor	

1 Setzen Sie die entsprechenden Formen von acesta (dieser) / acela (jener) / acelaşi (derselbe) im Nominativ ein. Achten Sie auch auf die Stellung des Demonstrativpronomens vor oder nach dem Substantiv.

1. copilul acesta / acela / acelaşi (Sg. m.) dieses / jenes / dasselbe Kind
2. masa ___________ / ___________ / ___________ (Sg. f.) dieser / jener / derselbe Tisch
3. lucrurile ___________ / ___________ / ___________ (Pl. n.) diese / jene / dieselben Sachen
4. ___________ / ___________ / ___________ prieteni (Pl. m.) diese / jene / dieselben Freunde
5. ___________ / ___________ / ___________ casă (Sg. f.) dieses / jenes / dasselbe Haus
6. pantofii ___________ / ___________ / ___________ (Pl. m.) diese / jene / dieselben Schuhe
7. în ___________ / ___________ / ___________ caz (Sg. n.) in diesem / jenem / demselben Fall
8. ___________ / ___________ / ___________ probleme (Sg. f.) diese / jene / dieselben Probleme

2 Setzen Sie die entsprechenden Demonstrativartikel im Nominativ ein.

1. ___________ trei muşchetari die drei Musketiere
2. Carol ___________ Mare Karl der Große
3. ___________ mai frumoase fete die schönsten Mädchen
4. sora ___________ mare die große Schwester
5. dulapul ___________ nou der neue Schrank
6. ___________ mai veche biserică die älteste Kirche

3 Setzen Sie in die entsprechenden Demonstrativa (Pronomen oder Artikel) im Genitiv / Dativ ein.

1. în fața ___________________ cinematograf (m.) vor diesem Kino
2. din cauza ___________________ situații (f.) wegen derselben Situation
3. frumusețea ___________________ seri (f.) die Schönheit jener Abende
4. fratelui ___________________ mare (m.) dem großen Bruder
5. în spatele caselor ___________________ (f.) hinter jenen Häusern
6. mama ___________________ trei copii (m.) die Mutter der drei Kinder

Grammatik

Die Verneinung

Verneinung eines Satzes oder Satzteils

Nu (nein / nicht) wird zur Verneinung eines Satzes oder Satzteils verwendet.
Nu steht dabei vor dem konjugierten Verb: **Nu** am învățat. Ich habe nicht gelernt.
Akkusativ- oder Dativpronomen stehen jedoch zwischen Verneinung und konjugiertem Verb: **Nu** o cunosc. Ich kenne sie nicht.

Verneinung von Artikeln, Pronomen, Adverbien

Die negativen Pronomen, Adjektive und Adverbien werden nicht alleine, sondern immer mit der Verneinung nu gebraucht, man spricht daher von einer doppelten Verneinung.
Nu cunosc pe **nimeni**. Ich kenne niemanden. (wörtl. Ich kenne nicht niemanden.)

positiv	negativ	Beispiel
tot alles	nimic nichts	**Nu** știu **nimic**. Ich weiß nichts.
odată einmal	niciodată niemals / nie	**Nu** merg **niciodată** la mare. Ich fahre nie ans Meer.
cineva jemand (G. / D. cuiva jemandem)	nimeni niemand (G. / D. nimănui)	**Nu** a venit **nimeni**. Niemand ist gekommen.
oricum auf jeden Fall	nicicum / nicidecum auf keinen Fall	**Nu** vor **nicicum** să vină. Sie wollen auf keinen Fall kommen.
	deloc gar nicht	**Nu** se poate **deloc**. Es geht gar nicht.
și und / auch	nici auch nicht	**Nici** eu **nu** vin. Ich komme auch nicht.
și … și und … und	nici … nici weder … noch	**Nu** beau **nici** ceai **nici** cafea. Ich trinke weder Tee noch Kaffee.
undeva irgendwo / -hin / -her	nicăieri nirgendwo / -hin / -her	**Nu** pleci **nicăieri**. Du gehst nirgendwohin.
un, o ein, -e	nici un, nici o kein, -e	**Nu** cunosc **nici un** medic. Ich kenne keinen Arzt.
unul, una, unii / unele einer, eine / manche	nici unul, nici una, nici unii, nici unele keiner, keine	**Nici una nu** mi-a plăcut. Keine hat mir gefallen.

G3 Nici (un, o) steht vor dem Wort, das verneint wird.
Die Formen mit un, o und unul, una werden wie ihre positiven Formen auch dekliniert.
Die Formen mit unul, una werden verwendet, wenn kein weiteres Substantiv folgt.

1 Verneinen Sie die Sätze.

1. Am aşteptat mult. – ______________________________
   Ich habe lange gewartet. – Ich habe nicht lange gewartet.

2. Vii cu noi? – ______________________________
   Kommst du mit uns? – Kommst du nicht mit uns?

3. Ne vedem des. – ______________________________
   Wir sehen uns oft. – Wir sehen uns nicht oft.

4. Vorbesc germana. – ______________________________
   Ich spreche Deutsch. – Ich spreche kein Deutsch.

2 Verneinen Sie die hervorgehobenen Wörter in den folgenden Sätzen nach dem Beispiel.

1. Mergi astăzi **undeva**? – Astăzi **nu** merg **nicăieri**.
   Gehst du heute irgendwohin? – Heute gehe ich nirgendwohin.

2. I-ai povestit **totul**? – Nu i-am povestit ______________ .
   Hast du ihm alles erzählt? – Ich habe ihm nichts erzählt.

3. L-ai întâlnit **cândva**? – __________ l-am întâlnit ______________ .
   Hast du ihn irgendwo getroffen? – Ich habe ihn nie getroffen.

4. Pleci **şi** tu? – Nu, __________ plec ______________ eu.
   Gehst du auch? – Nein, ich gehe auch nicht weg.

5. Bei **şi** vin **şi** bere? Nu, __________ beau __________ vin __________ bere.
   Trinkst du sowohl Wein als auch Bier? – Nein, ich trinke weder Wein noch Bier.

3 Ergänzen Sie mit den folgenden Wörtern: nici o, nici un, nici unul, nici una.

1. Nu am ______________ idee. Ich habe keine Idee.
2. Pe cine ai invitat? Pe ______________ . Wen hast du eingeladen? Keinen.
3. ______________ cunoscut nu a venit. Kein Bekannter ist gekommen.
4. ______________ dintre prietenele mele nu cântă. Keine meiner Freundinnen singt.

Lerntipp: Achten Sie auf die Übersetzung von kein, -e, -er. Sie wird im Rumänischen auch oft nur durch die einfache Verneinung ausgedrückt:
Ich bin **kein** Lehrer. – **Nu** sunt profesor.

Das Präsens (I)

Es gibt im Rumänischen fünf Konjugationen, je nach Endung des Infinitivs:

I	II	III	IV	V
-a	**-ea** (untrennbar)	**-e**	**-i**	**-î**
a cânt**a**	a şed**ea**	a merg**e**	a fug**i**	a cobor**î**
singen	sitzen	gehen	laufen	hinuntergehen

Die meisten Verben enden auf -a oder -i. Der Infinitiv ohne Endung bildet den Verbstamm. Die oben aufgelisteten Verben haben also die Stämme: cânt, şed, merg, fug, cobor.
Das Präsens wird aus dem Stamm und folgenden Endungen gebildet:

	eu	tu	el / ea	noi	voi	ei / ele
I -a	-	-i	-ă	-ăm	-ați	-ă
II -ea	-	-i	-e	-em	-eți	-
III -e	-	-i	-e	-em	-eți	-
IV -i	-	-i	-e	-im	-iți	-
V -î	-	-i	-ă	-âm	-âți	-ă

Die 2. Person Sg. endet im Präsens mit einem sehr kurzem -i. Die Verben a cânta und a fugi werden also wie folgt konjugiert:

	eu	tu	el / ea	noi	voi	ei / ele
a cânta	cânt	cânț**i**	cânt**ă**	cânt**ăm**	cânt**ați**	cânt**ă**
a fugi	fug	fug**i**	fug**e**	fug**im**	fug**iți**	fug

Alternanzen

A4 Die Endungen des Präsens bewirken oft Alternanzen im Stamm:

- 1. Person Singular: e > ă, ă > a:
  a v**e**dea – v**ă**d (sehen – ich sehe), a s**ă**ri – s**a**r (springen – ich springe),
- 2. Person Singular: t > ț, d > z, s > ş, sc > şt, ă > e:
  a cân**t**a – tu cân**ț**i (singen – du singst), a cre**d**e – tu cre**z**i (glauben – du glaubst),
  a lă**s**a – tu la**ş**i (lassen – du lässt), a mi**şc**a – tu mi**şt**i (bewegen – du bewegst),
  a spăla – speli (waschen – du wäschst)
- 3. Person Sg. / Pl.: o > oa, e > ea, ă > a:
  a cob**o**rî – el cob**oa**ră (hinuntergehen – er geht hinunter), a pl**e**ca – ei pl**ea**că (weggehen – er / sie geht weg / sie gehen weg), a ar**ă**ta – el ar**a**tă (zeigen – er zeigt)
- Singular, bzw. 3. Pers. Pl.: u > o / oa, e > i, ă > a:
  a p**u**tea (können): p**o**t – p**o**ți – p**oa**te – p**u**tem – p**u**teți – p**o**t
  a v**e**ni (kommen): v**i**n – v**i**i – v**i**ne – v**e**nim – v**e**niți – v**i**n
  a c**ă**uta (suchen): c**a**ut – c**a**uți – c**a**ută – c**ă**utăm – c**ă**utați – c**a**ută

Verwendung

- Gegenwart: Învăț româna. Ich lerne Rumänisch. Merg des la cinema. Ich gehe oft ins Kino.
- Zukünftige Handlungen: Mâine cântăm la cor. Wir singen morgen im Chor.

Grammatik

1 Setzen Sie die Verben in Klammern in die richtige Form des Präsens.

1. Eu nu ____________________ (a merge) azi la şcoală. Ich gehe heute nicht in die Schule.
2. ________________________________ (a veni) mâine la noi? Kommt ihr morgen zu uns?
3. Îl ______________________ (a cunoaşte) pe colegul meu? Kennst du meinen Kollegen?
4. Acum ______________________ (a înțelege) explicația. Jetzt verstehen wir die Erklärung.

2 Ergänzen Sie die folgenden Konjugationen.

	1. a tăcea schweigen	2. a vedea sehen	3. a coborî hinuntergehen
eu	tac	văd	
tu		vezi	cobori
el / ea			coboară
noi	tăcem		
voi		vedeți	
ei / ele			

3 Ändern Sie die Person der Verben gemäß der Übersetzung.

1. Deschid geamul. (a deschide) – Deschizi geamul.
   Ich öffne das Fenster. – Du öffnest das Fenster.
2. Îi lauzi pe elevi. (a lăuda) – ____
   Du lobst die Schüler. – Wir loben die Schüler.
3. Pisica doarme la prânz. (a dormi) – ______________________________________
   Die Katze schläft am Nachmittag. – Ihr schlaft am Nachmittag.
4. Port o cămaşă albă. (a purta) – ____
   Ich trage ein weißes Hemd. – Er trägt ein weißes Hemd.
5. Plecați cu trenul la ora 9. – ____
   Ihr fahrt um 9 Uhr mit dem Zug weg. – Ich fahre um 9 Uhr mit dem Zug weg.
6. Ajungem diseară târziu. – ____
   Wir kommen heute Abend spät an. – Sie kommen heute Abend spät an.

Das Präsens (II)

Verben mit Stammerweiterung

Manche Verben der 1., 4. und 5. Konjugation haben zusätzliche Endungen (Stammerweiterungen) im Präsens:

	eu	tu	el / ea	noi	voi	ei / ele
I (-a)	-ez	-ezi	-ează	-ăm	-ați	-ează
IV (-i)	-esc	-eşti	-eşte	-im	-iți	-esc
V (-î)	-ăsc	-ăşti	-ăşte	-âm	-âți	-ăsc

Besonderheiten:

- Verben auf -ia haben in der 3. Pers. Sg. und Pl. die Endung -iază:
  a studia (studieren) – studi**ază**
- Verben auf -ui behalten das -i in der Konjugation:
  a locui (wohnen) – locuiesc – locuieşti – locuieşte – locuim – locuiți – locu**im**

Häufig verwendete Verben mit Stammerweiterung: a citi (lesen), a dori (wünschen), a găsi (finden), a hotărî (beschließen), a iubi (lieben), a lucra (arbeiten (beruflich)), a mulțumi (danken), a munci (arbeiten), a organiza (organizieren), a plăti (bezahlen), a povesti (erzählen), a primi (bekommen), a privi (ansehen), a vizita (besuchen).

Die Verben a lucra und a citi werden also wie folgt konjugiert:

	eu	tu	el / ea	noi	voi	ei / ele
a lucra	lucr**ez**	lucr**ezi**	lucr**ează**	lucr**ăm**	lucr**ați**	lucr**ează**
a citi	cit**esc**	cit**eşti**	cit**eşte**	cit**im**	cit**iți**	cit**esc**

Unregelmäßige Formen

- 1. Pers. Sg. bzw. 1. Pers. Sg. und 3. Pers. Pl. auf -u bei vielen kurzen Verben:
  a afla (erfahren), a scrie (schreiben) – afl**u**, scri**u**.
  Manche dieser Verben behalten die Endung des Infinitivs: a bea (trinken) – be**au**, a şti (wissen) – şt**iu**, a sta (stehen / sitzen / wohnen) – st**au**, a vrea (wollen) – vre**au**.
- 2. Pers. Sg. von Verben mit Infinitiv auf -ne / -ni:
  Hier fällt das -n vor der Endung in der 2. Pers. weg: a spune – spui (sagen – du sagst), a rămâne – rămâi (bleiben – du bleibst), a veni – vii (kommen – du kommst).
- 3. Pers. Sg. / Pl. von a oferi (anbieten), a acoperi (bedecken), a descoperi (entdecken) – el / ea / ei / ele oferă, acoperă, descoperă.
- Im Singular bzw. in der 3. Pers. Pl. verändert sich der Stamm bei a mânca (essen) und a lua (nehmen): eu mănânc – tu mănânci – el mănâncă – noi mâncăm – voi mâncați – ei mănâncă; eu iau – tu iei – el ia – noi luăm – voi luați – ei iau.

Die Endungen der Verben auf -ia – trennbar bzw. untrennbar – lauten:
-Ø oder -i, -Ø oder -i, -e, -em, -ați, -e, z. B.
a tăia (schneiden): eu tai – tu tai – el / ea tai**e** – noi tăi**em** – voi tăi**ați** – ei / ele tai**e**
a întârzia (zu spät kommen): eu întârzi**i** – tu întârzi**i** – el / ea întârzi**e** – noi întârzi**em** – voi întârzi**ați** – ei / ele întârzi**e**.

Grammatik

1 Ergänzen Sie die folgenden Konjugationen.

	1. a iubi lieben	2. a hotărî beschließen	3. a vizita besuchen
eu	iubesc		
tu			
el / ea		hotărăşte	vizitează
noi			
voi			
ei / ele			

2 Antworten Sie auf die Fragen und Aussagen, indem Sie die richtige Verbform einfügen.

1. Ce doriţi? – Doresc un pahar de vin roşu.
   Was wünschen Sie? – Ich hätte gerne ein Glas Rotwein.
2. Voi plătiţi? (a plăti) – Nu, el ______________ ?
   Zahlt ihr? – Nein, er zahlt.
3. Vizitezi mănăstirile din Modova? (a vizita) – Da, ______________ mănăstirile.
   Besichtigst du die Moldauklöster? – Ja, ich besichtige die Klöster.
4. Vă mulţumesc pentru cadou. (a mulţumi) – Noi îţi ______________ pentru invitaţie!
   Ich danke euch für das Geschenk. – Wir danken dir für die Einladung!
5. Ce citeşti? (a citi) ______________ o poveste de Ion Creangă.
   Was liest du? – Ich lese eine Geschichte von Ion Creangă.

3 Setzen Sie das Verb in der richtigen Form ein. Den Infinitiv finden Sie in Klammern. Achten Sie darauf, dass all diese Verben Unregelmäßigkeiten haben.

1. Beau des vin roşu. (a bea) Ich trinke oft Rotwein.
2. ______________________ în centru. (a sta) Ich wohne im Zentrum.
3. ______________________ cu noi la teatru? (a veni) Kommst du mit uns ins Theater?
4. Ei ______________________ afară. (a mânca) Sie essen draußen.
5. Mai ______________________ puţin? (a rămâne) Bleibst du noch ein bisschen?
6. ______________________ să merg odată în Carpaţi. (a vrea)
   Ich möchte einmal in die Karpaten fahren.
7. ______________________ câinele cu ei în concediu. (a lua)
   Sie nehmen den Hund mit in den Urlaub.

Grammatik

Das Präsens (III): **a fi** und **a avea**

Die Verben a fi (sein) und a avea (haben) sind im Präsens unregelmäßig.
Mündlich können die Formen auch teilweise abgekürzt werden.

a fi (sein)

a fi	Abkürzung	Verneinung	Abkürzung
eu sunt		nu sunt	nu-s
tu eşti		nu eşti	
el / ea este, e	ea-i	nu este	nu-i
noi suntem		nu suntem	
voi sunteți		nu sunteți	
ei / ele sunt	ele-s	nu sunt	nu-s

Vor der Rechtschreibreform von 1993 verwendete man: eu sînt, noi sîntem, voi sînteți.
Diese Formen werden Sie auch heute noch häufig hören oder lesen.

G13 Das Verb a fi bildet mit dem Dativ Konstruktionen wie:
mi-e frig (mir ist kalt),
ți-e cald (dir ist warm),
i-e foame (er / sie hat Hunger), i-e sete (er / sie hat Durst),
ne e teamă / frică (wir haben Angst),
vă e lene (ihr seid träge),
le e bine (ihnen geht es gut) etc.

a avea (haben)

a avea	Verneinung	Abkürzung
eu am	nu am	n-am
tu ai	nu ai	n-ai
el / ea are	nu are	n-are
noi avem	nu avem	n-avem
voi aveți	nu aveți	n-aveți
ei / ele au	nu au	n-au

Übliche Konstruktionen mit a avea sind:
a avea nevoie de (etwas brauchen),
a avea de gând să (etwas vorhaben),
a avea treabă (zu tun haben),
a avea timp (Zeit haben),
a avea habar de (Ahnung haben von) etc.

1 Beantworten Sie die Fragen nach dem Beispiel. Achten Sie auf die Übersetzung der Sätze.

1. Eşti mâine acasă? – Da, sunt mâine acasă.
   Bist du morgen zu Hause? – Ja, ich bin morgen zu Hause.
2. Eşti obosit? – ______________________________ obosit.
   Bist du müde? – Ja, ich bin müde.
3. Sunteţi profesori? – ______________________________ profesori.
   Sind Sie Lehrer? – Ja, wir sind Lehrer.
4. Aveţi timp azi? – ______________________________ timp azi.
   Habt ihr heute Zeit? – Ja, wir haben heute Zeit.
5. Ai nevoie de cărţi? – ______________________________ nevoie de cărţi.
   Brauchst du Bücher? – Ja, ich brauche Bücher.
6. Ai de gând să vii? – ______________________________ de gând să vin.
   Hast du vor zu kommen? – Ja, ich habe vor zu kommen.

2 Verneinen Sie die Antworten aus der Übung 1 und benutzen Sie die Kurzformen, wenn es möglich ist!

1. Nu, nu-s mâine acasă. Nein, ich bin morgen nicht zu Hause.
2. ______________________________ obosit. Nein, ich bin nicht müde.
3. ______________________________ profesori. Nein, wir sind keine Lehrer.
4. ______________________________ timp azi. Nein, wir haben keine Zeit.
5. ______________________________ nevoie de cărţi. Nein, ich brauche keine Bücher.
6. ______________________________ de gând să vin. Nein, ich habe nicht vor zu kommen.

3 Setzen Sie folgende Präsensformen von a avea und a fi ein.

i sunt am ai s e ai

1. __________ timp mâine? Hast du morgen Zeit?
2. __________ nevoie de ajutor în grădină. Ich brauche Hilfe im Garten.
3. Nu- __________ nici o problemă. Es ist kein Problem.
4. Mâine __________ acasă toată ziua. Morgen bin ich den ganzen Tag zu Hause.
5. N-__________ cursuri? Hast du keine Kurse?
6. Ba da, dar nu-__________ interesante. Doch, aber sie sind nicht interessant.
7. Şi munca în grădină __________ frumoasă. Und die Arbeit im Garten ist schön.

Grammatik

Der Konjunktiv

Der Konjunktiv wird durch die Konjunktion să gekennzeichnet. Er wird meist mit einem Infinitiv oder, wenn die Personen im Haupt- und Nebensatz unterschiedlich sind, mit einem durch „dass" eingeleiteten Nebensatz wiedergegeben:
Vreau să cânt. Ich will singen. Vrei să cântăm ceva? Willst du, dass wir etwas singen?

Die Form des Verbs leitet sich vom Präsens wie folgt ab:

1. und 2. Pers. Sg. und Pl. im Konjunktiv sind mit dem Präsens identisch:
eu cânt – să cânt (ich singe – (zu) singen / dass ich singe), noi cântăm – să cântăm (wir singen – (zu) singen / dass wir singen) tu cânți – să cânți (du singst – (zu) singen / dass du singst), voi cântați – să cântați (ihr singt – (zu) singen / dass ihr singt)

3. Pers. Sg. und Pl. werden von der 3. Pers. Sg. des Präsens abgeleitet:
- die Endung **-ă** im Präsens (1., 5. Konjugation) wird zu **-e** im Konjunktiv:
  el cânt**ă** – să cânt**e** (er singt – (zu) singen / dass er singt)
- die Endung **-e** im Präsens (2., 3., 4. Konjugation) wird zu **-ă** im Konjunktiv:
  el fug**e** – să fug**ă** (er läuft – (zu) laufen / dass er läuft)

Besonderheiten

- 3. Pers. Sg. Und Pl. von a avea (haben): să aibă
- a fi (sein) hat unregelmäßige Formen: să fiu, să fii, să fie, să fim, să fiți, să fie
- Bei folgenden Verben ist die 3. Pers. Sg. / Pl. Konjunktiv identisch mit der 3. Pers. Sg. Präsens: a şti (wissen) – să ştie, a ploua (regnen) – să plouă, a vrea (wollen) – să vrea, a bea – să bea (trinken), sowie Verben mit Infinitiv auf **-ia / -ie**: scrie, să scrie (schreiben).

A4

- Alternanzen: e > ea, ea > e:
  el m**e**rge – să m**ea**rgă (gehen), el pl**ea**că – să pl**e**ce (weggehen)
- Endungen -ează > -eze: lucr**ează** – să lucr**eze** (arbeiten); -eşte > -ească:
  iub**eşte** – să iub**ească** (lieben); **-ăşte** > **-ască**: hotăr**ăşte** – să hotăr**ască** (entscheiden)

Verwendung

- Nach Verben wie: a vrea (wollen), a putea (können), a trebui (müssen), a şti (wissen), a dori (wünschen), a prefera (vorziehen), a începe (anfangen)
- Nach Konstruktionen wie: e bine (es ist gut), e nevoie (man braucht) etc.
  Nu e nevoie să vii la gară. Du brauchst nicht zum Bahnhof zu kommen.
- Allein stehend, in der Bedeutung „sollen": Să fac o cafea? Soll ich einen Kaffee kochen?
- Allein stehend, mit der Bedeutung des Imperativs: Să mergem. Lass uns gehen.

Die unbetonten Formen der Pronomen werden zwischen der Konjunktion să und dem Verb eingefügt. Vrei să **le** cântăm ceva? Willst du, dass wir ihnen etwas singen?
Es gibt folgende mögliche Bindungen zwischen Pronomen und să: **să îmi / să-mi**, **să îl / să-l**, **să îi / să-i**, **să o / s-o**. Die Verneinung nu (nicht), oder Adverbien wie mai (noch), cam (ziemlich), şi (auch) können auch zwischen să und dem Verb eingefügt werden:
Să **nu mai** plângi. Weine nicht mehr.

Grammatik

1 Bilden Sie den Konjunktiv für die 3. Pers. Sg. / Pl. der folgenden Verben. Gehen Sie von der 3. Pers. Sg. im Präsens aus.

a citi lesen	a fugi (weg)laufen	a scrie schreiben	a hotărî beschließen
a pleca weggehen	a lucra arbeiten	a înțelege verstehe	a putea können

1. el citeşte – să citească
2. el fuge – ______________
3. el scrie – ______________
4. el hotărăşte – ______________
5. el pleacă – ______________
6. el lucrează – ______________
7. el înțelege – ______________
8. el poate – ______________

2 Verändern Sie die Sätze nach dem Beispiel. Beachten Sie die Veränderungen in der 3. Pers. Sg.

1. De Crăciun, Petru merge acasă. Zu Weihnachten geht Petru nach Hause.
   De Crăciun, Petru vrea să meargă acasă. Zu Weihnachten will Petru nach Hause gehen.
2. Sărbătorim cu familia. Wir feiern mit der Familie.
   Vrem ______________________ . Wir wollen mit der Familie feiern.
3. Fratele meu aduce cadouri. Mein Bruder bringt Geschenke mit.
   Fratele meu trebuie ______________________ .
   Mein Bruder muss Geschenke bringen.
4. Cânți un colind? Singst du ein Weihnachtslied?
   Poți ______________________ ? Kannst du ein Weihnachtslied singen?
5. Toți se odihnesc. Alle ruhen sich aus.
   Toți vor ______________________ . Alle wollen sich ausruhen.

3 Vervollständigen Sie die Sätze und fügen Sie die folgenden Wörter hinzu.

nu nicht	vă euch	-l ihn	mai noch	-ți dir	mă mich

1. Vreau să __________ întreb pe Mircea. Ich will Mircea fragen.
2. Să __________ uiți ziarul. Vergiss die Zeitung nicht.
3. Trebuie să __________ spun ceva. Ich muss dir etwas sagen.
4. Încep să __________ înțeleg. Ich fange an, euch zu verstehen.
5. Doreşti să __________ mănânci ceva? Möchtest du noch etwas essen?
6. Să __________ suni mâine! Ruf mich morgen an!

Ein rumänischer Spruch zum Abschied, bei dem der Konjunktiv verwendet wird, lautet: Să ne vedem cu bine! Er bedeutet in etwa: Auf ein gutes Wiedersehen!

Das zusammengesetzte Perfekt

Das zusammengesetzte Perfekt wird mit dem Hilfsverb und dem Partizip Perfekt des Verbs gebildet. Das Hilfsverb leitet sich von a avea (haben) ab und kann bei der Verneinung auch gebunden werden, ebenso wie mit unbetonten Pronomen.

Das Hilfsverb hat die Formen: am – ai – a – am – ați – au.

> Achtung! Die Form des Hilfsverbs unterscheidet sich bei den Personen el / ea, noi, voi von den Präsensformen von a avea (haben).

Das Verb a cânta (singen) im zusammengesetzten Perfekt:

am cântat	ai cântat	a cântat	am cântat	ați cântat	au cântat
nu am cântat	nu ai cântat	nu a cântat	nu am cântat	nu ați cântat	nu au cântat
n-am cântat	n-ai cântat	n-a cântat	n-am cântat	n-ați cântat	n-au cântat

Bildung des Partizip Perfekt

Konjugation	Infinitiv	Partizipendung	Partizip
I, IV, V auf -a, -i, -î	a vizit**a** besuchen	+ -t	vizita**t**
	a cit**i** lesen		citi**t**
	a hotăr**î** beschließen		hotărâ**t**
II auf -ea	a put**ea** können	-ea > -ut	put**ut**
III auf -e	a spu**ne** sagen	> -s	spu**s**
	a încep**e** anfangen	> -ut	încep**ut**
	a ru**pe** brechen	> -(p)t	rup**t**

Besonderheiten des Partizips

- 1., 4., 5. Konjugation: Infinitiv + -t. Ausnahmen: a fi – fos**t** (sein), a ști – ști**ut** (wissen)
- 2. Konjugation: -ea wird von der Endung -ut ersetzt. Ausnahme: a b**ea** – b**ă**u**t** (trinken)
- 3. Konjugation: Bei manchen Verben wird die Endung -e des Infinitivs mit der Endung -ut für Partizip Perfekt ersetzt: a cere – cer**ut** (verlangen) etc. Bei vielen Verben auf -de, -ne, -ge, -ce, -ie, wird diese Endung im Partizip Perfekt durch -s ersetzt: a râde – râ**s** (lachen), a merge – mer**s** (gehen), a zice – zi**s** (sagen), a scrie – scri**s** (schreiben).
  Bei einigen wenigen Verben der 3. Konjugation wird die Endung -ce, -ge, -pe im Partizip Perfekt durch -t oder -pt ersetzt:
  a sparge – spar**t** (brechen), a coace – co**pt** (backen).
- A4 Alternanzen: a > ă, oa > o, e > ă, d > z, șt > sc: a f**a**ce – f**ă**cut (machen), a sc**oa**te – sc**o**s (herausholen), a cr**e**de – cr**e**z**u**t (glauben), a cun**oaș**te – cun**osc**ut (kennen).

Verwendung

Das Zusammengesetzte Perfekt wird für abgeschlossene Handlungen in der Vergangenheit verwendet: Am fost ieri la piață. Ich war gestern auf dem Markt.

1 Was passt zusammen? Bilden Sie Sätze und benutzen Sie dafür jeweils einen Satzteil aus einem Kästchen.

ați vorbit	au coborât	filmul	la restaurant
am mâncat	a văzut	din autobuz	cu directorul

1. Eu ______________________________.
2. Mircea ______________________________.
3. Voi ______________________________.
4. Copiii ______________________________.

2 Bilden Sie das Partizip Perfekt der folgenden Verben.

1. a lucra – ____________________
   arbeiten – gearbeitet
2. a fugi – ____________________
   laufen – gelaufen
3. a aduce – ____________________
   mitbringen – mitgebracht
4. a iubi – ____________________
   lieben – geliebt
5. a invita – ____________________
   einladen – eingeladen
6. a veni – ____________________
   kommen – gekommen
7. a tăcea – ____________________
   schweigen – geschwiegen
8. a dori – ____________________
   wünschen – gewünscht

3 Beantworten Sie die Fragen wie im Beispiel. Beachten Sie die Infinitivformen in Klammern.

1. Mergi azi la concert? (a merge) – Nu, am mers ieri la concert.
   Gehst du heute ins Konzert? – Nein, ich bin gestern ins Konzert gegangen.
2. Cumpărați azi de mâncare? (a cumpăra) – ____________________
   Kauft ihr heute zu Essen? – Nein, wir haben gestern zu Essen gekauft.
3. Au azi examen? (a avea) – ____________________
   Haben sie heute die Prüfung? – Nein, sie hatten gestern die Prüfung.
4. Primeşte azi musafiri? (a primi) – ____________________
   Empfängt er / sie heute Gäste? – Nein, er / sie hat gestern Gäste empfangen.

Lerntipp: Aufgrund der Besonderheiten beim Partizip, sollten Sie die Partizipformen, vor allem bei Verben der 3. Konjugation, zusammen mit dem Infinitiv lernen.

Das Imperfekt

Das Imperfekt wird wie folgt gebildet:
1. und 5. Konjugation: Verbstamm + -a + Endungen
2., 3. und 4. Konjugation: Verbstamm + -ea + Endungen
Verben auf Vok. + -i oder auf -ia und a scrie (schreiben): Verbstamm + -ia + Endung

Die Endungen lauten: (eu) **-m**, (tu) **-i**, (el / ea) **-Ø**, (noi) **-m**, (voi) **-ți**, (ei / ele) **-u**.

	1. Konj. a cânt**a** singen	2. Konj. a ved**ea** sehen	3. Konj. merg**e** gehen	4. Konj. a fug**i** laufen	5. Konj. a cobor**î** hinuntergehen	Verben auf Vok. + **i** oder auf **-ia** a tr**ăi** leben
eu	cânt-a-m	ved-ea-m	merg-ea-m	fug-ea-m	cobor-a-m	tră-ia-m
tu	cânt-a-i	ved-ea-i	merg-ea-i	fug-ea-i	cobor-a-i	tră-ia-i
el / ea	cânt-a	ved-ea	merg-ea	fug-ea	cobor-a	tră-ia
noi	cânt-a-m	ved-ea-m	merg-ea-m	fug-ea-m	cobor-a-m	tră-ia-m
voi	cânt-a-ți	ved-ea-ți	merg-ea-ți	fug-ea-ți	cobor-a-ți	tră-ia-ți
ei / ele	cânt-a-u	ved-ea-u	merg-ea-u	fug-ea-u	cobor-a-u	tră-ia-u

A4

- Alternanzen im Imperfekt: a > ă und oa > o: a f**a**ce – f**ă**ceai (machen – du machtest), a cun**oa**şte – cun**o**şteau (kennen – sie kannten) etc.
- Aussprache: Die Betonung der Imperfektformen liegt auf der letzten Silbe, also auf dem -a.
- Einen unregelmäßigen Verbstamm haben im Imperfekt folgende Verben:
  a fi (sein): eu **era**m (ich war), tu **era**i (du warst) etc.
  a da (geben): eu **dădea**m (ich gab), tu **dădea**i (du gabst) etc.
  a sta (stehen / sitzen): eu **stătea**m (ich stand), tu **stătea**i (du standest) etc.

Verwendung

- Handlungen in der Vergangenheit, die nicht abgeschlossen sind:
  Atunci **lucrau** încă la firmă. Damals arbeiteten sie noch in der Firma.
- zur Beschreibung eines Geschehens, das den Hintergrund bildet für eine Handlung in der Vergangenheit; letztere wird durch das zusammengesetzte Perfekt ausgedrückt:
  Când ai sunat **ascultam** muzică. Als du angerufen hast, hörte ich Musik / hörten wir Musik.
- Zustände in der Vergangenheit: Când **eram** copil… Als ich Kind war …
- wiederkehrende Handlungen in der Vergangenheit:
  Înainte **mergeai** des la teatru. Früher gingst du oft ins Theater.
- Irreale Bedingung in der Vergangenheit:
  Dacă nu **veneai** ieri, te **sunam** eu. Wenn du gestern nicht gekommen wärest, hätte ich dich angerufen.
- Zukünftige Handlungen in der Vergangenheit:
  Am aflat că **veneai** şi tu. Ich habe erfahren, dass du auch kommen würdest.

1 Wie war es früher? Verneinen Sie die Sätze und setzten Sie das Verb ins Imperfekt. Richten Sie sich nach dem Infinitiv in Klammern.

1. Acum înțeleg limba română. (a înțelege)
   Jetzt verstehe ich die rumänische Sprache.
   Înainte nu înțelegeam limba română.
   Früher verstand ich die rumänische Sprache nicht.

2. Acum veniți des în România. (a veni)
   Jetzt kommen Sie oft nach Rumänien.
   Înainte ______________________________
   Früher kamen Sie nicht oft nach Rumänien.

3. Acum el poate să vorbească o limbă străină. (a putea)
   Jetzt kann er eine fremde Sprache sprechen.
   Înainte ______________________________
   Früher konnte er keine fremde Sprache sprechen.

4. Acum citeşti ziare româneşti. (a citi)
   Jetzt liest du rumänische Zeitungen.
   Înainte ______________________________
   Früher last du keine rumänischen Zeitungen.

5. Acum scriem scrisori. (a scrie)
   Jetzt schreiben wir Briefe.
   Înainte ______________________________
   Früher schrieben wir keine Briefe.

6. Acum au prieteni români. (a avea)
   Jetzt haben sie rumänische Freunde.
   Înainte ______________________________
   Früher hatten sie keine rumänischen Freunde.

2 Vervollständigen Sie die Sätze, indem Sie das im Infinitiv vorgegebene Verb im Imperfekt konjugieren.

1. Când m-ai sunat ieri ______________ pentru examen. (a învăța)
   Als du mich gestern angerufen hast, lernte ich fürs Examen.

2. Duminică pe vremea asta ______________ . (a ploua)
   Am Sonntag zu dieser Zeit regnete es.

3. Când eram copii ______________ des poveşti. (a citi)
   Als wir Kinder waren, lasen wir oft Märchen.

Grammatik

Das einfache Perfekt

Das einfache Perfekt wird vom Partizip Perfekt des Verbs abgeleitet:

G21

Partizip Perfekt	Perfekt Stamm	+ Endungen			
auf **-t**	**-t** des Partizips entfällt	(eu)	**-i**	(noi)	**-răm**
auf **-ut**		(tu)	**-şi**	(voi)	**-răți**
auf **-s**	+ **-e**	(el / ea)	**Ø / -ă / -e**	(ei / ele)	**-ră**

Bei der 3. Pers. Sg. (el / ea) gibt es folgende Unterschiede:

- Die Verben mit Infinitiv auf -a: -a wird in der 3. Pers. Sg. zu -ă
- Die Verben mit Infinitiv auf -ia erhalten die Endung -e: a tă**ia** – tă**ie** (schneiden)
- Alle anderen Verben erhalten keine Endung.

	a cânt**a** singen	a ved**ea** sehen	a merg**e** gehen	a fug**i** laufen	a cobor**î** hinuntergehen
eu	cânta-**i**	văzu-**i**	merse-**i**	fugi-**i**	coborâ-**i**
tu	cânta-**şi**	văzu-**şi**	merse-**şi**	fugi-**şi**	coborâ-**şi**
el / ea	cânt-**ă**	văzu	merse	fugi	coborâ
noi	cânta-**răm**	văzu-**răm**	merse-**răm**	fugi-**răm**	coborâ-**răm**
voi	cânta-**răți**	văzu-**răți**	merse-**răți**	fugi-**răți**	coborâ-**răți**
ei / ele	cânta-**ră**	văzu-**ră**	merse-**ră**	fugi-**ră**	coborâ-**ră**

A4

- Alternanzen: Im einfachen Perfekt findet man die gleichen Alternanzen wie beim Partizip Perfekt: a > ă, oa > o, e > ă, d > z, şt > sc: a f**a**ce – f**ă**cui (machen), a sc**oa**te – sc**o**sei (herausholen), a v**e**dea – v**ă**zui (sehen) a cre**d**e – cre**z**ui (glauben), a cun**oaşt**e – cun**osc**ui (kennen) etc.
- Aussprache: Die Betonung der einfachen Perfektformen liegt auf der letzten Silbe des Perfektstammes: văz**u**i, cobor**â**răm.
- Unregelmäßigen Formen haben im einfachen Perfekt folgende Verben:
  a fi (sein) hat zwei Konjugationsmuster: fusei / fui (ich war), fuseşi / fuşi (du warst), fuse / fu (er war), fuserăm / furăm (wir waren), fuserăți / furăți (ihr wart, Sie waren), fuseră / fură (sie waren).
  a da (geben): eu dădui (ich gab), tu dăduşi (du gabst), el dădu (er gab) etc.
  a sta (stehen / sitzen): eu stătui (ich stand), tu stătuşi (du standest), el stătu (er stand) etc.

Verwendung

Das einfache Perfekt hat im Deutschen keine Entsprechung und wird meist mit dem Präteritum übersetzt. Es wird wie folgt gebraucht:

- In der Schriftsprache, meist in der 3. Person, um aufeinander folgende, vergangene Handlungen zu beschreiben:
  Merse şi **vorbi** cu proprietarul. Er / Sie ging und sprach mit dem Besitzer.
- Regional (in Oltenien) für die nahe Vergangenheit.

1 Erkennen Sie den Infinitiv der unterstrichenen Verben im folgenden Text und schreiben Sie ihn in die Lücken unten.

1. Prințul fu foarte bucuros când o văzu pe Cenușăreasă.
   Der Prinz war sehr froh, als er das Aschenputtel sah.

   ____________________, ____________________

2. Speră că de data aceasta îi va afla numele.
   Er hoffte, dass er diesmal ihren Namen erfahren wird.

   ____

3. Toți tinerii vrură să o invite la dans, dar ea dansă doar cu prințul, până se făcu miezul nopții.
   Alle jungen Männer wollten sie zum Tanzen einladen, aber sie tanzte nur mit dem Prinzen, bis es Mitternacht wurde.

   ____________________, ____________________, ____________________

4. O întrebarăm cu toții de unde vine, dar nu primirăm nici un răspuns.
   Wir fragten sie alle, woher sie kommt, aber wir bekamen keine Antwort.

   ____________________, ____________________

Lerntipp: Da das einfache Perfekt hauptsächlich in der Schriftsprache vorkommt, ist es vor allem wichtig, die Formen zu erkennen.

2 Vervollständigen Sie die umformulierten Sätze durch die richtige Verbform: Singular wird zu Plural und Plural zu Singular.

1. Călătorii făcură un drum lung. – Călătorul ____________________ un drum lung.
   Die Reisenden machten einen langen Weg. – Der Reisende machte einen langen Weg.
2. Spre seară trenul ajunse la graniță. – Spre seară trenurile ____________________ la graniță.
   Gegen Abend kam der Zug an der Grenze an. –
   Gegen Abend kamen die Züge an der Grenze an.
3. Rămaseră în sat peste noapte. – ____________________ în sat peste noapte.
   Sie blieben im Dorf über Nacht. – Er / Sie blieb im Dorf über Nacht.
4. În timpul nopții cineva bătu la geam. – În timpul nopții vecinii ____________________ la geam.
   Während der Nacht klopfte jemand ans Fenster. –
   Während der Nacht klopften die Nachbarn ans Fenster.

Imperfekt – Zusammengesetztes Perfekt

G21 G22 Um ein Geschehen in der Vergangenheit wiederzugeben, benutzt man meist das zusammengesetzte Perfekt oder das Imperfekt. Die beiden Vergangenheitsformen haben dabei eine unterschiedliche Verwendung.

Imperfekt	Zusammengesetztes Perfekt
nicht abgeschlossene Handlung La şcoală **vorbeam** germana. In der Schule sprachen wir Deutsch.	abgeschlossene Handlung **Am învățat** germana la şcoală. Ich habe Deutsch in der Schule gelernt.
Dauer (Zeitdauer): Handlung, die in einem Zeitraum stattfand. Când **eram** copil… Als ich Kind war …	punktuell (Zeitpunkt): Handlung, die zu einem bestimmten Zeitpunkt stattfand. Anul trecut **am fost** la mare. Letztes Jahr waren wir am Meer.
sich regelmäßig wiederholende Ereignisse În vacanță, mă **sculam** dimineața târziu. In den Ferien stand ich morgens spät auf.	einmalige Ereignisse Dar într-o zi m-**am trezit** dimineața la şase. Aber eines Tages bin ich früh um sechs aufgewacht.
eine Rahmenhandlung oder eine Hintergrundhandlung Când ne **plimbam** prin parc,… Als wir durch den Park spazierten, …	eigentliche Handlung …l-**am văzut** pe Toma. … sahen wir Toma.
Beschreibung eines Zustandes **Era** o vară fierbinte. Es war ein heißer Sommer. Fata **era** foarte frumoasă. Das Mädchen war sehr schön.	Beschreibung einer abgeschlossenen Zeitspanne **A fost** o vară frumoasă, dar scurtă. Es war ein schöner, aber kurzer Sommer.
Gleichzeitigkeit mehrer Zeitspannen **Scriam** în timp ce **dictai.** Ich habe geschrieben, während du diktiert hast.	Abfolge von mehreren Handlungen M-**am sculat** la opt, **am mâncat** şi m-**am dus** la lucru. Ich bin um acht aufgestanden, habe gegessen und bin zur Arbeit gegangen.

Darüber hinaus steht das Imperfekt noch:

G22
- bei zukünftigen Handlungen in der Vergangenheit
  Am aflat că petrecerea **avea** loc a doua zi.
  Ich habe erfahren, dass die Feier am nächsten Tag stattfinden würde.

G28
- anstelle des Optativ Perfekts, als irreale Handlung in der Vergangenheit
  Mergeam şi eu în excursie dacă aş fi ştiut.
  Ich wäre auch auf den Ausflug gegangen, wenn ich es gewusst hätte.

1 Verbinden Sie die Sätze. Beachten Sie dabei die Verwendung der Zeiten.

1. Voiam să merg la Sibiu,
   Ich wollte nach Sibiu fahren,
2. În timp ce mergeam acasă
   Während ich nach Hause ging,
3. Când l-ai cunoscut,
   Als du ihn kennen gelernt hast, → D
4. Au prins autobuzul
   Sie haben den Bus erwischt,
5. Am învățat germana
   Ich habe Deutsch gelernt,

A a început să ningă.
hat es angefangen zu schneien.
B care pleca peste cinci minute.
der in fünf Minuten abfuhr.
C când eram mic.
als ich klein war.
D era deja doctor în spital.
war er schon Arzt im Krankenhaus.
E dar nu am mai avut timp.
aber ich hatte keine Zeit mehr.

2 Imperfekt oder zusammengesetztes Perfekt? Wählen Sie die richtige Verbform aus den beiden in Klammern angegebenen Formen.

1. Pe vremea aceea, ____________ (ne-am văzut / ne vedeam) des.
   In dieser Zeit sahen wir uns oft.
2. ____________ (ai călătorit / călătoreai) vreodată cu avionul?
   Bist du jemals mit dem Flugzeug gereist?
3. ____________ (au fost / erau) prieteni de 3 ani când ____________ (au terminat / terminau) facultatea.
   Sie waren seit 3 Jahren Freunde, als sie das Studium beendeten.
4. Când ____________ (v-am vizitat / vă vizitam) anul trecut, ____________ (ați locuit / locuiați) încă la bloc.
   Als ich euch letztes Jahr besuchte, habt ihr noch im Hochhaus gewohnt.
5. Dacă ____________ (am ştiut / ştiam) de concert, ____________ (ți-am spus / îți spuneam).
   Wenn ich vom Konzert gewusst hätte, hätte ich es dir gesagt.
6. Pe când ____________ (am vorbit / vorbeam) cu tine, ____________ (a sunat / suna) telefonul.
   Während ich mit dir sprach, hat das Telefon geklingelt.
7. După ce ____________ (te-am întâlnit / te întâlneam), ____________ (am mers / mergeam) direct acasă.
   Nachdem ich dich getroffen habe, bin ich direkt nach Hause gegangen.
8. Când ____________ (am fost / eram) copii, ____________ (am cunoscut / cunoşteam) pădurea mai bine ca oricine.
   Als wir Kinder waren, kannten wir den Wald besser als jeder andere.

Rumänische Märchen beginnen immer mit dem Satz: A fost odată ca niciodată …
Es war einmal … (wörtl. Es war einmal wie niemals …).

Grammatik

Das Plusquamperfekt

G21 Das Plusquamperfekt wird vom Partizip Perfekt des Verbs abgeleitet:

Partizip Perfekt	Stamm des Plusquamperfekts	+ Endungen nach Person			
auf **-t**	das **-t** entfällt	(eu)	**-sem**	(noi)	**-serăm**
auf **-ut**		(tu)	**-seşi**	(voi)	**-serăți**
auf **-s**	+ **-e**	(el / ea)	**-se**	(ei / ele)	**-seră**

Das Plusquamperfekt lässt sich an dem Suffix -se erkennen. Hinzu kommen die Endungen für die Personen, die mit Ausnahme der 1. Person Sg. identisch mit denen des einfachen Perfekts sind.

	a cânt**a** singen	a ved**ea** sehen	a merg**e** gehen	a fug**i** laufen	a cobor**î** hinuntergehen
eu	cânta-**sem**	văzu-**sem**	merse-**sem**	fugi-**sem**	coborâ-**sem**
tu	cânta-**seşi**	văzu-**seşi**	merse-**seşi**	fugi-**seşi**	coborâ-**seşi**
el / ea	cânta-**se**	văzu-**se**	merse-**se**	fugi-**se**	coborâ-**se**
noi	cânta-**serăm**	văzu-**serăm**	merse-**serăm**	fugi-**serăm**	coborâ-**serăm**
voi	cânta-**serăți**	văzu-**serăți**	merse-**serăți**	fugi-**serăți**	coborâ-**serăți**
ei / ele	cânta-**seră**	văzu-**seră**	merse-**seră**	fugi-**seră**	coborâ-**seră**

A4

- Alternanzen: Im Plusquamperfekt findet man die gleichen Alternanzen wie im Partizip Perfekt: a > ă, oa > o, e > ă, d > z, şt > sc:
  a f**a**ce – f**ă**cusem (machen), a sc**oa**te – sc**o**sesem (herausholen),
  a cre**d**e – cre**z**usem (glauben), a cun**oaşt**e – cun**osc**usem (kennen) etc.
- Die Betonung liegt auf der letzten Silbe des Stammes: văz**u**sem, cobor**â**serăm.
- Unregelmäßige Formen haben im Plusquamperfekt folgende Verben:
  a fi (sein): eu **fuse**sem, tu **fuse**seşi, el **fuse**se etc.
  a da (geben): eu **dădu**sem, tu **dădu**seşi, el **dădu**se etc.
  a sta (stehen / sitzen): eu **stătu**sem, tu **stătu**seşi, el **stătu**se etc.

Verwendung

Das Plusquamperfekt bezeichnet Vorgänge in der Vergangenheit, die sich vor anderen Vorgängen in der Vergangenheit ereignet haben.

- Die Zeit steht oft in direkter Verbindung mit anderen Zeiten der Vergangenheit:
  Îi scriau des, deşi îl **întâlniseră** doar o dată.
  Sie schrieben ihm oft, obwohl sie ihn nur einmal getroffen hatten.
- Es gibt einen Bezug zu einem anderen vergangenen Zeitpunkt:
  Ea **fusese** în România înainte de Revoluție.
  Sie war vor der Revolution in Rumänien gewesen.

1 Was passt zusammen? Bilden Sie Sätze.

1. La vârsta lui
   In seinem Alter
2. Ştiuseşi răspunsul
   Du hattest die Antwort gekannt,
3. Ai citit cartea
   Du hast das Buch gelesen,
4. Am învățat româna
   Ich habe Rumänisch gelernt,
5. Ați rezervat locurile
   Ihr habt die Plätze reserviert,

A după ce fusesem în România.
nachdem ich in Rumänien gewesen war.

B dar nu cumpăraserăți încă biletele.
aber ihr hattet die Karten noch nicht gekauft.

C văzuse deja multe în viață.
hatte er schon viel im Leben gesehen.

D înainte de a întreba.
bevor du gefragt hast.

E după ce îl cunoscuseşi pe autor.
nachdem du den Autor kennen gelernt hattest.

2 Das war schon passiert! Setzen Sie das unterstrichene Verb ins Plusquamperfekt. Fügen Sie nach dem Verb das Adverb **deja** (schon) hinzu.

1. Trenul <u>a plecat</u> la ora 5. – Trenul plecase deja la ora 5.
   Der Zug ist um 5 Uhr gefahren. – Der Zug war um 5 Uhr schon gefahren.
2. Aseară, copiii <u>au venit</u> de la bunici. – ____________________
   Gestern Abend sind die Kinder von den Großeltern zurückgekommen. –
   Gestern Abend waren die Kinder schon von den Großeltern zurückgekommen.
3. <u>Ai povestit</u> despre ce era vorba? – ____________________
   Hast du erzählt, worum es ging? – Hattest du schon erzählt, worum es ging?
4. Noi însă <u>am aflat</u> că pregăteați o surpriză. – ____________________
   Wir haben jedoch erfahren, dass ihr eine Überraschung vorbereitet habt. –
   Wir hatten jedoch erfahren, dass ihr eine Überraschung vorbereitet habt.
5. Am ajuns la plajă când soarele <u>răsărea</u>. – ____________________
   Ich bin am Strand angekommen, als die Sonne aufging. –
   Ich kam am Strand an, als die Sonne schon aufgegangen war.
6. Pentru a lua hotărârea ați <u>vorbit</u> cu prietenii voştri. –
   ____
   Um die Entscheidung zu treffen, habt ihr mit euren Freunden gesprochen. –
   Um die Entscheidung zu treffen, hattet ihr schon mit euren Freunden gesprochen.

Das Futur

Es gibt drei Möglichkeiten, im Rumänischen die Zukunft auszudrücken:

1. Hilfsverb von a vrea (voi – vei – va – vom – veți – vor) + Infinitiv:
   Vor trimite o scrisoare. Sie werden einen Brief schicken.

G20
2. Hilfsverb a avea (am – ai – are – am – aveți – au) + Konjunktiv:
   Am să fac un ceai. Ich werde einen Tee kochen.

3. o + Konjunktiv:
   O să înțelegem imediat. Wir werden es gleich verstehen.

Von dem Verb a merge (gehen) kann man zum Beispiel die Zukunft wie folgt bilden:

1. Futurart a voi + Infinitiv	2. Futurart a avea + Konjunktiv	3. Futurart o + Konjunktiv
voi merge	**am** să merg	**o** să merg
vei merge	**ai** să mergi	**o** să mergi
va merge	**are** să meargă	**o** să meargă
vom merge	**am** să mergem	**o** să mergem
veți merge	**aveți** să mergeți	**o** să mergeți
vor merge	**au** să meargă	**o** să meargă

Verwendung

- Die erste Futurart **voi** merge (ich werde gehen) wird meist in der offiziellen, schriftlichen Sprache, selten im Alltag benutzt.
- Die zweite Futurart **am** să merg (ich werde gehen) ist im Alltag üblich.
  Es werden allerdings meist nur die Formen im Singular verwendet:
  Am să învăț. Ich werde lernen. **Ai** să mă anunți. Du wirst mich benachrichtigen.
  Are să ne cunoască. Er / Sie wird uns kennen lernen.
- Die dritte Futurart **o** să merg (ich werde gehen) ist im Alltag üblich:
  La vară **o** să plecăm la mare. Im Sommer werden wir ans Meer fahren.

Wenn es einen Bezug zu einem zukünftigen Zeitpunkt gibt, wird die Zukunft oft durch das Präsens ausgedrückt:
Mâine suntem la Cluj. / Mâine vom fi la Cluj.
Morgen sind wir in Cluj. / Morgen werden wir in Cluj sein.

Stellung der Pronomen

G12 Die unbetonten Akkusativ- und Dativpronomen stehen bei der 1. Futurart vor dem
G13 Hilfsverb, bei der 2. und 3. Art zwischen der Konjunktion să und dem Verb.
Die Pronomen können mit să gebunden werden.
Îmi vei spune. – Ai să **îmi** spui. / Ai să-**mi** spui. – O să **îmi** spui. / O să-**mi** spui.
Du wirst es mir sagen.

1 Was passt zusammen? Verbinden Sie.

1. Ana are dureri de gât.
   Ana hat Halsschmerzen.
2. Ceasul e stricat.
   Die Uhr ist kaputt.
3. Nu vrem să întârziem.
   Wir wollen nicht zu spät kommen.
4. Vine toamna.
   Der Herbst kommt.

A Zilele vor fi mai scurte.
  Die Tage werden kürzer sein.
B O să luăm un taxi.
  Wir werden ein Taxi nehmen.
C O să bea un ceai.
  Sie wird einen Tee trinken.
D O să cumpărăm altul.
  Wir werden eine andere kaufen.

2 Lesen Sie die Sätze im Futur. Schreiben Sie dann den Infinitiv der Verben in die Lücke.

1. Ion o să plece la Bucureşti. – a pleca
   Ion wird nach Bukarest fahren.
2. La vară o să mergem în străinătate. – ______________________
   Im Sommer werden wir ins Ausland gehen.
3. O să lucrezi în România? – ______________________
   Wirst du in Rumänien arbeiten?
4. O să reparați bicicleta împreună? – ______________________
   Werdet ihr das Fahrrad gemeinsam reparieren?
5. Nu o să facă autostopul. – ______________________
   Sie werden nicht per Anhalter fahren.
6. Nici ea nu o să rămână acasă. – ______________________
   Sie wird auch nicht zu Hause bleiben.

3 Setzen Sie die Verben der Übung 2 in das Futur mit a vrea + Infinitiv. Behalten Sie die gleiche Person bei wie in der Übung 2.

1. va pleca
2. ______________________
3. ______________________
4. ______________________
5. ______________________
6. ______________________

4 Bilden Sie die jeweils anderen zwei möglichen Formen des Futurs. Achten Sie auf die Stellung der Pronomen.

1. Astăzi o să ne găteşti ceva? /______________________ /______________________
   Wirst du uns heute etwas kochen?
2. Profesorul îți va da telefon. /______________________ /______________________
   Der Lehrer wird dich anrufen.
3. Am să le dăruiesc o floare. /______________________ /______________________
   Ich werde ihnen eine Blume schenken.

Grammatik

Der Optativ Präsens

Der Optativ (Wunschform, Konditional) drückt eine Bedingung, einen Wunsch oder eine Wahl aus. Der Optativ (z. B. aş merge) wird meist mit dem Konjunktiv II des Präsens (ich ginge / ich würde gehen) übersetzt.

Bildung des Optativ Präsens

Hilfsverb				
(eu)	**aş**	(noi)	**am**	+ Infinitiv des Verbs
(tu)	**ai**	(voi)	**aţi**	
(el / ea)	**ar**	(ei / ele)	**ar**	

Die Modalverben sowie die Verben a avea (haben) und a fi (sein) haben im Rumänischen regelmäßige Formen:
a dori – aş dori (wünschen – ich wünschte / ich möchte), a vrea – aş vrea (wollen – ich wollte), a trebui – ar trebui (müssen – ich müsste / ich sollte), a putea – aş putea (können – ich könnte), a fi – aş fi (sein – ich wäre), a avea – aş avea (haben – ich hätte).

Pronomen und Verneinung

G12 G13

- Die unbetonten Pronomen im Akkusativ und Dativ werden obligatorisch gebunden und vor das Hilfsverb gestellt: **Te**-am întreba. Wir würden dich fragen. **L**-aţi cunoaşte. Ihr würdet ihn kennen. **Mi**-ai spune. Du würdest es mir sagen. **Ţi**-aş scrie. Ich würde dir schreiben.
- Die Verneinung nu (nicht) kann gebunden werden und steht vor dem Hilfsverb: **Nu** aş face asta. / **N**-aş face asta. Ich würde das nicht tun. **Nu** ar fi potrivit. / **N**-ar fi potrivit. Es wäre nicht passend. Steht noch ein Pronomen vor dem Hilfsverb, so steht die Verneinung vor dem Pronomen: **Nu** te-aş întreba. Ich würde dich nicht fragen.

Verwendung

- Bei Bedingungen, sowohl im Haupt- als auch im Nebensatz:
  Dacă **aţi veni** la noi, **am fi** foarte bucuroşi.
  Wenn Sie zu uns kommen würden, wären wir sehr froh.
  De **aş şti** când ai liber, **aş cumpăra** bilete la teatru.
  Wenn ich wüsste, wann du frei hast, würde ich Karten fürs Theater kaufen.
- Bei Vorgängen der Wahl und des Wünschens:
  Aş refuza, dar nu ştiu cum.
  Ich würde absagen, aber ich weiß nicht wie.
- Bei höflichen Bitten oder Fragen:
  Scuzaţi vă rog, **aţi putea** să-mi spuneţi …
  Entschuldigen Sie bitte, könnten Sie mir sagen …

Grammatik

1 Was passt zusammen? Bilden Sie sinnvolle Sätze.

1. Cum ar fi viața
   Wie wäre das Leben,
2. Dacă am prinde mai mult pește
   Wenn wir mehr Fisch fangen würden,
3. Dacă ați vinde mai mult
   Wenn ihr mehr verkaufen würdet,
4. Dacă am avea mai mulți bani
   Wenn wir mehr Geld hätten,

A ați avea mai mulți bani.
hättet ihr mehr Geld.

B dacă pescarii ar prinde mai mult pește?
wenn die Fischer mehr Fisch fangen würden?

C am putea vinde mai mult.
könnten wir mehr verkaufen.

D am avea mai multe griji.
hätten wir mehr Sorgen.

2 Ein neuer Hut! Vervollständigen Sie die Sätze mit der richtigen Form des Hilfsverbs.

1. ▷ Ce ________ dori, vă rog?	Was wünschen Sie, bitte?
2. ► ________ vrea să-mi cumpăr o pălărie.	Ich möchte einen Hut kaufen.
3. ▷ Desigur. Cum ________ trebui să fie?	Natürlich. Wie sollte er sein?
4. ► Despre formă, n- ________ ști ce să spun…	Über die Form, wüsste ich nichts zu sagen.
5. ▷ ________ avea aici mai multe forme…	Wir hätten hier mehrere Formen …
6. ▷ Dar ce culoare v- ________ plăcea?	Aber welche Farbe würde Ihnen gefallen?
7. ► ________ putea să-mi arătați una roșie cu puncte albe?	Könnten Sie mir einen roten mit weißen Punkten zeigen?

3 Fügen Sie die richtige Form der Verben in Klammern hinzu.

1. Dacă ________________ (a avea) concediu, ________________ (a merge) cu prietenii în Deltă.
   Wenn ich Urlaub hätte, würde ich mit Freunden ins Delta fahren.

2. ________________ (a sta) toți pe o insulă.
   Wir würden alle auf einer Insel wohnen.

3. Victor ________________ (a găti) supă de pește.
   Victor würde Fischsuppe kochen.

4. Iar voi ne-________________ (a putea) aduce dulciuri din oraș.
   Und ihr könntet uns Süßigkeiten aus der Stadt mitbringen.

Grammatik

Der Optativ Perfekt

Der Optativ (Wunschform, Konditional) drückt eine irreale Bedingung aus, die in der Vergangenheit liegt. Der Optativ Perfekt (z. B. aş fi mers) wird meist mit dem Konjunktiv II der Vergangenheit (ich wäre gegangen) wiedergegeben.

Bildung des Optativ Perfekts

G21

Hilfsverb				
(eu)	**aş**	(noi)	**am**	+ fi + Partizip des Verbs
(tu)	**ai**	(voi)	**aţi**	
(el / ea)	**ar**	(ei / ele)	**ar**	

Die Modalverben sowie a fi (sein) und a avea (haben) sind im Rumänischen regelmäßig:

- a dori – mi-aş fi dorit (wünschen – ich hätte mir gewünscht)
- a vrea – aş fi vrut (wollen – ich hätte gewollt)
- a trebui – ar fi trebuit (müssen – ich hätte müssen / sollen), n-ar fi trebuit (es wäre nicht nötig gewesen)
- a putea – aş fi putut (können – ich hätte gekonnt)
- a fi – aş fi fost (sein – ich wäre gewesen)
- a avea – aş fi avut (haben – ich hätte gehabt)

Pronomen und Verneinung

G12 G13

- Die unbetonten Pronomen im Akkusativ und Dativ werden obligatorisch gebunden und vor das Hilfsverb gestellt:
  Te-am fi chemat. Wir hätten dich gerufen. **L**-aţi fi văzut. Ihr hättet ihn gesehen.
  Mi-ai fi povestit. Du hättest mir erzählt. **Ţi**-aş fi scris. Ich hätte dir geschrieben.

- Die Verneinung nu (nicht) kann gebunden werden und steht vor dem Hilfsverb:
  Nu ar fi trebuit. / **N**-ar fi trebuit. Es wäre nicht nötig gewesen.
  Nu ar fi fost bine. / **N**-ar fi fost bine. Es wäre nicht gut gewesen.
  Steht noch ein Pronomen vor dem Hilfsverb, so steht die Verneinung vor diesem:
  Nu te-aş fi întrebat. Ich hätte dich nicht gefragt.

Verwendung

- Sowohl im Haupt- als auch im Nebensatz, bei irrealen Bedingungen und Vorgängen, die nicht stattgefunden haben:
  Dacă ne-**aţi fi vizitat**, **am fi fost** foarte bucuroşi.
  Wenn Sie uns besucht hätten, wären wir sehr froh gewesen.
  De **aş fi ştiut** când ai liber, **aş fi cumpărat** bilete la teatru.
  Wenn ich gewusst hätte, wann du frei hast, hätte ich Karten fürs Theater gekauft.

- Bei Vorgängen der Wahl und des Wünschens in der Vergangenheit:
  Aş fi refuzat, dar n-am ştiut cum.
  Ich hätte abgesagt, aber ich wusste nicht wie.

1 Verändern Sie die Sätze, indem Sie die unterstrichenen Verben im Optativ Perfekt benutzen.

1. Ne-am bucurat să te vedem. – ______________________________ să te vedem.
   Wir haben uns gefreut, dich zu sehen. – Wir hätten uns gefreut, dich zu sehen.

2. A trebuit să stea în casă pe vreme rea. – ______________________________
   să stea în casă pe vreme rea.
   Er musste bei schlechtem Wetter zu Hause bleiben. – Er hätte bei schlechtem Wetter zu Hause bleiben müssen.

3. Am preferat să merg în pădure, în loc să citesc în bibliotecă. –
   ______________________________ să merg la pădure, în loc să citesc în bibliotecă.
   Ich habe es vorgezogen in den Wald zu gehen, statt in der Bibliothek zu lesen. – Ich hätte es vorgezogen, in den Wald zu gehen, statt in der Bibliothek zu lesen.

2 Formulieren Sie Sätze aus den folgenden Satzteilen.

1. dacă wenn – devreme früh – ai fi luat du hättest genommen – ai fi fost du wärst gewesen – autobuzul den Bus – acasă zu Hause
   ____
   Wenn du den Bus genommen hättest, wärst du früh zu Hause gewesen.

2. o bicicletă ein Fahrrad – aş fi avut ich hätte gehabt – în excursie auf den Ausflug – dacă wenn – aş fi venit ich wäre gekommen
   ____
   Wenn ich ein Fahrrad gehabt hätte, wäre ich mit auf den Ausflug gekommen.

3. drumul den Weg – nu ţi-am fi explicat wir es dir nicht erklärt hätten – dacă wenn – casa das Haus – n-ai fi găsit hättest du nicht gefunden
   ____
   Wenn wir dir den Weg nicht erklärt hätten, hättest du das Haus nicht gefunden.

4. poliţia die Polizei – dacă wenn – pe roşu bei Rot – ar fi traversat er hätte die Straße überquert – l-ar fi oprit hätte ihn angehalten
   ____
   Wenn er bei Rot die Straße überquert hätte, hätte ihn die Polizei angehalten.

Das **Gerunziu** (Gerundium)

Das Gerunziu (Gerundium, entspricht z. T. dem Partizip I) wird wie folgt gebildet:

Stamm des Verbs + Endung	-ând bei der 1., 2., 3. und 5. Konjugation -ind bei der 4. Konjugation

Infinitiv	a cânta singen	a tăcea schweigen	a merge gehen	a fugi laufen	a coborî hinuntergehen
Gerunziu	cânt**ând**	tăc**ând**	merg**ând**	fug**ind**	cobor**ând**

Die Endung -ind im Gerundium haben außerdem noch folgende Verben:

- Mit Infinitiv auf trennbares -ia wird das -i verdoppelt:
  a întârzia – întârzi**ind** (zu spät kommen)
- Mit Infinitiv auf untrennbares -ia bleibt nur ein -i:
  a tăia – tă**ind** (schneiden)
- a scrie – scri**ind** (schreiben), a şti – şti**ind** (wissen), a fi – fi**ind** (sein).

Alternanzen:
a > ă: a f**a**ce – f**ă**când (machen)
oa > o: a sc**oa**te – sc**o**țând (herausholen)
d > z (bei Infinitiv auf -e / -ea): a cre**d**e – cre**z**ând (glauben)
t > ț (bei Infinitiv auf -ite): a trimi**t**e – trimi**ț**ând (schicken)

Pronomen und Verneinung

- G12 G13 Die Personal- und Reflexivpronomen im Akkusativ und Dativ stehen nach dem Gerundium und müssen mit diesem gebunden werden. Hier wird außer bei -o (sie) zur einfacheren Aussprache ein -u an das Gerundium angehängt:
  văzând**u**-mă (< a mă vedea mich sehen), văzând**u**-te, văzând**u**-l, văzând-o usw.

- Das Gerundium kann auch verneint werden, indem man die Vorsilbe ne- anhängt:
  a nu şti – **ne**ştiind (nicht wissend), a nu face – **ne**făcând (nicht machend).

Verwendung

Das Gerundium kann einen Nebensatz ersetzen. Die Angabe von Zeit und Person übernimmt das Verb im Hauptsatz.

Das Gerundium hat mehrere Bedeutungen:

- Ursache: **Auzind** aceasta, noi ne-am bucurat. Weil / Als wir das gehört haben, haben wir uns gefreut. (wörtl. Das hörend, freuten wir uns.)
- Gleichzeitigkeit, meist nach Verben der Wahrnehmung:
  Te văd **plecând**. Ich sehe dich weggehen. / Ich sehe, wie du weggehst.
- Bedingung:
  Citind scrisoarea, vei înțelege. Wenn du den Brief liest, wirst du verstehen.
- Art und Weise:
  Ne-am despărțit **râzând**. Wir trennten uns lachend.

Grammatik

1 Verwandeln Sie die unterstrichenen Satzteile in eine Gerundium-Konstruktion.

1. Îl văd <u>că vine</u>. (a veni) – Îl văd venind.
   Ich sehe, dass er kommt. – Ich sehe ihn kommen.
2. O aud <u>că strigă</u>. (a striga) – O aud ______________________ .
   Ich höre, dass sie ruft. – Ich höre sie rufen.
3. Bunicul muncea în grădină <u>şi cânta</u>. (a cânta) –
   Bunicul muncea în grădină ______________________ .
   Der Großvater arbeitete im Garten und sang.
4. <u>Când au citit</u> romanul, au înțeles mai bine filmul. (a citi) – ______________________
   romanul au înțeles mai bine filmul.
   Als sie den Roman lasen, haben sie den Film besser verstanden.
5. <u>Pentru că aveai</u> maşină, ai putut ajunge mai repede. (a avea) –
   ______________________ maşină, ai putut ajunge mai repede.
   Weil du ein Auto hattest, konntest du früher ankommen.

2 Setzen Sie die Verben in Klammern ins verneinte Gerundium.

1. Nu te-ai plictisit (a nu face) ______________________ nimic toată ziua?
   Hast du dich nicht gelangweilt, während du den ganzen Tag nichts machtest?
2. (a nu înțelege) ______________________ ce se întâmplă, m-am mirat doar.
   Da ich nicht verstand, was passierte, habe ich mich nur gewundert.

3 Setzen Sie die vorgegebenen Verben ins Gerundium und achten Sie auf die gebundene Form des Pronomens.

1. (a ne răspunde) la salut, ne-au invitat înăuntru. –
   <u>Răspunzându-ne</u> la salut, ne-au invitat înăuntru.
   Sie antworteten auf unsere Begrüßung und luden uns hinein.
2. (a-mi da) ______________________ cadoul, mi-au urat drum bun.
   Sie gaben mir das Geschenk und wünschten mir gute Reise.
3. (a se plimba) ______________________ prin parc, băiatul s-a rătăcit.
   Als er durch den Park spazieren ging, verlief sich der Junge.
4. (a-şi aminti) ______________________ de tine, te-a sunat.
   Da er sich an dich erinnerte, hat er dich angerufen.
5. (a le fi teamă) ______________________ de furtună, nu au mai mers cu barca.
   Da sie Angst vor dem Gewitter hatten, sind sie nicht mehr mit dem Boot gefahren.

Die Reflexiven Verben

Die reflexiven Verben werden mit Pronomen im Akkusativ oder Dativ gebildet.
Die Reflexivpronomen sind identisch mit den unbetonten Personalpronomen, außer in der 3. Person Singular und Plural, hier lautet das Reflexivpronomen im Akkusativ se und im Dativ îşi.

Akkusativ a **se** bucura sich freuen		Dativ a-**şi** permite sich erlauben	
(eu) **mă** bucur	(noi) **ne** bucurăm	(eu) **îmi** permit	(noi) **ne** permitem
(tu) **te** bucuri	(voi) **vă** bucuraţi	(tu) **îţi** permiţi	(voi) **vă** permiteţi
(el, ea, ei, ele) **se** bucură		(el, ea, ei, ele) **îşi** permit	

Die Pronomen werden im zusammengesetzten Perfekt und im Konditional-Optativ nach rechts und im Imperativ sowie bei der Verneinung nach links gebunden:
M-am grăbit. Ich habe mich beeilt. Nu **mi**-aş permite. Ich würde es mir nicht erlauben.
Grăbeşte-**te**! Beeil dich! Nu-**mi** amintesc. Ich erinnere mich nicht.

Im Rumänischen ist die reflexive Form mancher Verben spezifisch.

- Mit Akkusativ: a se chema (heißen), a se naşte (geboren werden), a se gândi (denken), a se plimba (spazieren gehen), a se face (werden), a se duce (gehen), a se întoarce (zurückkommen), a se trezi (aufwachen), a se scula (aufstehen), a se culca (schlafen gehen), a se uita (schauen), a se juca (spielen) etc.
- Mit Dativ: a-şi aminti (sich erinnern), a-şi da seama (wahrnehmen) etc.

Grammatik

Verwendung

Reflexivpronomen verwendet man bei Reflexivverben wie a se bucura oder um Gegenseitigkeit auszudrücken wie z. B.: Ei se salută. Sie grüssen sich.

Darüber hinaus gibt es im Rumänischen folgende Möglichkeiten:

- Verwendung des Reflexivpronomens der 3. Pers. Sg., um das Passiv auszudrücken:
  Magazinul se deschide la ora 8. Der Laden wird um 8 Uhr geöffnet.
  Se aduce vinul. Der Wein wird gebracht.
  Ausnahme: a se naşte (geboren werden) wird im Rumänischen aktiv verwendet und daher wie ein reflexives Verb konjugiert:
  M-am născut în România. Ich bin in Rumänien geboren.
- Verwendung des Reflexivpronomens der 3. Pers. Sg., um „man" oder „es" auszudrücken: Se poate. Es geht. / Es kann sein. Se munceşte. Man arbeitet.
- Verwendung mit der Bedeutung „werden": Se întunecă. Es wird dunkel.
- Verwendung des Reflexivpronomens im Dativ, um Besitz auszudrücken:
  Îmi pun pălăria. Ich setze mir den Hut auf (= meinen Hut).

1 Setzen Sie die Verben in die reflexive Form.

1. Spăl hainele. – (Dativ) Îmi spăl hainele.
   Ich wasche die Kleider. – Ich wasche meine Kleider. / Ich wasche mir die Kleider.
2. Musafirul pune geamantanul în hol. – (Dativ) ______________________________
   Der Gast stellt den Koffer in den Flur. – Der Gast stellt seinen Koffer in den Flur.
3. Colegii salută. – (Akkusativ) ______________________________
   Die Kollegen grüßen. – Die Kollegen grüßen sich.
4. Întrebați cât e ceasul. – (Akkusativ) ______________________________
   Ihr fragt, wie spät es ist. – Ihr fragt euch, wie spät es ist.

2 Bilden Sie Sätze aus den folgenden Satzteilen.

1. Ne-am uitat
   Wir schauten
2. Porți
   Du trägst
3. Ne ducem
   Wir gehen
4. Am uitat
   Wir haben vergessen
5. Le ducem gazdelor
   Wir bringen den Gastgebern
6. Te porți bine
   Du benimmst dich gut

A un cadou.
ein Geschenk.

B să cumpărăm flori.
Blumen zu kaufen.

C pe fereastră.
durchs Fenster.

D cu musafirii.
mit den Gästen.

E o rochie frumoasă.
ein schönes Kleid.

F mâine în vizită.
morgen auf Besuch

> Beachten Sie: Bei einigen Verben ändert sich durch die reflexive Form die Bedeutung des Verbs: a afla (erfahren) – a se afla (sich befinden), a purta (tragen) – a se purta (sich benehmen), a uita (vergessen) – a se uita (la) (etwas ansehen), a duce (bringen) – a se duce (gehen / fahren) usw.

3 Setzen Sie die entsprechenden Pronomen ein.

1. _____ trezim devreme. Wir wachen früh auf.
2. Eu _____ scol când _____ face lumină. Ich stehe auf, wenn es hell wird.
3. _____ pregăteşti micul dejun. Du bereitest dir das Frühstück vor.
4. Copiii _____ duc la şcoală cu autobuzul. Die Kinder fahren mit dem Bus in die Schule.
5. Seara _____ întâlnim cu prietenii. Abends treffen wir uns mit Freunden.
6. _____ culc la ora 10. Ich gehe um 10 Uhr ins Bett.

G31
Das Passiv

Verben, die ein direktes Objekt haben (transitive Verben), können ins Passiv gesetzt werden:

Aktive Form: Am plantat **un copac**. Ich habe einen Baum gepflanzt.
Passive Form: **Copacul** a fost plantat de mine. Der Baum wurde von mir gepflanzt.

Das direkte Objekt im aktiven Satz wird zum Subjekt des passiven Satzes.

Das Passiv wird mit dem konjugierten Hilfsverb a fi (sein) und dem deklinierten Partizip Perfekt des Hauptverbs gebildet. Das Partizip Perfekt verhält sich dabei wie ein Adjektiv mit vier Formen und richtet sich in Geschlecht und Zahl nach dem Subjekt, z.B.
trimis – trimisă – trimişi – trimise:
Scrisoare**a** a fost trimis**ă**. (Sg. f.) Der Brief wurde geschickt.
Scrisori**le** au fost trimis**e**. (Pl. f.) Die Briefe wurden geschickt.

Der Urheber der Handlung wird durch die Präposition de / de către (von) an das Partizip angeschlossen:
Scrisoarea a fost trimisă **de** Petru. Der Brief wurde von Petru geschickt.

Die konjugierte Form von a fi drückt die Zeit, den Modus und die Person aus und wird daher entsprechend konjugiert: **Veți** fi chemați. Ihr werdet gerufen werden.

Konjugationsbeispiel für a chema in verschiedenen Zeiten und Modi, 3. Pers. Sg.:

Präsens	el / ea	este	chemat / chemată
Konjunktiv	el / ea	să fie	chemat / chemată
Zusammengesetzes Perfekt	el / ea	a fost	chemat / chemată
Imperfekt	el / ea	era	chemat / chemată
Plusquamperfekt	el / ea	fusese	chemat / chemată
Futur	el / ea	va fi	chemat / chemată
Optativ I	el / ea	ar fi	chemat / chemată
Optativ II	el / ea	ar fi fost	chemat / chemată

Passiv / Reflexiv

G13 G30

- Das Passiv wird manchmal auch durch das Reflexivpronomen se ausgedrückt, wenn der Urheber nicht genannt wird:
  Ne este adus vinul de către chelner. – Ni **se** aduce vinul.
  Der Wein wird uns vom Kellner gebracht. – Der Wein wird uns gebracht.
- Im Präsens drückt das Passiv eine Beschreibung aus:
  Uşa este deschisă. Die Tür ist offen. / Die Tür wird geöffnet.
- Mit dem Reflexivpronomen wird dagegen der Vorgang ausgedrückt:
  Uşa **se** deschide. Die Tür geht auf. (wörtl. Die Tür öffnet sich.)

1 Bilden Sie mit diesen Satzgliedern Sätze im Passiv.

1. toți alle – explicația die Erklärung – de von – înțeleasă verstanden – a fost wurde – elevii die Schüler
   Explicația ______________________________________ .

2. va fi wird werden – mâine morgen – arătat gezeigt – filmul der Film
   ____

3. a fost wurde – de către primar vom Bürgermeister – expoziția die Ausstellung – deschisă eröffnet
   ____

4. la petrecere zu der Feier – am fost wir waren – invitați eingeladen – de colegii mei von meinen Kollegen
   ____

2 Formulieren Sie diese Sätze im Passiv. Achten Sie darauf, dass die Sätze hier im zusammengesetzen Perfekt stehen und dass nach der Präposition de / de către kein bestimmter Artikel folgt.

1. Multe femei citesc acest roman. – Acest roman este citit de multe femei.
   Viele Frauen lesen diesen Roman. – Dieser Roman wird von vielen Frauen gelesen.

2. Artistul a deschis ieri expoziția. – ______________________________________
   Der Künstler hat gestern die Ausstellung eröffnet. – Die Ausstellung wurde gestern vom Künstler eröffnet.

3. Colegii l-au sunat acasă. – ______________________________________
   Die Kollegen haben ihn zu Hause angerufen. – Er wurde von Kollegen zu Hause angerufen.

4. Ministerul a aprobat legea ieri. – ______________________________________
   Das Ministerium hat gestern das Gesetz genehmigt. – Das Gesetz wurde gestern vom Ministerium genehmigt.

3 Ersetzen Sie die reflexive Konstruktion durch eine Passivkonstruktion.

1. Cina se va servi pe terasă. – Cina va fi ______________________________________
   Das Abendessen wird auf der Terrasse serviert werden.

2. S-a reparat strada. – ______________________________________
   Die Straße wurde repariert.

3. Pachetele se vor trimite mâine. – ______________________________________
   Die Pakete werden morgen verschickt.

Der Imperativ

Mit dem Imperativ werden Aufforderungen, Bitten, Befehle o. ä. formuliert.

Bildung des Imperativs der 2. Pers. Sg.

G17
G18

- Bei vielen Verben (der 1. und 5., bzw. 4. Konjugation mit Stammerweiterung, sowie bei transitiven Verben der übrigen Konjugationen) ist der Imperativ identisch mit der 3. Pers. Sg. im Präsens:

a cânta (singen)	el cântă (er singt)	cântă! (sing!)
a bea (trinken)	el bea (er trinkt)	bea! (trink!)
a lucra (arbeiten)	el lucrează (er arbeitet)	lucrează! (arbeite!)

- Bei anderen Verben (intransitiven Verben der 2., 3. und 4. Konjugation ohne Stammerweiterung) ist der Imperativ identisch mit der 2. Pers. Sg. im Präsens:

a merge (gehen)	tu mergi (du gehst)	mergi! (geh!)
a tăcea (schweigen)	tu taci (du schweigst)	taci! (schweig!)
a fugi (laufen)	tu fugi (du läufst)	fugi! (lauf)

- Einige Verben haben jedoch unregelmäßige Formen, hier die wichtigsten:
  a zice – zi! (sagen – sag!), a face – fă! (machen – mach!), a fi – fii! (sein – sei!)
  a duce – du! (bringen – bring!), a veni – vino! (kommen – komm!)
- Die verneinte Form des Imperativs der 2. Pers. Sg. wird mit dem Infinitiv gebildet:
  Nu râde! Lach nicht! Nu cânta! Sing nicht!

Bildung des Imperativs der 2. Pers. Pl.

- Der Imperativ der 2. Pers. Pl. ist formgleich mit der 2. Pers. Pl. im Präsens:
  (voi) mergeți – Mergeți! ihr geht – Geht!
  (dumneavoastră) intrați – Intrați! Sie gehen hinein – Gehen Sie hinein!
- Bei der Verneinung bleibt die Form gleich: Nu mergeți! Geht nicht!

Stellung der Pronomen und Verneinung

G12
G13
G30

- Reflexiv- und Personalpronomen werden in der 2. Pers. Sg. und Pl. nachgestellt und obligatorisch gebunden: Grăbeşte-te! Beeil dich! Invită-l! Lad ihn ein!
  Das Pronomen -o (sie) bewirkt den Wegfall der Endung -ă:
  cheamă – cheam-o! Ruf! – Ruf sie!
- Bei Verneinungen werden die Pronomen vorangestellt:
  Nu te grăbi! Beeil dich nicht! Nu îl invita! / Nu-l invita! Lad ihn nicht ein!

G20

Konjunktiv als Aufforderung:
In der 1. und 3. Person werden Aufforderungen im Konjunktiv formuliert:
Să mergem! Lass uns gehen!
In der 2. Person kann eine Aufforderung durch Imperativ oder durch Konjunktiv ausgedrückt werden: Veniți devreme! / Sa veniți devreme! Kommt früh!

1 Sie kochen mit Freunden mămăligă (Maisbrei). Sie sagen Ihren Freunden, was sie tun sollen. Setzen Sie dafür das Verb in den Imperativ!

1. Luați o cană de mălai la un litru de apă. (a lua)
   Nehmt eine Tasse Maismehl auf einen Liter Wasser.
2. ________________ apa să fiarbă. (a lăsa) Lasst das Wasser kochen.
3. ________________ sare şi apoi mălaiul, puțin câte puțin. (a pune)
   Gebt Salz dazu und dann nach und nach das Maismehl.
4. ________________ bine. (a amesteca) Rührt gut um.
5. După circa 10 minute ________________ mămăliga pe un fund de lemn. (a răsturna)
   Nach circa 10 Minuten stürzt den Maisbrei auf ein Holzbrett.
6. ________________ mămăliga fierbinte, cu brânză şi smântână. (a servi)
   Serviert den Maisbrei heiß, mit Käse und Schmand.
7. Poftă bună! Guten Appetit!

2 Verneinen Sie die folgenden Sätze.

1. Pleacă! – Nu pleca! Geh weg! – Geh nicht weg!
2. Vino târziu! – ________________ târziu! Komm spät! – Komm nicht spät!
3. Întârziați! – ________________ Verspätet euch! – Verspätet euch nicht!
4. Grăbiți-vă! – ________________ Beeilt euch! – Beeilt euch nicht!
5. Sună-mă! – ________________ Ruf mich an! – Ruf mich nicht an!
6. Aşezați-vă! – ________________ Setzen Sie sich! – Setzen Sie sich nicht!
7. Stai acolo! – ________________ acolo! Bleib dort! – Bleib nicht dort!
8. Du-te! – ________________ Geh! – Geh nicht!
9. Lasă apa să fiarbă! – ________________ apa să fiarbă!
   Lass das Wasser kochen! – Lass das Wasser nicht kochen!
10. Mergi acasă! – ________________ acasă!
    Geh nach Hause! – Geh nicht nach Hause!
11. Cântă! – ________________ Sing! – Sing nicht!
12. Aşează-te! – ________________ Setz dich! – Setz dich nicht!
13. Invit-o! – ________________ Lad sie ein! – Lad sie nicht ein!

Die Präpositionen

G5 Die meisten Präpositionen verlangen im Rumänischen den Akkusativ:
Merg **cu** tine **la** mare. Ich gehe mit dir ans Meer.

Eine Ausnahme bilden die 5 Dativ Präpositionen (contrar, potrivit, mulțumită, datorită, conform) und die Genitiv Präpositionen, mit bestimmtem Artikel: deasupr**a**, de-a lung**ul** etc.

Häufige Präpositionen:

- **la** (zu / nach / in / um): Merg **la** lucru. Ich gehe zur Arbeit., **la** (ora) 6 (um 6 (Uhr))
- **de** (von / aus / seit / zu):
  - „von" bei Verursacher: poezii **de** Eminescu (Gedichte von Eminescu)
  - „aus" bei Materialien: o rochie **de** bumbac (ein Kleid aus Baumwolle)
  - „seit" bei Zeitangaben: **de** doi ani (seit zwei Jahren)
  - „zu / anlässlich" bei einem Anlass: **de** ziua mea (zu meinem Geburtstag)
  - ohne Übersetzung bei Mengenangaben: un pahar **de** vin (ein Glas Wein) oder zusammengesetzten Wörtern: maşină **de** spălat (Waschmaschine)
- **pe** (auf / an):
  - Präposition des Ortes: **pe** cap, **pe** gât (auf dem Kopf, am Hals)
  - ohne Übersetzung bei einem Personalobjekt: Îl sun **pe** el. Ich rufe ihn an.
- **în** (in / an): **în** cameră (im Zimmer), **în** doi ani (in zwei Jahren).
- **din** (aus): Vin **din** Iaşi. Ich komme aus Iaşi.
- **prin** (durch / in): Ne plimbăm **prin** oraş. Wir spazieren durch die Stadt.
- **cu** (mit): **cu** el (mit ihm), cafea **cu** lapte (Kaffee mit Milch)
- **fără** (ohne): **fără** el (ohne ihn), **fără** întârziere (ohne Verspätung)
- **despre** (über): Vorbeam **despre** tine. Wir sprachen über dich.

G3 Die Präpositionen în, din und prin haben eine eigene Form, wenn sie vor dem unbestimmten Artikel (**un / o**) stehen. Sie werden zu **într-**, **dintr-**, **printr-**:
în casă (im Haus), **într-o** casă (in einem Haus).
La und de la weisen auf eine Richtung hin: „zu", „nach" – während în und din bedeuten: „in (hinein)". Merg **la** bibiliotecă. Ich gehe zur Bibliothek.
Merg **în** bibliotecă. Ich gehe in die Bibliothek (hinein).

Weitere Präpositionen des Raumes und der Zeit:

peste	über	Zburăm **peste** câmp. Wir fliegen übers Feld.
	in	**peste** un an in einem Jahr
după	hinter	**după** graniță hinter der Grenze
	nach	**după** prânz nach dem Mittag
între	zwischen	**între** doi pomi zwischen zwei Bäumen
sub	unter	**sub** pat unter dem Bett
lângă	neben	**lângă** hotel neben dem Hotel
de la... (până) la	von ... bis	**de la** Iaşi **la** Arad von Iaşi bis Arad
spre, înspre	zu / gegen	Mergem **spre** sud. Wir gehen gen Süden.

1 Die Sätze sind durcheinander geraten. Finden Sie die richtige Ordnung wieder!

1. România Rumänien – facem wir machen – în in – o excursie einen Ausflug

___

2. pleacă fährt weg – ora 5 5 Uhr – trenul der Zug – la um

___

3. pe am – ziua ta dein Geburtstag – este ist – 27 iunie 27. Juni

___

4. la nach – mergem wir fahren – Bucureşti Bukarest

___

5. mine mich – aşează-te setz dich – lângă neben

___

6. un pahar ein Glas – am băut ich habe getrunken – la im – de von – restaurant Restaurant – bere Bier

___

2 Setzen Sie die passenden Präpositionen ein.

cu	în	la	de	lângă	pe	sub	între	pe

1. Am intrat ________ cameră. Wir sind ins Zimmer hineingegangen.
2. ________ masă era o vază ________ flori. Auf dem Tisch war eine Vase mit Blumen.
3. Patul era ________ perete, ________ geam. Das Bett war neben der Wand, am Fenster.
4. ________ masă şi pat era un fotoliu mare. Zwischen dem Tisch und dem Bett war ein großer Sessel.
5. ________ pereți erau fotografii ________ familie. An den Wänden waren Familienfotos.
6. ________ masă se vedea un computer. Unter dem Tisch sah man einen Computer.

3 Schreiben Sie die fehlenden Pronomen in die Lücke. Die Übersetzung der Sätze hilft Ihnen.

1. Stau la țară. Ich wohne auf dem Lande.
2. Caietul e ________ masă. Das Heft ist auf dem Tisch.
3. Pixul e ________ sertar. Der Kugelschreiber ist in der Schublade.
4. Prietenul e ________ noi. Der Freund ist mit uns.
5. Geanta e ________ scaun. Die Tasche ist unter dem Stuhl.
6. Prietena mea e ________ mine. Meine Freundin ist neben mir.
7. Mihai vine ________ Timişoara. Mihai kommt aus Timişoara.

Sich begrüßen / Nach dem Befinden fragen / Sich verabschieden

22

▶ Bună ziua, domnule Popescu!	Guten Tag, Herr Popescu!
▷ Bună ziua, doamna Luca!	Guten Tag, Frau Luca!
▶ Ce mai faceți?	Wie geht es Ihnen?
▷ Bine, şi Dumneavoastră?	Gut, und Ihnen?

Sich begrüßen

Bună ziua.	Guten Tag.
Bună dimineața.	Guten Morgen.
Bună seara.	Guten Abend.
Sărut mâna.	Küss die Hand.

Der Ausdruck Sărut mâna kann generell von einem Mann einer Frau gegenüber verwendet werden oder allgemein bei der Begrüßung älterer Frauen.

Informeller bzw. unter guten Bekannten grüßt man sich mit:

Bună!	Tag!
Servus! (in Siebenbürgen)	Hallo!
Salut!	Hi!

Nach dem Befinden fragen

Die Frage *Wie geht's?* lautet:

Ce (mai) faceți? / Ce (mai) faci?	Wie geht es Ihnen / dir?
Şi Dumneavoastră? / Şi tu?	Und Ihnen? / Und dir?
Cum vă merge? / Cum îți merge?	Wie geht es Ihnen / dir?

Beantwortet werden diese Fragen mit:

foarte bine / bine	sehr gut / gut
aşa şi aşa / nu prea bine	geht so / nicht so gut

Sich verabschieden

Zum Abschied sagen Sie:

La revedere!	Auf Wiedersehen!
Pe curând!	Bis bald!
Numai bine!	Alles Gute!
Servus! (in Siebenbürgen) / Pa!	Tschüss!
Ciau!	Tschüss!
Noapte bună!	Gute Nacht!
Somn uşor!	Schlaf gut!

Die rumänischen Anredeform domn (Herr) wird bei der Anrede im Vokativ verwendet: domnule (ugs. aber auch domn / domnu'). Im Femininum bekommt die Anrede den bestimmten Artikel, wenn der Familienname folgt:
doamna Florea (Frau Florea) / domnişoara Ionescu (Fräulein Ionescu).

Kommunikation

1 Was sagen Sie zum Abschied und was zur Begrüßung? Bitte ordnen Sie die Ausdrücke der entsprechenden Spalte zu.

Bună ziua! Pa! Bună seara! Bună! Numai bine! Bună dimineața! Sărut mâna! La revedere!

1. Begrüßung	2. Abschied

2 Die folgenden zwei Dialoge sind leider unvollständig. Können Sie die Dialoge ergänzen?

informell	formell
1. Bună, Elena.	5. ______________ ziua, doamna Toma!
2. ______________ , Mircea.	6. ______________ , domnule Pascu!
3. ______________ faci?	7. Ce mai ______________ ?
4. Bine. Şi ______________ ?	8. Bine, şi ______________ ?

3 Begrüßen Sie folgende Personen. In manchen Fällen sind mehrere Begrüßungsformeln möglich.

1. einen guten Bekannten am Abend: ______________________________
2. eine unbekannte Rumänin am Morgen: ______________________________
3. Ihre Freundin am Tage: ______________________________
4. Ihren siebenbürgischen Freund: ______________________________
5. die Mutter Ihres rumänischen Freundes, formell: ______________________________

4 Wie geht es Ihnen? – Ce mai faceți? Was antworten Sie auf diese Frage bei folgenden Gemütslagen?

1. : ______________________________
2. : ______________________________
3. : ______________________________

Sich / jemanden vorstellen

23

► Bună ziua! Permiteți-mi să mă prezint. Numele meu este Ioan Popescu. Dumneavoastră cum vă numiți?	Guten Tag! Darf ich mich vorstellen? Mein Name ist Ioan Popescu. Wie heißen Sie?
▷ Sunt Ana Lungu.	Ich bin Ana Lungu.
► Încântat de cunoștință.	Sehr angenehm.
▷ De asemenea.	Gleichfalls.

Sich vorstellen

Wenn Sie sich vorstellen wollen, können Sie dies so einleiten:

Permiteți-mi să mă prezint.	Darf ich mich vorstellen? (wörtl.: Erlauben Sie mir, mich vorzustellen.)
Încă nu m-am prezentat.	Ich habe mich noch nicht vorgestellt.

Danach nennen Sie normalerweise Ihren Namen:

Numele meu este…	Mein Name ist …
Sunt…	Ich bin …

und fragen nach dem Namen Ihres Gesprächspartners:

Scuzați-mă, vă rog, încă nu știu cum vă cheamă.	Entschuldigen Sie bitte, ich weiß noch nicht, wie Sie heißen.
Scuză-mă, te rog, încă nu știu cum te cheamă.	Enschuldige bitte, ich weiß noch nicht, wie du heißt.
Cum vă numiți? / Cum vă cheamă?	Wie heißen Sie?
Cum te numești? / Cum te cheamă?	Wie heißt du?
Care este numele Dumneavoastră?	Wie ist Ihr Name?
Care este numele tău?	Wie ist dein Name?

Jemanden vorstellen

Bei der Vorstellung einer dritten Person sagen Sie:

Permiteți-mi să vi-l / să v-o prezint pe domnul / doamna… ?	Darf ich Ihnen Herrn / Frau … vorstellen?
Permiteți-mi să ți-l / ți-o prezint pe… ?	Darf ich dir … vorstellen?
Aș dori să vi-l / să v-o prezint pe…	Ich möchte Ihnen … vorstellen.
Permiteți-mi să vă fac cunoștință cu…	Darf ich Sie mit … bekannt machen.
Dumnealui / Dumneaei este domnul / doamna / domnișoara…	Er / Sie ist Herr / Frau / Fräulein …
Îl / O cunoașteți pe… ?	Kennen Sie … ?

Auf eine Vorstellung reagieren Sie mit:

Încântat, -ă de cunoștință.	Sehr angenehm.
Mă bucur să vă cunosc.	Ich freue mich, Sie kennen zu lernen.
De asemenea.	Gleichfalls.

1 Nummerieren Sie die Sätze des Dialogs bitte in der richtigen Reihenfolge.

- [1] Bună ziua.
- [ ] Încântat de cunoştinţă, dominşoara Manole.
- [ ] Permiteţi-mi să mă prezint. Sunt Mircea Ştefănescu. Dumneavoastră cum vă numiţi?
- [ ] De asemenea, domnule Ştefănescu.
- [ ] Sunt Ioana Manole.
- [ ] Bună ziua.

2 Ein Mann will sich mit Ihnen bekannt machen. Was antworten Sie?

Mann:	Sie:
Bună seara.	1. ______________________.
Sunt Ioan Petrescu. Cum vă cheamă pe Dumneavostră?	2. Numele meu este ______________________.
Încântat de cunoştinţă.	3. ______________________.

3 Jetzt wollen Sie sich jemandem vorstellen. Ergänzen Sie bitte.

Sie:	Frau:
1. ____________ ziua!	Bună ziua!
2. Sunt ______________________.	
Dumneavoastră cum ____________?	Sunt Elena Mocanu.
3. ______________________.	De asemenea.

4 Stellen Sie bitte die folgenden Personen auf Rumänisch vor.

1. Ihren Nachbarn: ______________________
2. Eine Frau, die Sie siezen: ______________________
3. Ihre beste Freundin / Ihren besten Freund: ______________________

Kommunikation

Alter / Beruf / Adresse angeben

24

► Câți ani aveți?	Wie alt sind Sie?
▷ Am treizeci de ani.	Ich bin dreißig.
► Ce sunteți de profesie?	Was machen Sie beruflich?
▷ Sunt inginer.	Ich bin Ingenieur.
Lucrez la o firmă internațională.	Ich arbeite in einer internationalen Firma.
► Care este adresa Dumneavostră?	Wie lautet Ihre Adresse?
▷ Strada Antim, Numărul 35, București.	Antim Straße 35, Bukarest.

Alter angeben

G19 Achtung! Bei Altersangaben wird das Verb a avea (haben) verwendet.

Câți ani aveți / ai?	Wie alt sind Sie / bist du?
Ce vârstă aveți / ai?	Wie alt sind Sie / bist du?
Am …	Ich bin …
W6 … douăzeci și patru de ani.	… 24 Jahre alt.
Nu am încă / am peste treizeci de ani.	Ich bin noch keine / ich bin über 30.
Tocmai am împlinit patruzeci de ani.	Ich bin gerade 40 geworden.
Împlinesc nouăsprezece ani.	Ich werde neunzehn.

W2 Angaben zum Beruf

Ce sunteți / ești de profesie / de meserie?	Was machen Sie / machst du beruflich?
Ce profesie / meserie aveți / ai?	Welchen Beruf haben Sie / hast du?
Sunt om de afaceri…	Ich bin Geschäftsmann, -frau.
Sunt profesor, profesoară…	Ich arbeite als Lehrer, Lehrerin.
Lucrez ca…	Ich arbeite als …
Sunt liber profesionist.	Ich bin selbständig.
Sunt elev, elevă.	Ich bin Schüler, Schülerin
Sunt student, studentă.	Ich bin Student, Studentin.
Unde lucrați / lucrezi?	Wo arbeiten Sie / arbeitest du?
Lucrez într-o firmă / într-o școală / într-un institut.	Ich arbeite in einer Firma / Schule / einem Institut.
Sunt șomer, -ă.	Ich bin arbeitslos.
Sunt pensionar, -ă.	Ich bin Rentner, Rentnerin.

W8 Angaben zur Adresse

Unde locuiți / locuiești?	Wo wohnen Sie / wohnst du?
Ce adresă aveți / ai?	Wie ist Ihre / deine Adresse?
Adresa mea este Strada Copou, Numărul douăzeci, Iași.	Meine Adresse ist Copou Straße 20, Iași.
Locuiesc în Cluj, Strada Unirii Numărul 3.	Ich wohne in Cluj, Unirii Straße 3.

Kommunikation

1 Eine Person wird nach ihrem Alter, Beruf und ihrer Adresse befragt. Ordnen Sie bitte den Fragen die Antworten zu.

1. Ce sunteți de profesie? → C
2. Ce vârstă aveți?
3. Ce adresă aveți?
4. Unde lucrați?
5. Unde locuiți?

A Am douăzeci şi nouă de ani.
B Lucrez la un institut.
C Sunt inginer.
D Strada Davila 19.
E Locuiesc la Bucureşti.

Können Sie diese Fragen für sich selbst beantworten? Versuchen Sie es!
In W2 und W6 finden Sie Wörter, die Ihnen helfen.

____

____

2 Wie drücken Sie folgende Altersangaben aus? Kreuzen Sie bitte an.

1. Ich bin neunzehn Jahre alt.
   - A ☐ Am nouăsprezece ani.
   - B ☐ Împlinesc nouăsprezece ani.
   - C ☐ Nu am încă nouăsprezece ani.

2. Ich bin gerade vierzig geworden.
   - A ☐ Împlinesc patruzeci de ani.
   - B ☐ Nu am încă patruzeci de ani.
   - C ☐ Tocmai am împlinit patruzeci de ani.

3. Ich werde dreiunddreißig.
   - A ☐ Am treizeci şi trei de ani.
   - B ☐ Împlinesc treizeci şi trei de ani.
   - C ☐ Tocmai am împlinit treizeci şi trei de ani.

Beachten Sie, dass bei Altersangaben ab 19 aufwärts die Präposition de erforderlich ist, z. B.: 18 ani / 21 **de** ani (18 Jahre / 21 Jahre).

3 Übersetzen Sie diese Fragen ins Rumänische.

1. Was sind Sie von Beruf? ______________________
2. Wie alt sind Sie? ______________________
3. Wie ist Ihre Adresse? ______________________

Kommunikation

Nationalität / Herkunft / Wohnort angeben

25

► Sunteţi german?	Sind Sie Deutscher?
▷ Da, sunt din Germania.	Ja, ich komme aus Deutschland.
Iar Dumneavoastră?	Und Sie?
► Sunt română. Unde locuiţi?	Ich bin Rumänin. Wo wohnen Sie?
▷ Locuiesc la Stuttgart.	Ich wohne in Stuttgart.
Iar Dumneavoastră?	Und Sie?
► Locuiesc la Bucureşti.	Ich wohne in Bukarest.

W3

Nationalität / Herkunft angeben

Ce naţionalitate aveţi / ai?	Welche Nationalität haben Sie / hast du?
Sunteţi / Eşti german, germancă?	Sind Sie / Bist du Deutscher, Deutsche?
Sunt român, română…	Ich bin Rumäne, Rumänin …
… englez, englezoaică	… Engländer, Engländerin
… francez, franţuzoaică.	… Franzose, Französin.

Umgangssprachlich sagt man für „Deutscher, Deutsche" auch neamţ, nemţoaică.

De unde sunteţi / eşti?	Woher kommen Sie / kommst du?
Sunteţi / eşti din România / Germania?	Kommen Sie / Kommst du aus Rumänien / Deutschland?
Vin din Anglia / Franţa.	Ich komme aus England / Frankreich.

Angaben über den Wohnort machen

Unde locuiţi / locuieşti?	Wo wohnen Sie / wohnst du?
Unde staţi / stai?	Wo wohnen Sie / wohnst du? (auch bei einem kurzen Aufenthalt, z. B. im Hotel)
Locuiesc în România / Germania…	Ich wohne in Rumänien / Deutschland …
… la Bucureşti / Stuttgart / Berlin.	… in Bukarest / Stuttgart / Berlin.
Stau la Hotelul „Bucureşti".	Ich wohne im Hotel „Bukarest".
Locuiesc la oraş / la ţară.	Ich wohne in der Stadt / auf dem Land.
Locuiesc la părinţii / prietenii mei.	Ich wohne bei meinen Eltern / Freunden.

Im Rumänischen werden nur wenige ausländische Städtenamen „angepasst":
Dresda, Hanovra, Praga, Moscova, Budapesta, Londra.
Die meisten Ländernamen sind weiblich: Anglia, Brazilia etc.

Kommunikation

1 Wie fragen Sie nach ... ? Bitte ordnen Sie zu.

1. ... dem Wohnort
2. ... der Nationalität
3. ... dem Herkunftsland
4. ... einer bestimmten Nationalität

A De unde sunteți?
B Sunteți german?
C Unde locuiți?
D Ce naționalitate aveți?

2 Woher kommen diese Personen und welche Nationalität haben sie? Schreiben Sie über die jeweilige Person nach dem vorgegebenen Muster. Achten Sie auch auf die männlichen und weiblichen Endungen bei den Nationalitätsbezeichnungen!

1. Ana e român**că**.	Ana Ionescu, România
2. Andreas e ____________________.	Andreas Rohde, Germania
3. Barbara e ____________________.	Barbara Smith, Anglia
4. Thérése e ____________________.	Thérése Aigner, Franța
5. Tiziana e ____________________.	Tizianna Faveri, Italia
6. Patrick e ____________________.	Patrick Lysaght, Irlanda
7. Anne e ____________________.	Anne Müller, Germania

3 Bilden Sie aus diesen Wörtern die vorgegebenen Sätze.

locuiesc sunt la Bucureşti la prieteni
stau România stau într-un hotel din

1. Ich wohne in Bukarest. ____________________
2. Ich wohne in einem Hotel. ____________________
3. Ich komme aus Rumänien. ____________________
4. Ich wohne bei Freunden. ____________________

Kommunikation

Über die Familie sprechen

26

► Ai familie?	Hast du eine Familie?
▷ Da, am tată şi mamă.	Ja, ich habe einen Vater und eine Mutter.
► Ai fraţi?	Hast du Geschwister?
▷ Am o soră. Nu e căsătorită. Şi tu?	Ich habe eine Schwester. Sie ist nicht verheiratet. Und du?
► Am doi fraţi. Fratele meu mai mare e căsătorit şi are doi copii.	Ich habe zwei Brüder. Mein älterer Bruder ist verheiratet und hat zwei Kinder.

W4

Familienverhältnisse erfragen

Aveţi / ai …	Haben Sie / Hast du …
… familie / soţ / soţie?	… Familie / einen Mann / eine Frau?
… fraţi şi surori / copii?	… Brüder und Schwestern / Kinder?
… un fiu / o fiică?	… einen Sohn / eine Tochter?
… un băiat / o fată?	… einen Jungen / ein Mädchen?
Câţi copii / fraţi / surori / aveţi / ai?	Wie viele Kinder / Brüder / Schwestern haben Sie / hast du?
Sunteţi / Eşti …	Sind Sie / Bist du …
… căsătorit, -ă?	… verheiratet?
… însurat, măritată? (m. / f.)	… verheiratet?
… necăsătorit, -ă?	… ledig?
… divorţat, -ă?	… geschieden?
… văduv, -ă?	… Witwer, Witwe?

Familienverhältnisse beschreiben

Am două surori / fiice.	Ich habe zwei Schwestern / Töchter.
Am trei fraţi / fii / copii.	Ich habe drei Brüder / Söhne / Kinder.
Am un copil / un frate / o soră.	Ich habe ein Kind / einen Bruder / eine Schwester.
Am soţie, soţ.	Ich habe eine Frau / einen Mann.
Nu am soţie, soţ.	Ich habe keine Frau / keinen Mann.
Am un bunic şi două bunici.	Ich habe einen Großvater und zwei Großmütter.
Am cinci verişori, verişoare.	Ich habe fünf Cousins, Cousinen.
Am un unchi şi două mătuşi.	Ich habe einen Onkel und zwei Tanten.
Am doi nepoţi şi o nepoată.	Ich habe zwei Neffen / Enkel und eine Nichte / Enkelin.
Nu am nepoate.	Ich habe keine Nichten / Enkelinnen.

Die Verneinung einmaliger Verwandtschaftsgrade wie soţie / soţ erfolgt im Singular, bei den anderen im Plural, z. B. Nu am mătuşi. Ich habe keine Tanten.

Kommunikation

1 Welche Sätze drücken etwas Ähnliches aus? Bitte kreuzen Sie an.

1. E căsătorită.
   A ☐ Are două surori.
   B ☐ Are soț.
   C ☐ Are copii.

2. El are copii.
   A ☐ Are mamă.
   B ☐ Are soție.
   C ☐ Are doi fii.

3. El e însurat.
   A ☐ Are doi fii.
   B ☐ Are frați şi surori.
   C ☐ Are soție.

2 Hier sehen Sie vier Antworten. Wie heißen die Fragen dazu?
Verwenden Sie bitte die Du-Form, z. B. Frage: Ai familie? – Antwort: Da, am familie.

1. ____________________ ? Da, am doi frați.
2. ____________________ ? Da, sunt căsătorit.
3. ____________________ ? Nu, surori nu am.
4. ____________________ ? Am doi copii.

3 Ovidiu erzählt von seiner großen Familie. Vervollständigen Sie seine Angaben, indem Sie die folgenden Wörter in die Lücke schreiben. Als Hilfe finden Sie in Klammern die Übersetzung der gesuchten Begriffe.

soția	nepot	căsătorită	frate	copii	
necăsătoriți	mătuşă	bunica	unchi	văduv	verişori

1. Am doi ____________________ , Laura şi Cristian. (Kinder)
2. Pe ____________________ mea o cheamă Mihaela. (Ehefrau)
3. Am un ____________________ , Adrian. (Bruder)
4. Geta e ____________________ mea. (Großmutter)
5. Am doi ____________________ , George şi Nicolae. (Onkel)
6. Nicolae e ____________________ . (verwitwet)
7. Am o ____________________ , Andrea. (Tante)
8. Ea e ____________________ cu George. (verheiratet)
9. Am doi ____________________ , Radu şi Silviu. (Cousins)
10. Ei sunt ____________________ . (ledig)
11. Am şi un ____________________ , Matei. (Enkel)

4 Und wie sieht Ihre Familie aus? Beschreiben Sie sie. Wenn Ihnen Wörter fehlen, sehen Sie sich auch das Thema Familie in W4 an.

Am ____

____

Kommunikation

Sich entschuldigen / Um etwas bitten / Sich bedanken

27

► Scuzați, vă rog, puteți să-mi spuneți cât e ceasul?	Entschuldigen Sie bitte, können Sie mir sagen, wie spät es ist?
▷ Este doisprezece.	Es ist 12 [Uhr].
► Mulțumesc!	Danke!
▷ Cu plăcere!	Bitte schön!

Sich entschuldigen

Scuzați-mă / scuză-mă că am întârziat.	Entschuldigen Sie / Entschuldige, dass ich zu spät bin.
Îmi pare rău că v-am deranjat.	Es tut mir leid, dass ich Sie gestört habe.
Iertați / Scuzați deranjul.	Verzeihen / Entschuldigen Sie die Störung.
Iertați-mă! / Scuzați! / Pardon!	Entschuldigung.

Als eine höfliche Reaktion auf eine Entschuldigung sagt man:

Nici o problemă!	Kein Problem!
Nu-i nimic! / Nu face nimic!	Macht nichts!

Um etwas bitten

Eine höfliche Bitte drücken Sie so aus:

Spuneți-mi / Arătați-mi, vă rog…	Bitte sagen Sie mir / zeigen Sie mir …
Spune-mi / Arată-mi, te rog…	Bitte sag mir / zeig mir …
Puteți / Ați putea să mă ajutați?	Können / Könnten Sie mir helfen?
Poți / Ai putea să mă ajuți?	Kannst / Könntest du mir helfen?
Ați putea să-mi explicați / dați…	Könnten Sie mir erklären / mir geben …
Fiți amabil / -ă…	Sind Sie so nett …
Vă rog… / Te rog (frumos)…	Ich bitte Sie / dich (sehr) …

Sich bedanken

Sie können sich bedanken mit:

Mulțumesc! / Mulțumesc mult!	Danke! / Vielen Dank!
Mulțumesc frumos!	Danke schön!
Vă mulțumesc / Îți mulțumesc pentru…	Ich danke Ihnen / dir für …

Unter guten Bekannten verwendet man auch mersi / mersi frumos.

Höfliche Reaktionen auf eine Danksagung sind:

Cu plăcere!	Bitte! / Gern geschehen!
Pentru nimic!	Keine Ursache! (wörtl. Für nichts.)
N-aveți / N-ai pentru ce!	Keine Ursache! (wörtl. Sie haben / du hast nicht wofür.)

1 Welche Ausdrücke gehören wohin? Ordnen Sie bitte zu.

Scuză-mă! Vă rog... Mulțumesc! Scuzați vă rog! Te rog...
Ați putea să... Poți să... ! Mersi! Fiți amabilă... Pardon!

1. Entschuldigung	2. Danksagung	3. Bitte

2 Wie lautet die höfliche Reaktion auf die folgenden Aussagen? Ergänzen Sie die Sprechblasen.

1. Scuzați-mă că am întârziat.

2. Mulțumesc!

3 Wie formulieren Sie folgende Bitten? Für direkte Bitten haben Sie eine, für sehr höfliche Bitten zwei Möglichkeiten.

Puteți să-mi dați, vă rog Ați putea să-mi dați, vă rog Ați putea să-mi spuneți
Poți să-mi spui, te rog Fiți amabil, puteți să-mi spuneți Dă-mi, te rog

1. Sie wollen, dass jemand Ihnen die Zeitung gibt.

Direkte Bitte: ______________________ ziarul!

Sehr höfliche Bitte: ______________________ ziarul!

______________________ ziarul!

2. Sie möchten gerne wissen, wie spät es ist.

Direkte Bitte: ______________________ cât e ceasul?

Sehr höfliche Bitte: ______________________ cât e ceasul?

______________________ cât e ceasul?

Sprachkenntnisse angeben / Missverständnisse klären

28

► Dar vorbiţi bine româneşte!	Sie sprechen aber gut Rumänisch!
▷ Mulţumesc.	Danke.
Dumneavoastră vorbiţi germana?	Sprechen Sie Deutsch?
► Nu, din păcate. Dar vorbesc puţină engleză şi rusă.	Leider nein. Aber ich kann ein bisschen Englisch und Russisch.

W3

Sprachkenntnisse angeben

Nach den Sprachkenntnissen einer Person erkundigen Sie sich so:

Vorbiţi / vorbeşti româneşte?	Sprechen Sie / sprichst du Rumänisch?
Ştiţi / ştii germana?	Können Sie / kannst du Deutsch?

Bei manchen Sprachen gibt es zwei mögliche Ausdrucksweisen:

Vorbesc **româna**.	Ich spreche die rumänische Sprache.
Vorbesc **româneşte**.	Ich spreche Rumänisch.

Weitere Beispiele sind: franceza / franţuzeşte, rusa / ruseşte, engleza / englezeşte, germana / ugs. nemţeşte.

Mögliche Antworten darauf sind:

Da, vorbesc … germana.	Ja, ich spreche … Deutsch.
excelent / (foarte) bine	ausgezeichnet / (sehr) gut
puţin	ein bisschen
prost	schlecht
Înţeleg puţin spaniola.	Ich verstehe ein bisschen Spanisch.
Din păcate nu ştiu …	Leider kann ich kein …
Înţeleg puţin româneşte, dar nu ştiu să vorbesc.	Ich verstehe ein wenig Rumänisch, aber ich kann es nicht sprechen.

Sprachliche Missverständnisse klären

Spricht man eine Sprache noch nicht so gut, kommt es leicht zu sprachbedingten Missverständnissen. So äußern Sie Ihre Verständigungsprobleme auf Rumänisch:

Scuzaţi-mă / scuză-mă, n-am înţeles / n-am auzit bine.	Entschuldigung, ich habe das nicht verstanden / akustisch nicht gut verstanden.
Poftim?	Wie bitte?
Puteţi să repetaţi, vă rog?	Können Sie bitte wiederholen?
Puteţi să vorbiţi mai rar, vă rog?	Können Sie bitte langsamer sprechen?
Nu ştiu ce înseamnă cuvântul …	Ich weiß nicht, was das Wort … bedeutet.
Puteţi să-mi spuneţi ce înseamnă … ?	Können Sie mir sagen, was … bedeutet?
Cum se spune la … pe română?	Was heißt … auf Rumänisch?

1 Setzen Sie die vorgegebenen Wörter in die richtige Lücke ein: înțeleg, vorbim, ştii, vorbeşti! Achten Sie dabei auf die Verbendungen!

1. Tu ______________ engleza? – Da, ştiu engleza bine.
2. Înțelegi germana? – Da, ______________ puțină germană.
3. Vorbiți româneşte? – Da, ______________ puțin româneşte.
4. Tu ______________ ruseşte? – Nu, din păcate nu vorbesc ruseşte.

2 Traian lernt verschiedene Sprachen. Wie würden Sie seine Sprachkenntnisse auf Rumänisch bewerten? Bitte ergänzen Sie.

1. Traian vorbeşte excelent italiana.
2. Traian ________________________ germana.
3. El ________________________ engleza.
4. Traian ________________________ greaca.
5. Traian ________________________ spaniola.
6. El ________________________ rusa.

Italienisch: 1,0
Deutsch: 1,2
Englisch: 2
Griechisch: 4
Spanisch: 6
Russisch: keine Kenntnisse

3 Welche Sätze würden Sie in welcher Situation benutzen? Ordnen Sie bitte zu.

1. Ihr Gesprächspartner spricht zu schnell. Sie wollen, dass er langsamer spricht.	A Scuzați-mă, n-am înțeles.
2. Sie haben das Gesagte akustisch nicht verstanden.	B Cum se spune la... pe româneşte?
3. Sie wollen, dass Ihr Gesprächspartner das Gesagte wiederholt.	C Nu ştiu ce înseamnă cuvântul...
4. Sie haben nicht verstanden, was gesagt wurde.	D Puteți să repetați, vă rog?
5. Sie wissen nicht, was ein bestimmtes rumänisches Wort bedeutet.	E Puteți vorbi mai rar, vă rog?
6. Sie wollen wissen, was ein bestimmtes deutsches Wort auf Rumänisch heißt.	F Scuzați-mă, n-am auzit bine.

Über Gewohnheiten / Vorlieben / Abneigungen sprechen

29
▶ Ce îți place să faci?	Was machst du gerne?
▷ Îmi place să joc fotbal.	Ich spiele sehr gerne Fußball.
Mă duc des la meciuri de fotbal.	Ich gehe häufig zu Fußballspielen.
▶ Şi ție ce-ți place să faci?	Und was machst du gerne?
▷ Cel mai mult îmi place să călătoresc.	Am liebsten reise ich.
De obicei călătoresc vara.	In der Regel verreise ich im Sommer.
▶ Şi ce nu-ți place?	Und was magst du nicht so gerne?
▷ Nu-mi place baschetbalul.	Ich mag kein Basketball.

Gewohnheiten beschreiben

Gewohnheiten werden häufig mit allgemeinen Zeitangaben wie z. B. dimineața (morgens), la sfârşit de săptămână (an Wochenenden), lunea (montags) und / oder den folgenden Adverbien ausgedrückt:

des / de obicei / uneori	häufig / gewöhnlich / manchmal
Mergem des la teatru.	Wir gehen häufig ins Theater.
De obicei mă duc la serviciu cu bicicleta.	Normalerweise fahre ich mit dem Fahrrad zur Arbeit.
Mergem uneori la concert.	Manchmal gehen wir ins Konzert.

W5 Vorlieben / Abneigungen ausdrücken

G13 Vorlieben und Abneigungen werden im Rumänischen ausgedrückt mit: a plăcea (gefallen) in der 3. Pers. Sg. oder Pl. + Personalpronomen im Dat. + Substantiv mit bestimmtem Artikel.

Îmi place (mult) muzica.	Ich mag Musik (sehr).
Cel mai mult îmi plac filmele.	Ich mag am liebsten Filme.
Îți place foarte mult gimnastica.	Du magst Turnen sehr gerne.
Nu-ți place fotbalul.	Du magst kein Fußball.
Tenisul îmi place cel mai puțin.	Am wenigsten mag ich Tennis.
Nu-mi place voleiul deloc.	Ich mag Volleyball überhaupt nicht.

Darauf können Sie wie folgt antworten:

Şi mie.	Mir auch.
Nici mie.	Mir auch nicht.
Mie îmi place.	Mir schon. / Mir gefällt es.

G20 Sie können Vorlieben / Abneigungen auch mit dem Verb im Konjunktiv ausdrücken:

Îmi place **să citesc**.	Ich lese gerne.
Îți place **să cânți**?	Singst du gerne?
Îmi place **să mă plimb**.	Ich gehe gerne spazieren.

Kommunikation

1 Im Rumänischen wird das Pronomen im Singular bei der Verneinung gebunden. Diese Sätze drücken Vorlieben aus. Wandeln Sie sie in Abneigungen um. Ergänzen Sie die Sätze mit folgenden Wörtern.

-ți	vă	-mi	le	-i	ne

1. Îmi place să merg cu bibicleta. Nu _____ place să merg cu bicicleta.
2. Vă place sportul. Nu _____ place sportul.
3. Lui Radu îi place fotbalul. Lui Radu nu _____ place fotbalul.
4. Îți plac filmele polițiste. Nu _____ plac filmele polițiste.
5. Ne place să mergem la meci. Nu _____ place să mergem la meci.
6. Le plac meciurile de tenis. Nu _____ plac meciurile de tenis.

2 Unterscheiden Sie zwischen place (gefällt, Sg.) und plac (gefallen, Pl.).

1. Îmi ____________ să citesc.
2. Îmi ____________ romanele.
3. Îți ____________ muzica.
4. Ne ____________ operele.
5. Vă ____________ teatrul.
6. Vă ____________ actorii buni.

3 Hier sehen Sie die Liste mit den Vorlieben und Abneigungen von Andrei. Bringen Sie die Sätze in die Reihenfolge von 1. „mag am meisten" bis 6. „mag nicht".

[1] Îi place cel mai mult să schieze.
[ ] Cel mai puțin îi place baletul.
[ ] Lui Andrei îi place mult tenisul.
[ ] Lui Andrei nu-i place fotbalul.
[ ] Lui Andrei îi place să călătorească.
[ ] Lui Andrei îi place foarte mult baschetbalul.

4 Sehen Sie sich diese Sätze an. Können Sie sie so umformulieren, dass sie Gewohnheiten ausdrücken? Benutzen Sie die dafür die Wörter des und de obicei!

1. Călătoresc vara. ____
2. Merg la meciuri de fotbal. ____________________________________

Am Telefon

30

▶ Alo.	Hallo.
▷ Bună ziua. Pot vorbi cu Irina, vă rog?	Guten Tag. Kann ich bitte Irina sprechen?
▶ Nu e aici. Cine o caută?	Sie ist nicht da. Wer möchte sie sprechen?
▷ Sunt Mihai. Puteți să-i spuneți că am sunat?	Hier ist Mihai. Können Sie ihr sagen, dass ich angerufen habe?
▷ Îi transmit. La revedere.	Ich richte es ihr aus. Auf Wiedersehen.

Sich melden

In Rumänien ist es nur im geschäftlichen Bereich üblich, sich mit dem Namen (und dem Firmennamen) am Telefon zu melden:

Confimpex S.R.L., bună ziua.	Comfimpex GmbH, guten Tag.

In privaten Haushalten meldet man sich üblicherweise so:

Alo.	Hallo.

Auch der Anrufer selbst stellt sich selten mit dem eigenen Namen vor, daher fragt man danach:

Cine sună / cine sunteți?	Wer ruft an / wer sind Sie?
Aici e Alina.	Hier ist Alina.
Aici e Domnul Ionescu de la firma …	Hier ist Herr Ionescu von der Firma …

Nach jemandem fragen

Doamna Mihăileanu este acolo?	Ist dort Frau Mihăileanu?
Irina este acolo?	Ist Irina da?
Pot vorbi cu … ?	Kann ich mit … sprechen?
Aş dori să vorbesc cu … , vă rog.	Ich möchte bitte mit … sprechen.
O clipă, îl / o chem imediat.	Einen Moment, ich rufe sie / ihn.
O clipă, vă fac legătura.	Einen Moment, ich verbinde.
Nu e aici momentan.	Er / Sie ist im Moment nicht da.
Tocmai e într-o şedință.	Er / Sie ist gerade in einer Besprechung.

Falsch verbunden

G9

Nu locuieşte aici.	Er / Sie wohnt nicht hier.
Ați greşit numărul.	Sie sind falsch verbunden. (wörtl. Sie haben die Nummer verfehlt.)

Eine Nachricht hinterlassen

Să-i transmit ceva?	Soll ich ihm / ihr etwas ausrichten?
Puteți să-i spuneți, vă rog …	Können Sie ihm / ihr bitte sagen,
… să mă sune?	… er / sie soll mich zurückrufen?
… că am sunat?	… dass ich ihn / sie angerufen habe?
Ce număr de telefon aveți?	Wie lautet Ihre Telefonnummer?

Kommunikation

1 Wann hören Sie was? Ordnen Sie bitte zu.

1. Ihr Telefon klingelt. Sie nehmen den Hörer ab.
2. Die Person, die Sie sprechen wollen, ist nicht da.
3. Zur Verabschiedung.
4. Wenn Sie falsch verbunden sind.
5. Wenn sich jemand nach dem Namen des Anrufers erkundigt.
6. Wenn die verlangte Person gerufen wird.
7. Wenn sich jemand nach Ihrer Telefonnummer erkundigt.
8. Wenn sich der Anrufer vorstellt.

A Ați greșit numărul.
B Cine îl caută?
C La revedere.
D Alo.
E Aici este Roxana Ionescu.
F Ce număr de telefon aveți?
G O clipă, îl chem imediat.
H Nu e aici momentan.

2 Der folgende Dialog ist durcheinander geraten. Nummerieren Sie die Sätze in der richtigen Reihenfolge.

- [1] Alo.
- [ ] O clipă, o chem imediat.
- [ ] Bună ziua. E acolo Oana?
- [ ] Petru.
- [ ] Cine o caută?

3 Sie rufen jemanden an. Vervollständigen Sie bitte den Dialog.

Alo.	1. Bună ziua. ____________________? Sie möchten Monica sprechen.
Cine sunteți?	2. ____________________. Sie stellen sich vor.
Nu e aici momentan.	3. Puteți să-i spuneți ____________________? ____________________! Sie wollen, dass Monica Sie zurückruft und verabschieden sich.

Sich verabreden / Vorschläge machen, annehmen, ablehnen

31

► Bună, Alina! Ce faci în seara asta?	Tag Alina. Was machst du heute Abend?
▷ Nimic. Ai vreo idee?	Nichts. Hast du eine Idee?
► Nu vrei să mergem la teatru? Se joacă o piesă bună.	Willst du nicht, dass wir ins Theater gehen? Es läuft ein gutes Stück.
▷ Cu plăcere. Unde ne întâlnim şi la ce oră?	Gerne. Wo treffen wir uns und um wie viel Uhr?
► La ora şase? La intrare?	Um sechs? Am Eingang?
▷ Bine. Ne vedem acolo!	Gut. Wir sehen uns dort!

Vorschläge machen, annehmen, ablehnen

Vrei să ne întâlnim / vedem?	Willst du, dass wir uns treffen / sehen?
Mergem la… ?	Gehen wir in … ?
Vreți să mergeți / vrei să mergi…	Möchten Sie / möchtest du … gehen
… la cinema / la concert?	… ins Kino / Konzert?
… să vedeți / să vezi un film?	… sich / dir einen Film ansehen?
… la un meci de fotbal?	… zu einem Fußballspiel?
Mergem mâine la cinema?	Gehen wir morgen ins Kino?
Hai să mergem să mai bem o bere.	Lass uns noch ein Bier trinken gehen.
Ai treabă în seara asta?	Hast du heute Abend etwas vor?
Ne vedem mâine?	Sehen wir uns morgen?
E o idee bună!	Das ist eine gute Idee!
Duminică sunt liber, -ă.	Am Sonntag habe ich nichts vor. (wörtl. bin ich frei)
Din păcate nu pot în seara asta.	Leider kann ich heute Abend nicht.
Din păcate sunt mâine ocupat, -ă.	Leider bin ich morgen beschäftigt.
Poate mai bine în altă zi / sâmbătă?	Vielleicht lieber an einem anderen Tag / am Samstag?

Ort und Zeit vereinbaren

Unde ne întâlnim?	Wo treffen wir uns?
Hai să ne întâlnim…	Treffen wir uns …
… la intrare / la ieşire?	… am Eingang / Ausgang?
… în stația de autobuz?	… an der Bushaltestelle?
Când ne întâlnim?	Wann treffen wir uns?
E bine la ora şase?	Geht es um sechs Uhr?
La ora şase e cam prea devreme / târziu.	Sechs Uhr ist etwas zu früh / zu spät.

1 Ordnen Sie die Fragen und Vorschläge links zur passenden Reaktion rechts.

1. Ce faci azi?
2. Vrei să mergem mâine la cinema?
3. Când ne întâlnim?
4. Unde ne întâlnim?
5. Vrei să mergem în seara asta?

A Ne întâlnim la intrare?
B Din păcate nu pot în seara asta.
C E o idee bună!
D Nimic.
E E bine la ora şase?

2 Ein Freund macht Ihnen einen Vorschlag, was Sie am Freitag zusammen unternehmen könnten. Reagieren Sie auf den Vorschlag entsprechend der Vorgabe.

1. Vrei să mergem la concert?

   ________________________________ !

   Sie finden, das ist eine gute Idee.

2. Din păcate, ____________________ vineri. ____________________ sâmbătă?

   Sie lehnen den Vorschlag ab, weil Sie am Freitag nicht können.
   Schlagen Sie als Alternative den Samstag vor.

3. ________ şi __________ ne întâlnim?

   Sie wollen wissen, wann und wo Sie sich treffen sollen.

3 Hier sehen Sie einen Ausschnitt aus dem Veranstaltungskalender für diesen Freitag. Machen Sie einem Freund Vorschläge, was Sie zusammen unternehmen könnten. Die Begriffe helfen Ihnen, Sie können sie mehrfach verwenden. Denken sie auch daran, den bestimmten Artikel zu verwenden, wo nötig.

să vedem	la	vrei	să mergem	un

____

____

____

____

____

____

____

____

Cinema:
Film: "Titanic"

Centrul sportiv:
Meci de fotbal

Filarmonica naţională:
Concert: "Mozart"

Nach dem Weg fragen / Den Weg beschreiben

32

▶ Scuzați-mă, puteți să-mi spuneți unde este Muzeul Național?	Entschuldigen Sie, können Sie mir bitte sagen, wo das Nationalmuseum ist?
▷ Da, mergeți tot înainte pe strada aceasta, apoi luați-o la stânga. Muzeul e pe partea dreaptă.	Ja, gehen Sie diese Straße geradeaus, dann biegen Sie nach links ab. Das Museum ist auf der rechten Seite.
▶ Până la colț, apoi la stânga, iar muzeul e pe dreapta, da?	Bis zur Ecke, dann links und das Museum ist dann rechts, ja?
▷ Exact, e foarte aproape.	Genau, es ist ganz in der Nähe.

W13

Nach dem Weg fragen

Scuzați-mă, unde este … ?	Entschuldigen Sie, wo ist … ?
Scuzați-mă, caut strada principală.	Entschuldigen Sie, ich suche die Hauptstraße.
Puteți să-mi …	Können Sie mir …
… spuneți cum se ajunge la … ?	… sagen wie man nach / zu … kommt?
… arătați drumul spre … ?	… den Weg nach / zu … zeigen?

Wenn Sie öffentliche Verkehrsmittel benutzen, fragen Sie:

Cum se ajunge la … ?	Wie kommt / fährt man nach … ?
Autobuzul / Trenul acesta merge la … ?	Fährt dieser Bus / Zug nach … ?
Trebuie schimbat?	Muss man umsteigen?
Unde trebuie să cobor?	Wo muss ich aussteigen?

Den Weg beschreiben

Mergeți tot înainte / înapoi / pe strada aceasta.	Gehen Sie geradeaus / zurück / diese Straße entlang.
Mergeți tot înainte 200 de metri.	Gehen Sie 200 Meter geradeaus.
Mergeți până la colț / semafor.	Gehen Sie bis zur Ecke / Ampel.
Treceți strada. / Traversați strada.	Überqueren Sie die Straße.
Luați-o / Cotiți la stânga / dreapta.	Biegen Sie nach links / rechts ab.
La poştă luați-o pe strada Davila.	Beim Postamt biegen Sie in die Davila Straße ein.
Gara e acolo / aici …	Der Bahnhof ist dort / hier …
… pe partea dreaptă / stângă / pe cealaltă parte a străzii.	… auf der rechten / linken / anderen Straßenseite.
Trebuie să schimbați în centru.	Sie müssen im Zentrum umsteigen.
Mergeți cu autobuzul numărul 5 până la …	Fahren Sie mit dem Bus Nr. 5 bis …
Coborâți la statia Universității.	Steigen Sie an der Haltestelle „Universității" aus.
Urcați in troleul numărul 1.	Steigen Sie in den Trolleybus Nr. 1 ein.
Este aproape.	Es ist in der Nähe.
Este departe.	Es ist weit weg.

1 Sehen Sie sich die Pfeile an und kreuzen Sie an, welche Richtung dazu passt.

1. 

A ☐ Cotiți la dreapta.
B ☐ Cotiți la stânga.
C ☐ Mergeți înapoi.

2. 

A ☐ Mergeți înapoi.
B ☐ Luați-o la dreapta.
C ☐ Cotiți la stânga.

3. 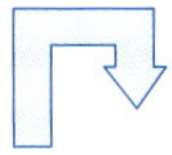

A ☐ Mergeți înainte.
B ☐ Luați-o la dreapta.
C ☐ Mergeți înapoi.

2 Ordnen Sie die Ausrücke den Übersetzungen zu.

1. Mergeți tot înainte.
2. Cotiți la dreapta.
3. Pe partea stângă a străzii.
4. Mergeți până în centru.
5. Treceți strada.
6. La semafor luați-o la stânga.
7. Mergeți cu autobuzul numărul cinci.
8. Urcați în autobuzul numărul șase.

A An der Ampel biegen Sie nach links ab.
B Gehen Sie geradeaus.
C Fahren Sie bis zum Zentrum.
D Auf der linken Straßenseite.
E Biegen Sie nach rechts ab.
F Überqueren Sie die Straße.
G Steigen Sie in den Bus Nr. 6.
H Fahren Sie mit Bus Nr. 5.

3 Vervollständigen Sie diesen Dialog mit den vorgegebenen Wörtern. Die Übersetzung hilft Ihnen.

pe partea dreaptă	strada	tot înainte	se ajunge
luați-o	la stânga	semafor	

1. Scuzați-mă, puteți să-mi spuneți cum ____________ la gară?
Entschuldigen Sie! Können Sie mir bitte sagen, wie man zum Bahnhof kommt?

2. Treceți ____________ și luați-o ____________ .
Überqueren Sie die Straße und biegen Sie nach links ab.

3. Mergeți o sută de metri ____________ .
Gehen Sie hundert Meter geradeaus.

4. La ____________ ____________ la dreapta.
An der Ampel biegen Sie nach rechts ab.

5. Gara e ____________ .
Der Bahnhof ist auf der rechten Straßenseite.

Im Restaurant

33
- ► Pot să comand, vă rog? — Könnte ich bitte bestellen?
- ▷ Da, vă rog. Ce-aţi dori? — Ja, bitte schön. Was hätten Sie gerne?
- ► Aş dori o salată de vinete. — Ich hätte gerne eine Auberginenpaste.
- ▷ Şi ce-aţi dori să beţi? — Und was möchten Sie trinken?
- ► Un pahar de vin roşu. — Ein Glas Rotwein.

W9

Menü / Essen bestellen

Aş putea să văd lista de meniuri?	Könnte ich die Speisekarte sehen?
Ce mi-aţi putea recomanda?	Was können Sie mir empfehlen?
Aş dori (mai mult, -ă)...	Ich hätte gerne (mehr) ...
Aş dori (mai puţin, -ă)...	Ich hätte gerne (weniger) ...
Aţi putea să ne mai aduceţi nişte pâine?	Könnten Sie uns noch etwas Brot bringen?

Das fragt chelnerul, chelneriţa (der Kellner, die Kellnerin):

Ce-aţi dori?	Was möchten Sie?
Aţi vrea... ?	Hätten Sie gerne ... ?
Mai doriţi ceva?	Wünschen Sie noch etwas?

Über das Essen sprechen

Vă place mâncarea?	Schmeckt Ihnen das Essen?
V-a plăcut mâncarea?	Hat Ihnen das Essen geschmeckt?
Da, e foarte bună!	Sehr gut!
Prea dulce / acră / sărată / picantă.	Zu süß / sauer / salzig / scharf.
Lipseşte zahărul / sarea.	Es fehlt Zucker / Salz.

Bezahlen

Vă rog, nota de plată!	Die Rechnung bitte!
Împreună sau separat?	Zusammen oder getrennt?
E bine aşa.	Stimmt so! (Trinkgeld)

A plăti nemţeşte (wörtl. deutsch bezahlen) bedeutet im Restaurant so viel wie a plăti separat (getrennt bezahlen).

Trink- und Esssprüche

Poftă bună!	Guten Appetit!
Noroc!	Prost!

Die rumänische Küche könnte man als deftig und reichhaltig beschreiben. Traditionell wird in Rumänien mit viel Gemüse und Fleisch gekocht. Dazu gibt es Weißbrot oder mămăligă (Maisbrei). Zu den Nationalgerichten gehören z. B. ardei copţi (gegrillte Paprikaschoten in Essigöl), zacuscă (eingelegte Gemüsepaste), salată de vinete (Auberginenpaste), borş (saure Gemüsesuppe), sarmale (Kohlroulade mit Hackfleischfüllung), mititei / mici (wie Cevapcici) oder piftie (Knoblauchsülze). Vor dem Essen ist ein kleines Glas ţuică (Schnaps) üblich.

1 Dieser Dialog ist durcheinander geraten. Nummerieren Sie die Sätze in ihrer logischen Reihenfolge.

- [1] Ce-ați dori?
- [ ] Vă rog nota de plată.
- [ ] Aş dori sarmale cu mămăligă.
- [ ] Şi ce-ați dori să beți?
- [ ] Poftă bună!
- [ ] Vin roşu.
- [ ] Mulțumesc!

2 Ordnen Sie bitte zu. Was sagen Sie, wenn …

1. … Ihr Essen sehr lecker ist.
2. … Ihr Essen etwas zu salzig ist.
3. … Ihr Essen sehr süß ist.
4. … Salz fehlt.
5. … Zucker fehlt.
6. … Sie noch etwas Brot möchten.

A Lipseşte sarea.
B Lipseşte zahărul.
C E prea sărată.
D E foarte bună.
E E prea dulce.
F Îmi mai aduceți vă rog nişte pâine?

3 Übersetzen Sie bitte die Sätze mit Hilfe der vorgegebenen Wörter.

vin	să văd	poftă	v-a plăcut	noroc	bună	vă rog
lista de meniuri	vă place	nota de plată	vă rog	mâncarea		

1. Guten Appetit! ______________________ !
2. Prost! ______________ !
3. Ich hätte gern mehr Wein, bitte. Aş mai dori nişte ________________ .
4. Schmeckt Ihnen das Essen? ____________________________ ?
5. Könnte ich die Speisekarte sehen? Aş putea ______________________ ____________________________ ?
6. Die Rechnung bitte. ____________________________ !
7. Wir hoffen, dass Ihnen das Essen geschmeckt hat. Sperăm că ____________________ mâncarea.

Kommunikation

Einkaufen / Dinge vergleichen

34

► Cât costă pulovărul acesta alb?	Wie viel kostet dieser weiße Pulli?
▷ Costă o sută de lei.	Er kostet hundert Lei.
► O, e cam prea scump.	Oh, das ist etwas zu teuer.
▷ Cum vi se pare acesta verde?	Wie gefällt Ihnen dieser grüne hier?
E puțin mai ieftin.	Er ist ein bisschen billiger.
► Nu arată rău.	Er sieht nicht schlecht aus.
Unde pot să-l probez?	Wo kann ich ihn anprobieren?

W11

Im Geschäft

Pot să vă ajut?	Kann ich Ihnen helfen?
Aveți … ?	Haben Sie … ?
Aş dori …	Ich hätte gerne …
Caut nişte pantaloni albaştri.	Ich suche eine blaue Hose.
Doar mă uit.	Ich schau mich nur um.
Ce mărime aveți?	Welche Größe haben Sie?
Unde sunt cabinele de probă?	Wo sind die Umkleidekabinen?

Nach dem Preis fragen

Cât costă … ?	Wie viel kostet … ?
Geaca aceasta costă o sută de lei / euro.	Diese Jacke kostet 100 Lei / Euro.
Aveți unul mai ieftin / una mai ieftină?	Hätten Sie etwas Günstigeres?

G10

Dinge vergleichen und bewerten

Cum vi / ți se pare … ?	Wie gefällt Ihnen / dir … ?
Îmi place. / Nu-mi place.	Es gefällt mir sehr gut / gefällt mir nicht.
Geaca aceasta e mai frumoasă.	Diese Jacke ist schöner.
Fusta aceea e cea mai frumoasă.	Jener Rock ist am schönsten.
Rochia aceasta îmi place mai mult.	Dieses Kleid gefällt mir besser.
E (cam) prea scump, -ă.	Das ist (etwas) zu teuer.
… prea ieftin, -ă.	… zu billig.
… prea mare.	… zu groß.
… prea mic, -ă.	… zu klein.
Aveți pantofii aceştia cu un număr mai mare / mai mic?	Haben Sie diese Schuhe eine Nummer größer / kleiner?

Bezahlen

Cât trebuie să plătesc?	Wie viel muss ich bezahlen?
Unde e casa?	Wo ist die Kasse?
Pot plăti cu cardul?	Kann ich mit Kreditkarte zahlen?

1 Übersetzen Sie bitte.

1. Aş dori rochia aceasta.

___

2. Cât trebuie să plătesc?

___

3. Doar mă uit.

___

4. Cât costă geaca aceasta?

___

5. Această fustă e prea scumpă.

___

6. Aveți pantofii aceştia cu un număr mai mare?

___

2 Finden Sie die Gegensätze. Achten Sie bitte auf die unterschiedlichen Endungen für männliche und weibliche Adjektive.

1. prea scump	A nu-mi place
2. prea mare	B scump
3. îmi place	C prea mic
4. ieftin	D prea mare
5. prea ieftină	E prea ieftin
6. prea mică	F prea scumpă

3 Vervollständigen Sie die Sätze mit den vorgegebenen Wörtern. Die Übersetzung hilft Ihnen.

prea mic — aceasta — îmi place — prea scumpă — mai frumoasă — mult — nu-mi plac

1. Bluza aceasta e ___. Diese Bluse ist zu teuer.
2. Acest palton e ___. Dieser Mantel ist zu klein.
3. Aceşti pantofi ___. Diese Schuhe gefallen mir nicht.
4. Această fustă e ___. Dieser Rock ist schöner.
5. Această rochie ___. Dieses Kleid gefällt mir sehr.

Im Hotel

35

► Bună ziua. Aş dori o cameră, vă rog.	Guten Tag. Ich hätte gerne ein Zimmer, bitte.
▷ O cameră simplă sau dublă?	Ein Einzelzimmer oder ein Doppelzimmer?
► Simplă. Cum e mobilată?	Ein Einzelzimmer. Wie ist es eingerichtet?
▷ Există duş, toaletă, televizor color şi frigider.	Es gibt eine Dusche, eine Toilette, einen Farbfernseher und einen Kühlschrank.
Cât vreţi să staţi?	Wie lange wollen Sie bleiben?
► O săptămână.	Eine Woche.

Ein Zimmer buchen

Aveţi camere libere?	Haben Sie freie Zimmer?
Cât costă o cameră pentru o noapte?	Wie viel kostet ein Zimmer für eine Nacht?
Micul dejun e inclus în preţ?	Ist das Frühstück im Preis inbegriffen?
Există conectare la internet?	Gibt es einen Internetanschluss?
Aş vrea / aş dori să rezerv …	Ich hätte gerne / möchte reservieren …
… o cameră simplă / dublă.	… ein Einzel- / Doppelzimmer.
… pentru o noapte / două nopţi.	… für eine Nacht / zwei Nächte.
… pentru o săptămână / două săptămâni.	… eine Woche / zwei Wochen.
O cameră cu mic dejun / prânz / cină.	Ein Zimmer mit Frühstück / Mittagessen / Abendessen.
De când până când?	Von wann bis wann?
De pe douăzeci august până pe întâi septembrie.	Vom 20. August bis 1. September.

Wenn Sie Pech haben, gibt es keine freien Zimmer:

Din păcate nu mai avem camere libere.	Leider haben wir keine freien Zimmer mehr.

W12

Ein Zimmer beschreiben

Camera e cu duş / baie.	Das Zimmer hat eine Dusche / ein Bad.
… televizor color.	… einen Farbfernseher.
… frigider.	… einen Kühlschrank.
… telefon.	… ein Telefon.
… aer condiţionat.	… eine Klimaanlage.
… balcon.	… einen Balkon.
… vedere (la …).	… einen schönen Ausblick (auf …).

Sich beschweren

Televizorul / duşul nu funcţionează / nu merge / e stricat.	Der Fernseher / Die Dusche funktioniert nicht / geht nicht / ist kaputt.
Camera e prea gălăgioasă …	Das Zimmer ist zu laut …

1 Was fragt man Sie bei der Reservierung eines Hotelzimmers? Kreuzen Sie an.

- ☐ 1. Plătiți cu cardul?
- ☐ 2. De când până când?
- ☐ 3. Vreți să fumați?
- ☐ 4. Cât vreți să stați?
- ☐ 5. O cameră simplă sau dublă?

2 Sie wollen ein Zimmer reservieren. Wie sagen Sie … ? Ordnen Sie bitte zu.

Ich hätte gerne ein Zimmer …	Aş dori o cameră…
1. mit Badewanne.	A cu duş.
2. mit Balkon.	B cu telefon.
3. mit Telefon.	C cu balcon.
4. mit Farbfernseher.	D cu televizor color.
5. mit Dusche.	E cu mic dejun.
6. mit Frühstück.	F cu baie.
7. mit Meerblick.	G cu vedere la mare.

3 Übersetzen Sie folgende Fragen und Wünsche.

1. Ich hätte gerne ein Einzelzimmer.

   ____

2. Ich hätte gerne ein Zimmer mit Frühstück.

   ____

3. Wie ist das Zimmer eingerichtet?

   ____

4. Ich hätte gerne ein Zimmer für eine Woche.

   ____

5. Ich hätte gerne ein Einzelzimmer mit Fernseher, für zwei Nächte.

   ____

6. Ich möchte ein Doppelzimmer reservieren, für eine Nacht.

   ____

7. Ich möchte zwei Zimmer mit Balkon reservieren.

   ____

Reisen

36

► Bună ziua. Un bilet la Bucureşti, vă rog.	Guten Tag. Eine Fahrkarte nach Bukarest bitte.
▷ O călătorie sau dus – întors?	Eine Einzelfahrt oder hin und zurück?
► O călătorie.	Eine Einzelfahrt.
Când şi de unde pleacă trenul?	Wann und von wo fährt der Zug ab?
▷ Trenul pleacă la doisprezece şi zece de la linia cinci.	Der Zug fährt um 10 nach 12 von Gleis 5 ab.

Ticket kaufen

Unde este casa de bilete?	Wo ist der Fahrkartenschalter?
Vă rog un bilet la...	Eine Fahrkarte nach ... bitte.
Vă rog un bilet dus – întors.	Eine Fahrkarte hin und zurück, bitte.

Reiseinformationen erfragen

Când pleacă autobuzul?	Wann fährt der Bus ab?
Când soseşte autobuzul?	Wann kommt der Bus an?
Când decolează avionul?	Wann fliegt das Flugzeug ab?
Când aterizează avionul?	Wann landet das Flugzeug?
Când pleacă trenul?	Wann fährt der Zug ab?
Când soseşte trenul?	Wann kommt der Zug an?
Trebuie să schimb?	Muss ich umsteigen?
Trenul are zece minute întârziere.	Der Zug verspätet sich um 10 Minuten.
De unde pleacă trenul / autobuzul?	Von wo fährt der Zug / Bus ab?
Trenul pleacă de la linia trei.	Der Zug fährt von Gleis 3 ab.
Autobuzul acesta merge la... ?	Fährt dieser Bus nach ... ?
Unde merge trenul acesta?	Wohin fährt dieser Zug?
Trenul opreşte la toate staţiile?	Hält der Zug an allen Haltestellen?

Wünsche und Begrüßungen

Bine aţi venit!	Herzlich willkommen!
Bine v-am găsit!	Schön, Sie zu sehen! (zur Begrüßung durch den Ankömmling)
Cum a fost călătoria?	Wie war die Reise?
Călătoria a fost...	Die Reise war ...
... interesantă / frumoasă.	... interessant / schön.
... plictisitoare / obositoare.	... langweilig / ermüdend.
Cum aţi călătorit?	Wie war die Fahrt?
Am călătorit...	Die Fahrt war ...
... bine / prost / comod / incomod.	... gut / schlecht / bequem / unbequem.
Drum bun!	Gute Reise!

1 Formulieren Sie aus den vorgegebenen Wörtern die folgenden Sätze.

are întârziere	vă rog	merge	casa de bilete	la Cluj
unde	este	trenul	un bilet	la Berlin
				acesta

1. Eine Fahrkarte nach Cluj bitte. ______________________ .
2. Wo ist der Fahrkartenschalter? ______________________ ?
3. Der Zug verspätet sich. ______________________ .
4. Fährt dieser Zug nach Berlin? ______________________ ?

2 Sehen Sie sich diese Antworten an. Wie heißen die Fragen dazu? Die Angaben in Klammern geben Ihnen einen Hinweis.

1. (Wann) ______________________ ?
   Trenul pleacă la doisprezece.
2. (Wohin) ______________________ ?
   Autobuzul merge la Constanța.
3. (Von wo) ______________________ ?
   Trenul pleacă de la linia trei.
4. (Wann) ______________________ ?
   Avionul decolează la zece.
5. (Ob der Bus ins Zentrum fährt) ______________________ ?
   Da, autobuzul acesta merge în centru.

3 Was würden Sie in den folgenden Fällen sagen?

1. Sie begrüßen jemanden, der von einer Reise zurückkommt.

   _ _ _ _ _   _ _ _   _ _ _ _ _ !

2. Jemand verreist.

   _ _ _ _   _ _ _ !

Substantive im Nominativ und Akkusativ

Maskulinum			
Singular		Plural	
unbestimmt	bestimmt	unbestimmt	bestimmt
-Kons.	+ **-ul**	+ **-i**	+ **-i**
priete**n** Freund	prieten**ul** der Freund	prieten**i** Freunde	prieten**ii** die Freunde
-i	+ **-ul**	> **-i**	+ **-i**
unch**i** Onkel	unchi**ul** der Onkel	unch**i** Onkel	unchi**i** die Onkel
-u	> **-ul**	> **-i**	+ **-i**
socr**u** Schwiegervater	socr**ul** der Schwiegervater	socr**i** Schwiegerväter	socri**i** die Schwiegerväter
-e	+ **-le**	> **-i**	+ **-i**
frat**e** Bruder	frate**le** der Bruder	fraț**i** Brüder	frați**i** die Brüder

Ausnahme: om – omul – o**amen**i – o**amen**ii (Mensch)
Manche Maskulina auf -l bilden den Plural ohne -l: copi**l** – copi**l**ul – copii – copiii (Kind), cal – calul – cai – caii (Pferd)

Femininum			
Singular		Plural	
unbestimmt	bestimmt	unbestimmt	bestimmt
-ă	> **-a**	> **-e**	+ **-le**
mam**ă** Mutter	mam**a** die Mutter	mam**e** Mütter	mame**le** die Mütter
-ă	> **-a**	> **-i**	**-le**
țară Land	țar**a** das Land	țăr**i** Länder	țări**le** die Länder
-e	> **-ea** (*untrennbar*)	> **-i**	+ **-le**
cart**e** Buch	cart**ea** das Buch	cărț**i** Bücher	cărți**le** die Bücher
-ie (*trennbar*)	> **-ia** (*trennbar*)	> **-ii**	+ **-le**
famil**ie** Familie	famil**ia** die Familie	famil**ii** Familien	familii**le** die Familien
-ie (*untrennbar*)	> **-ia** (*untrennbar*)	> **-i**	+ **-le**
feme**ie** Frau	feme**ia** die Frau	feme**i** Frauen	femei**le** die Frauen
-a	> **-aua**	> **-le**	+ **-le**
șose**a** Straße	șose**aua** die Straße	șose**le** Straßen	șosele**le** die Straßen

Ausnahmen: soră-sora-s**urori**-s**uror**ile (Schwester), noră-nora-n**urori**-n**uror**ile (Schwiegertochter), mână-mâna-mâ**i**ni-mâ**i**nile (Hand)

Tabellen

Neutrum			
Singular		Plural	
unbestimmt	bestimmt	unbestimmt	bestimmt
-Kons.	+ **-ul**	+ **-uri**	+ **-le**
la**c** See	lac**ul** der See	lac**uri** Seen	lacuri**le** die Seen
-Kons.	+ **-ul**	+ **-e**	+ **-le**
scau**n** Stuhl	scaun**ul** der Stuhl	scaun**e** Stühle	scaune**le** die Stühle
-i	+ **-ul**	+ **-uri**	+ **-le**
ule**i** Öl	uleI**ul** das Öl	ulei**uri** Öle	uleiuri**le** die Öle
-i	+ **-ul**	+ **-e**	+ **-le**
călcâ**i** Ferse	călcâi**ul** die Ferse	călcâi**e** Fersen	călcâie**le** die Fersen
-o	+ **-ul**	+ **-uri**	+ **-le**
radi**o** Radio	radio**ul** das Radio	radio**uri** Radios	radiouri**le** die Radios
-u	+ **-ul**	> **-uri**	+ **-le**
lucr**u** Ding	lucr**ul** das Ding	lucr**uri** Dinge	lucruri**le** die Dinge
-u	+ **-l**	> **-e**	+ **-le**
teatr**u** Theater	teatru**l** das Theater	teatr**e** Theater	teatre**le** die Theater
-iu	+ **-l**	> **-ii**	> **-le**
stud**iu** Studium	studiu**l** das Studium	stud**ii** Studien	studii**le** die Studien
-e	+ **-le**	> **-e**	+ **-le**
num**e** Name	nume**le** der Name	num**e** Namen	nume**le** die Namen

Ausnahmen: ou-oul-ou**ă**-ou**ă**le (Ei), cap-capul-cap**ete**-cap**ete**le (Kopf)

Tabellen

Substantive im Genitiv und Dativ

Maskulinum / Neutrum			
Singular		Plural	
unbestimmt	bestimmt	unbestimmt	bestimmt
unui	**-(u)lui**	**unor**	**-lor**
eines / einem	des / dem	einiger / einigen	der / den
unui prieten	prieten**ului**	unor prieten**i**	prieteni**lor**
unui unchi	unchi**ului**	unor unchi	unchi**lor**
unui socru	socru**lui**	unor socr**i**	socri**lor**
unui frate	frate**lui**	unor fraț**i**	frați**lor**
unui dulap	dulap**ului**	unor dulap**uri**	dulapuri**lor**
unui lucru	lucru**lui**	unor lucr**uri**	lucruri**lor**
unui scaun	scaun**ului**	unor scaun**e**	scaune**lor**
unui teatru	teatru**lui**	unor teatr**e**	teatre**lor**
unui muzeu	muzeu**lui**	unor muze**e**	muzee**lor**
unui nume	nume**lui**	unor num**e**	nume**lor**

Feminium			
unei + Pl.	Pl. + **-i**	**unor**	**-lor**
einer	der …	einiger / einigen	der / den
unei priete**ne**	prieten**ei**	unor priete**ne**	pretene**lor**
unei cărț**i**	cărț**ii**	unor cărț**i**	cărți**lor**
unei feme**i**	feme**ii**	unor feme**i**	femei**lor**
unei șose**le**	șosel**ei**	unor șose**le**	șosele**lor**

Feminine Substantive auf trennbares -ie im Nominativ haben im Genitiv / Dativ in der bestimmten Form die Endung -iei, alle anderen Formen sind regelmäßig: unei famili**i**, famil**iei**, unor famili**i**, familii**lor**.

Tabellen

Substantive im Vokativ

Singular Maskulinum		Singular Femininum	
Nom.	Vok.	Nom.	Vok.
	+ -e / -(u)le		> -o
Radu	Rad**ule**!	Elena	Elen**o**!
prieten	priete**ne**!	prietenă	prieten**o**!
unchi	unchi**ule**!	mătuşă	mătuş**o**!
socru	socr**ule**!	soacră	soacr**o**!
frate	frat**e**!	soră	sor**o**!

Plural Maskulinum		Plural Femininum	
Nom.	Vok.	Nom.	Vok.
	+ -lor		+ -lor
prieteni	prieteni**lor**!	prietene	prietene**lor**!
unchi	unchi**lor**!	mătuşi	mătuşi**lor**!
socri	socri**lor**!	soacre	soacre**lor**!
frați	frați**lor**!	surori	surori**lor**!

Pronomen

Nom.	Akk.			Dat.			
	unbetont ungebunden	unbetont gebunden	betont	unbetont ungebunden	unbetont ungebunden + i/-i, te se/-s, le/-l	unbetont gebunden	betont
eu	mă	-mă, m-	(pe) mine	îmi	mi	-mi, mi-	mie
tu	te	-te, te-	(pe) tine	îți	ți	-ți, ți-	ție
el	îl	-l, l-	(pe) el	îi	i	-i, i-	lui
ea	o	-o	(pe) ea	îi	i	-i, i-	ei
noi	ne	-ne, ne-	(pe) noi	ne	ni	-ne, ne-	nouă
voi	vă	-vă, v-	(pe) voi	vă	vi	-vă, v-	vouă
ei	îi	-i, i-	(pe) ei	le	li	-le, le-	lor
ele	le	-le, le-	(pe) ele	le	li	-le, le-	lor

Höflichkeitspronomen

	Alle Fälle	
2. Pers. Sg. / Pl.	dumneavoastră	
3. Pers. Sg.	dumnealui (m.)	dumneaei (f.)
3. Pers. Pl.	dumnealor	

Tabellen

Etwas weniger gehobene Höflichkeitspronomen:

	Nom. / Akk.		Dat. / Gen.	
	Maskulinum	Femininum	Maskulinum	Femininum
3. Pers. Sg.	dânsul	dânsa	dânsului	dânsei
3. Pers. Pl.	dânşii	dânsele	dânşilor	dânselor

Umgangsprachliche Höflichkeitspronomen:

	Nom. / Akk.	Dat. / Gen.
2. Pers. Sg.	dumneata, dumneatale, dumitale mata, matale	dumitale, dumneatale matale

Possessivpronomen

Besitzobjekt	Pronomen					
Sg. m. / n.	meu	tău	său (lui, ei)	nostru	vostru	lor
Sg. f.	mea	ta	sa (lui, ei)	noastră	voastră	lor
Pl. m.	mei	tăi	săi (lui, ei)	noştri	voştri	lor
Pl. f. / n.	mele	tale	sale (lui, ei)	noastre	voastre	lor

Demonstrativa

Demonstrativpronomen im Nominativ / Akkusativ:

	Sg. m. / n.	Sg. f.	Pl. m.	Pl. f. / n.
Nähe	acesta	aceasta	aceştia	acestea
Nähe (vorangestellte Formen)	acest	această	aceşti	aceste
Distanz	acela	aceea	aceia	acelea
Distanz (vorangestellte Formen)	acel	acea	acei	acele
Gleichheit	acelaşi	aceeaşi	aceiaşi	aceleaşi

Demonstrativpronomen im Genitiv / Dativ:

	Sg. m. / n.	Sg. f.	Pl. m.	Pl. f. / n.
Nähe	acestuia	acesteia	acestora	
Nähe (vorangestellte Formen)	acestui	acestei	acestor	
Distanz	aceluia	aceleia	acelora	
Distanz (vorangestellte Formen)	acelui	acelei	acelor	
Gleichheit	aceluiaşi	aceleiaşi	aceloraşi	

Umgangsprachliche Demonstrativpronomen im Nominativ / Akkusativ:

	Sg. m./n.	Sg. f.	Pl. m.	Pl. f./n.
Nähe	ăsta	asta	ăştia	astea
Distanz	ăla	aia	ăia	alea

Umgangsprachliche Demonstrativpronomen im Genitiv / Dativ:

	Sg. m./n.	Sg. f.	Pl. m./f./n.
Nähe	ăstuia	ăsteia	ăstora
Distanz	ăluia	ăleia	ălora

Demonstrativartikel:

	Sg. m./n.	Sg. f.	Pl. m.	Pl. f./n.
Nom./Akk.	cel	cea	cei	cele
Gen./Dat.	celui	celei	celor	

Relativ- und Interrogativpronomen

cine wer:

Nom. / Akk.	cine / (pe) cine wer / wen
Gen. / Dat.	cui wessen / wem

ce was (*unveränderlich*)

cât wie viel:

	Sg. m./n.	Sg. f.	Pl. m.	Pl. f./n.
Nom. / Akk.	cât	câtă	câți	câte
Gen. / Dat.	–	–	câtor	

care welches:

	Sg. m./f./n.		Pl. m./f./n.
Nom. / Akk.		care	
Gen. / Dat.	cărui(a)	cărei(a)	căror(a)

cel care derjenige der:

	Sg. m./n.	Sg. f.	Pl. m.	Pl. f./n.
Nom. / Akk.	cel care	cea care	cei care	cele care
Gen. / Dat.	celui care	celei care	celor care	

Tabellen

Indefinitpronomen

unul einer:

	Sg. m.	Sg. f.	Pl. m.	Pl. f.
Nom. / Akk.	unul	una	unii	unele
Gen. / Dat.	unuia	unei(a)	unor(a)	

altul ein anderer:

	Sg. m.	Sg. f.	Pl. m.	Pl. f.
Nom. / Akk.	altul	alta	alții	altele
Gen. / Dat.	altui(a)	altei(a)	altor(a)	

fiecare jeder:

	Sg. m. / n.	Sg. f.
Nom. / Akk.	fiecare	fiecare
Gen. / Dat.	fiecărui(a)	fiecărei(a)

oricare egal wer:

	Sg. m. / n.	Sg. f.
Nom. / Akk.	oricare	oricare
Gen. / Dat.	oricărui(a)	oricărei(a)

cineva jemand	oricine egal wer / alle	altcineva jemand anders
G. / D. cuiva	G. / D. oricui	G. / D. altcuiva
ceva etwas	orice egal was, alles	altceva etwas anders
careva irgendjemand	oricare egal wer	–
cumva irgendwie	oricum egal wie	altcumva irgendwie anders
câtva irgendwas	oricât egal wie viel	–

Adjektive

Adjektive mit 4 Endungen

Sg. m./n.	Sg. f.	Pl. m.	Pl. f./n.	
acru	acră	acri	acre	sauer
adevărat	adevărată	adevărați	adevărate	wahr, richtig
alb	albă	albi	albe	weiß
albastru	albastră	albaştri	albastre	blau
amar	amară	amari	amare	bitter
apropiat	apropiată	apropiați	apropiate	nah
arogant	arogantă	aroganți	arogante	arrogant
atractiv	atractivă	atractivi	atractive	attraktiv
bătrân	bătrână	bătrâni	bătrâne	alt
bogat	bogată	bogați	bogate	reich
bucuros	bucuroasă	bucuroşi	bucuroase	froh
bun	bună	buni	bune	gut
cald	caldă	calzi	calde	warm
căsătorit	căsătorită	căsătoriți	căsătorite	verheiratet
chel	cheală	cheli	chele	kahl
complicat	complicată	complicați	complicate	kompliziert
corpolent	corpolentă	corpolenți	corpolente	korpulent
deosebit	deosebită	deosebiți	deosebite	besonders
deştept	deşteaptă	deştepți	deştepte	schlau
dificil	dificilă	dificili	dificile	schwierig
drăguț	drăguță	drăguți	drăguțe	nett
elegant	elegantă	eleganți	elegante	elegant
fals	falsă	falşi	false	falsch
fericit	fericită	fericiți	fericite	glücklich
frumos	frumoasă	frumoşi	frumoase	schön
galben	galbenă	galbeni	galbene	gelb
german	germană	germani	germane	deutsch
gol	goală	goi	goale	leer, nackt
greu	grea	grei	grele	schwer
gras	grasă	graşi	grase	fett
gros	groasă	groşi	groase	dick
ieftin	ieftină	ieftini	ieftine	billig
important	importantă	importanți	importante	wichtig
inteligent	inteligentă	inteligenți	inteligente	intelligent
interesant	interesantă	interesanți	interesante	interessant
înalt	înaltă	înalți	înalte	hoch, groß
îndepărtat	îndepărtată	îndepărtați	îndepărtate	entfernt
întreg	întreagă	întregi	întrege	ganz

Sg. m./n.	Sg. f.	Pl. m.	Pl. f./n.	
iubit	iubită	iubiți	iubite	geliebt, liebster
leneş	leneşă	leneşi	leneşe	faul
liniştit	liniştită	liniştiți	liniştite	ruhig
modern	modernă	moderni	moderne	modern
mult	multă	mulți	multe	viel
mulțumit	mulțumită	mulțumiți	mulțumite	zufrieden
nebun	nebună	nebuni	nebune	verrückt
necăsătorit	necăsătorită	necăsătoriți	necăsătorite	ledig
negru	neagră	negri	negre	schwarz
neliniştit	neliniştită	neliniştiți	neliniştite	unruhig
nemulțumit	nemulțumită	nemulțumiți	nemulțumite	unzufrieden
nesigur	nesigură	nesiguri	nesigure	unsicher
obişnuit	obişnuită	obişnuiți	obişnuite	gewöhnlich
obosit	obosită	obosiți	obosite	müde
odihnit	odihnită	odihniți	odihnite	ausgeruht
plin	plină	plini	pline	voll
politicos	politicoasă	politicoşi	politicoase	höflich
prost	proastă	proşti	proaste	dumm
pătrat	pătrată	pătrați	pătrate	quadratisch
prietenos	prietenoasă	prietenoşi	prietenoase	freundlich
puțin	puțină	puțini	puține	wenig
rău	rea	răi	rele	schlecht
rotund	rotundă	rotunzi	rotunde	rund
sărac	săracă	săraci	sărace	arm
scump	scumpă	scumpi	scumpe	teuer
sigur	sigură	siguri	sigure	sicher
simplu	simplă	simpli	simple	einfach
singur	singură	singuri	singure	allein
slab	slabă	slabi	slabe	dünn, mager
sociabil	sociabilă	sociabili	sociabile	gesellig
stimat	stimată	stimați	stimate	geehrt
tânăr	tânără	tineri	tinere	jung
timid	timidă	timizi	timide	schüchtern
tot	toată	toți	toate	ganz, alles
trist	tristă	trişti	triste	traurig
urât	urâtă	urâți	urâte	hässlich
uşor	uşoară	uşori	uşoare	leicht
vesel	veselă	veseli	vesele	fröhlich
vorbăreț	vorbăreață	vorbăreți	vorbărețe	redselig

Adjektive mit 3 Endungen

Sg. m./n.	Sg. f.	Pl. m./f./n.	
adânc	adâncă	adânci	tief, tiefsinnig
argintiu	argintie	argintii	silbern
franţuzesc	franţuzească	franţuzeşti	französisch
întreg	întreagă	întregi	ganz
lung	lungă	lungi	lang
larg	largă	largi	breit
mic	mică	mici	klein
nemţesc	nemţească	nemţeşti	deutsch
nou	nouă	noi	neu
portocaliu	portocalie	portocalii	orange
românesc	românească	româneşti	rumänisch
roşu	roşie	roşii	rot
vechi	veche	vechi	alt

Adjektive mit 2 Endungen

Sg. m./f./n.	Pl. m./f./n.	
dulce	dulci	süß
fierbinte	fierbinți	heiß
iute	iuți	scharf
mare	mari	groß
rece	reci	kalt
repede	repezi	schnell
subțire	subțiri	dünn
tare	tari	stark
verde	verzi	grün

Adjektive mit einer Endung

bej	beige
bleu	hellblau
bleu marin	dunkelblau
maro	braun
roz	rosa
şic	schick
violet	lila

Numeralien

		ugs.	Ordnungszahlen	Bruchzahlen
1	unu (m.) una (f.)		vorangestellt oder alleinstehend: primul / întâiul (Sg., m.) prima / întâia / a-ntâia (Sg., f.) primii / întâii (Pl., m.) primele / întâile (Pl., f.) vorangestellt: a-ntâia (Sg., f.) nachgestellt: întâi (Sg., m. / f.) dintâi (Pl., m. / f.)	
2	doi (m.) două (f.)		al doilea a doua	o doime
3	trei		al treilea a treia	o treime
4	patru		al patrulea a patra	o pătrime
5	cinci		al cincilea a cincea	o cincime
6	şase		al şaselea a şasea	o şesime
7	şapte		al şaptelea a şaptea	o şeptime
8	opt		al optulea a opta	o optime
9	nouă		al nouălea a noua	o noime
10	zece		al zecelea a zecea	o zecime
11	unsprezece	unşpe	al unsprezecelea a unsprezecea	o unsprezecime
12	doisprezece	doişpe	…	…
13	treisprezece	treişpe		
14	paisprezece	paişpe		
15	cincisprezece	cinşpe		
16	şaisprezece	şaişpe		
17	şaptesprezece	şapteşpe		
18	optsprezece	optăşpe		
19	nouăsprezece	nouăşpe		
20	douăzeci			

		ugs.
21	douăzeci şi unu	douăşunu
22	douăzeci şi doi	douăşdoi
23	douăzeci şi trei	douăştrei
	...	...
30	treizeci	
31	treizeci şi unu	treişunu
40	patruzeci	
42	patruzeci şi doi	patruşdoi
50	cincizeci	cinzeci
53	cincizeci şi trei	cinzeştrei
60	şaizeci	
64	şaizeci şi patru	şaişpatru
70	şaptezeci	
75	şaptezeci şi cinci	şapteşcinci
80	optzeci	
86	optzeci şi şase	optzeşşase
90	nouăzeci	
99	nouăzeci şi nouă	nouăşnouă

100	o sută
101	o sută unu
102	o sută doi
	...
120	o sută douăzeci
200	două sute
201	două sute unu
230	două sute treizeci
241	două sute patruzeci şi unu
300	trei sute
400	patru sute
	...
1000	o mie
1120	o mie o sută douăzeci
2000	două mii

19 000	nouăsprezece mii
20 000	două zeci **de** mii
1 000 000	un milion
2 000 000	două milioane
3 000 000	trei milioane
4 736 298	patru milioane şapte sute treizeci şi şase **de** mii două sute nouăzeci şi opt

Verben

a avea (haben)

Präsens	Konjunktiv	zus. Perfekt	Imperfekt	einfaches Perfekt	Plusquam-perfekt
am	să am	am avut	aveam	avui	avusesem
ai	să ai	ai avut	aveai	avuşi	avuseseşi
are	să aibă	a avut	avea	avu	avusese
avem	să avem	am avut	aveam	avurăm	avuseserăm
aveţi	să aveţi	aţi avut	aveaţi	avurăţi	avuseserăţi
au	să aibă	au avut	aveau	avură	avuseseră

Optativ Präs.	Optativ Perf.	1. Futurform	2. Futurform	3. Futurform
aş avea	aş fi avut	voi avea	am să am	o să am
ai avea	ai fi avut	vei avea	ai să ai	o să ai
ar avea	ar fi avut	va avea	are să aibă	o să aibă
am avea	am fi avut	vom avea	avem să avem	o să avem
aţi avea	aţi fi avut	veţi avea	aveţi să aveţi	o să aveţi
ar avea	ar fi avut	vor avea	au să aibă	o să aibă

Imperativ: (2. Sg.) ai! – (2. Pl.) aveţi!, Gerunziu: având, Partizip: avut

a fi (sein)

Präsens	Konjunktiv	zus. Perfekt	Imperfekt	einfaches Perfekt
sunt	să fiu	am fost	eram	fui / fusei
eşti	să fii	ai fost	erai	fuşi / fuseşi
este / e	să fie	a fost	era	fu / fuse
suntem	să fim	am fost	eram	furăm / fuserăm
sunteţi	să fiţi	aţi fost	eraţi	furăţi / fuserăţi
sunt	să fie	au fost	erau	fură / fuseră

Plusquam-perfekt	Optativ Präs.	Optativ Perf.	1. Futurform	2. Futurform	3. Futurform
fusesem	aş fi	aş fi fost	voi fi	am să fiu	o să fiu
fuseseşi	ai fi	ai fi fost	vei fi	ai să fii	o să fii
fusese	ar fi	ar fi fost	va fi	are să fie	o să fie
fuseserăm	am fi	am fi fost	vom fi	avem să fim	o să fim
fuseserăţi	aţi fi	aţi fi fost	veţi fi	aveţi să fiţi	o să fiţi
fuseseră	ar fi	ar fi fost	vor fi	au să fie	o să fie

Imperativ: (2. Sg.) fii! – (2. Pl.) fiţi!, Gerunziu: fiind, Partizip: fost

Konjugationsmuster der Verbklassen

1. Konjugation (Verben auf -a): a ajuta (helfen)

Präsens	Konjunktiv	zus. Perfekt	Imperfekt	einf. Perfekt	Plusquam-perfekt
ajut	să ajut	am ajutat	ajutam	ajutai	ajutasem
ajuți	să ajuți	ai ajutat	ajutai	ajutaşi	ajutaseşi
ajută	să ajute	a ajutat	ajuta	ajută	ajutase
ajutăm	să ajutăm	am ajutat	ajutam	ajutarăm	ajutaserăm
ajutați	să ajutați	ați ajutat	ajutați	ajutarăți	ajutaserăți
ajută	să ajute	au ajutat	ajutau	ajutară	ajutaseră

Optativ Präs.	Optativ Perf.	1. Futurform	2. Futurform	3. Futurform
aş ajuta	aş fi ajutat	voi ajuta	am să ajut	o să ajut
ai ajuta	ai fi ajutat	vei ajuta	ai să ajuți	o să ajuți
ar ajuta	ar fi ajutat	va ajuta	are să ajute	o să ajute
am ajuta	am fi ajutat	vom ajuta	avem să ajutăm	o să ajutăm
ați ajuta	ați fi ajutat	veți ajuta	aveți să ajutați	o să ajutați
ar ajuta	ar fi ajutat	vor ajuta	au să ajute	o să ajute

Imperativ: (2. Sg.) ajută! – (2. Pl.) ajutați!, Gerunziu: ajutând, Partizip: ajutat

2. Konjugation (Verben auf -ea): a vedea (sehen)

Präsens	Konjunktiv	zus. Perfekt	Imperfekt	einf. Perfekt	Plusquam-perfekt
văd	să văd	am văzut	vedeam	văzui	văzusem
vezi	să vezi	ai văzut	vedeai	văzuşi	văzuseşi
vede	să vadă	a văzut	vedea	văzu	văzuse
vedem	să vedem	am văzut	vedeam	văzurăm	văzuserăm
vedeți	să vedeți	ați văzut	vedeați	văzurăți	văzuserăți
văd	să vadă	au văzut	vedeau	văzură	văzuseră

Optativ Präs.	Optativ Perf.	1. Futurform	2. Futurform	3. Futurform
aş vedea	aş fi văzut	voi vedea	am să văd	o să văd
ai vedea	ai fi văzut	vei vedea	ai să vezi	o să vezi
ar vedea	ar fi văzut	va vedea	are să vadă	o să vadă
am vedea	am fi văzut	vom vedea	avem să vedem	o să vedem
ați vedea	ați fi văzut	veți vedea	aveți să vedeți	o să vedeți
ar vedea	ar fi văzut	vor vedea	au să vadă	o să văd

Imperativ: (2. Sg.) vezi! – (2. Pl.) vedeți!, Gerunziu: văzând, Partizip: văzut

3. Konjugation (Verben auf -e): a aduce (mitbringen)

Präsens	Konjunktiv	zus. Perfekt	Imperfekt	einf. Perfekt	Plusquamperfekt
aduc	să aduc	am adus	aduceam	adusei	adusesem
aduci	să aduci	ai adus	aduceai	aduseşi	aduseseşi
aduce	să aducă	a adus	aducea	aduse	adusese
aducem	să aducem	am adus	aduceam	aduserăm	aduseserăm
aduceți	să aduceți	ați adus	aduceați	aduserăți	aduseserăți
aduc	să aducă	au adus	aduceau	aduseră	aduseseră

Optativ Präs.	Optativ Perf.	1. Futurform	2. Futurform	3. Futurform
aş aduce	aş fi adus	voi aduce	am să aduc	o să aduc
ai aduce	ai fi adus	vei aduce	ai să aduci	o să aduci
ar aduce	ar fi adus	va aduce	are să aducă	o să aducă
am aduce	am fi adus	vom aduce	avem să aducem	o să aducem
ați aduce	ați fi adus	veți aduce	aveți să aduceți	o să aduceți
ar aduce	ar fi adus	vor aduce	au să aducă	o să aducă

Imperativ: (2. Sg.) adu! – (2. Pl.) aduceți!, Gerunziu: aducând, Partizip: adus

4. Konjugation (Verben auf -i): a oferi (anbieten)

Präsens	Konjunktiv	zus. Perfekt	Imperfekt	einf. Perfekt	Plusquamperfekt
ofer	să ofer	am oferit	ofeream	oferii	oferisem
oferi	să oferi	ai oferit	ofereai	oferişi	oferiseşi
oferă	să ofere	a oferit	oferea	oferi	oferise
oferim	să oferim	am oferit	ofeream	oferirăm	oferiserăm
oferiți	să oferiți	ați oferit	ofereați	oferirăți	oferiserăți
oferă	să ofere	au oferit	ofereau	oferiră	oferiseră

Optativ Präs.	Optativ Perf.	1. Futurform	2. Futurform	3. Futurform
aş oferi	aş fi oferit	voi oferi	am să ofer	o să ofer
ai oferi	ai fi oferit	vei oferi	ai să oferi	o să oferi
ar oferi	ar fi oferit	va oferi	are să ofere	o să ofere
am oferi	am fi oferit	vom oferi	avem să oferim	o să oferim
ați oferi	ați fi oferit	veți oferi	aveți să oferiți	o să oferiți
ar oferi	ar fi oferit	vor oferi	au să ofere	o să ofere

Imperativ: (2. Sg.) oferă! – (2. Pl.) oferiți!, Gerunziu: oferind, Partizip: oferit

5. Konjugation (Verben auf -î): a hotărî (entscheiden)

Präsens	Konjunktiv	zus. Perfekt	Imperfekt	einf. Perfekt	Plusquam-perfekt
hotărăsc	să hotărăsc	am hotărât	hotăram	hotărâi	hotărâsem
hotărăşti	să hotărăşti	ai hotărât	hotărai	hotărâşi	hotărâseşi
hotărăşte	să hotărască	a hotărât	hotăra	hotărî	hotărâse
hotărâm	să hotărâm	am hotărât	hotăram	hotărârăm	hotărâserăm
hotărâți	să hotărâți	ați hotărât	hotărați	hotărârăți	hotărâserăți
hotărăsc	să hotărască	au hotărât	hotărau	hotărâră	hotărâseră

Optativ Präs.	Optativ Perf.	1. Futurform	2. Futurform	3. Futurform
aş hotărî	aş fi hotărât	voi hotărî	am să hotărăsc	o să hotărăsc
ai hotărî	aş fi hotărât	vei hotărî	ai să hotărăşti	o să hotărăşti
ar hotărî	ar fi hotărât	va hotărî	are să hotărască	o să hotărască
am hotărî	am fi hotărât	vom hotărî	avem să hotărâm	o să hotărâm
ați hotărî	ați fi hotărât	veți hotărî	aveți să hotărâți	o să hotărâți
ar hotărî	ar fi hotărât	vor hotărî	are să hotărască	o să hotărască

Imperativ: (2. Sg.) hotărăşte! – (2. Pl.) hotărâți!, Gerunziu: hotărând, Partizip: hotărât

Passiv

Das Passiv wird mit dem konjugierten Hilfsverb a fi (konjugiert in Person, Zeit und Modus) + dem Partizip gebildet. Das Partizip wird dabei in Geschlecht und Zahl an das Subjekt angeglichen, z. B. ajutat – ajutată, ajutați – ajutate.

Als Beispiel dient hier jeweils die erste Pers. Sg.:

Präsens	Konjunktiv	zus. Perfekt	Imperfekt	einf. Perfekt
sunt ajutat / ajutată	să fiu ajutat / ajutată	am fost ajutat / ajutată	eram ajutat / ajutată	fui ajutat / ajutată

Plusquamperfekt	Optativ Präs.	Optativ Perf.
fusesem ajutat / ajutată	aş fi ajutat / ajutată	aş fi fost ajutat / ajutată

1. Futurform	2. Futurform	3. Futurform
voi fi ajutat / ajutată	am să fiu ajutat / ajutată	o să fiu ajutat / ajutată

Imperativ: (2. Sg.) fii ajutat / ajutată! (2. Pl.) fiți ajutați / ajutate!
Gerunziu: fiind ajutat / ajutată

Reflexiv mit Akkusativ

a se uita (schauen)

Präsens	Konjunktiv	zus. Perfekt	Imperfekt	einf. Perfekt	Plusquam-perfekt
mă uit	să mă uit	m-am uitat	mă uitam	mă uitai	mă uitasem
te uiți	să te uiți	te-ai uitat	te uitai	te uitaşi	te uitaseşi
se uită	să se uite	s-a uitat	se uita	se uită	se uitase
ne uităm	să ne uităm	ne-am uitat	ne uitam	ne uitarăm	ne uitaserăm
vă uitați	să vă uitați	v-ați uitat	vă uitați	vă uitarăți	vă uitaserăți
se uită	să se uite	s-au uitat	se uitau	se uitară	se uitaseră

Optativ Präs.	Optativ Perf.	1. Futurform	2. Futurform	3. Futurform
m-aş uita	m-aş fi uitat	mă voi uita	am să mă uit	o să mă uit
te-ai uita	te-ai fi uitat	te vei uita	ai să te uiți	o să te uiți
s-ar uita	s-ar fi uitat	se va uita	are să se uite	o să se uite
ne-am uita	ne-am fi uitat	ne vom uita	avem să ne uităm	o să ne uităm
v-ați uita	v-ați fi uitat	vă veți uita	aveți să vă uitați	o să vă uitați
s-ar uita	s-ar fi uitat	se va uita	au să se uite	o să se uite

Gerunziu	Imperativ
uitându-mă	
uitându-te	uită-te!
uitându-se	
uitându-ne	
uitându-vă	uitați-vă!
uitându-se	

Reflexiv mit Dativ

a-şi aminti (sich erinnern)

Präsens	Konjunktiv	zus. Perfekt	Imperfekt	einf. Perfekt
îmi amintesc	să-mi amintesc	mi-am amintit	îmi aminteam	îmi amintii
îţi aminteşti	să-ţi aminteşti	ţi-ai amintit	îţi aminteai	îţi amintişi
îşi aminteşte	să-şi amintească	şi-a amintit	îşi amintea	îşi aminti
ne amintim	să ne amintim	ne-am amintit	ne aminteam	ne amintirăm
vă amintiţi	să vă amintiţi	v-aţi amintit	vă aminteaţi	vă amintirăţi
îşi amintesc	să-şi amintească	şi-au amintit	îşi aminteau	îşi amintiră

Plusquamperfekt	Optativ Präs.	Optativ Perf.	1. Futurform
îmi amintisem	mi-aş aminti	mi-aş fi amintit	îmi voi aminti
îţi amintiseşi	ţi-ai aminti	ţi-ai fi amintit	îţi vei aminti
îşi amintise	şi-ar aminti	şi-ar fi amintit	îşi va aminti
ne amintiserăm	ne-am aminti	ne-am fi amintit	ne vom aminti
vă amintiserăţi	v-aţi aminti	v-aţi fi amintit	vă veţi aminti
îşi amintiseră	şi-ar aminti	şi-ar fi amintit	îşi vor aminti

2. Futurform	3. Futurform	Gerunziu	Imperativ
am să-mi amintesc	o să-mi amintesc	amintindu-mi	
ai să-ţi aminteşti	o să-ţi aminteşti	amintindu-ţi	aminteşte-ţi!
are să-şi amintească	o să-şi amintească	amintindu-şi	
avem să ne amintim	o să ne amintim	amintindu-ne	
aveţi să vă amintiţi	o să vă amintiţi	amintindu-vă	amintiţi-vă!
au să-şi amintească	o să-şi amintească	amintindu-şi	

Konjugationstabellen

Die nachfolgende Übersicht dient der Einteilung der Verben in Konjugationsklassen (1-5) und ordnet diesen noch einer Unterkategorie – je nach Besonderheit – zu. Diese Zahlen finden sich dann in der anschließenden alphabetischen Liste als Zahlencode wieder, z.B. a dansa (1.4) (= 1. Konjugation, mit Stammerweiterung), a pune (3.6) (= 3. Konjugation, mit Wegfall des -n). Mit Sternchen * gekennzeichnete Verben finden Sie unter den Musterverben in allen Zeiten und Modi konjugiert.

In den einzelnen Konjugationen wurden die vokalischen oder konsonantischen Alternanzen hervorgehoben.

Code	Besonderheit	Beispiele
1.0	1. Konjugation, regelmäßig	a cânta, a se plimba, a saluta, a pleca, a arăta, a căuta, a cumpăra...
1.1	1. Pers. Sg. + -u	a afla, a intra, a umbla...
1.2	1. Pers. Sg. / 3. Pers.Pl. + -u	a sta, a da, a preda...
1.3	Infinitiv auf -ia trennbar / untrennbar, Endungen: -Ø oder -i, -Ø oder -i, -e, -em, -ați, -e	a tăia, a mângâia, a apropia, a întârzia...
1.4	Verben mit Stammerweiterung	a dansa, a lucra, a studia, a vizita...
1.5	Unregelmäßige Verben	a lua, a mânca
2.0	2. Konjugation, regelmäßig	a cădea, a tăcea, a vedea, a putea...
2.2	1. Pers. Sg. / 3. Pers. Pl. + -u	a bea...
2.5	Unregelmäßige Verben	a vrea
3.0	3. Konjugation, regelmäßig	a crede, a înțelege, a face, a merge, a râde, a răspunde, a zice...
3.2	1. Pers Sg. / 3. Pers. Pl -u	a umple, a scrie...
3.6	Wegfall von -n	a pune, a rămâne, a spune, a ține...
4.0	4. Konjugation, regelmäßig	a auzi, a dormi, a fugi, a ieşi, a muri, a oferi, a sări, a şti, a veni...
4.4	mit Stammerweiterung	a citi, a dori, a găsi, a iubi, a întâlni, a locui, a mulțumi, a munci, a plăti, a povesti, a primi, a trăi, a vorbi...
4.6	4. Konjugation, wegfall von -n	a veni
5.0	5. Konjugation, regelmäßig	a coborî
5.4	mit Stammerweiterung	a hotărî, a urî

Die Verben werden alphabetisch aufgeführt.
Folgende Formen werden angegeben:

- die Präsenskonjugation
- der Imperativ der 2. Pers. Sg.
- der Konjunktiv der 3. Pers. Sg. und Pl., da sich diese Form vom Präsens unterscheidet
- das Partizip, das zur Bildung der zusammengesetzten Zeiten benötigt wird.

	a accepta (1.0) annehmen	a acoperi (4.0) bedecken	a aduce (3.0*) bringen	a aduna (1.0) sammeln
eu	accept	acop**ă**r	aduc	adun
tu	accepți	acoperi	aduci	aduni
el / ea	acceptă	acoper**ă**	aduce	adună
noi	acceptăm	acoperim	aducem	adunăm
voi	acceptați	acoperiți	aduceți	adunați
ei / ele	acceptă	acoper**ă**	aduc	adună
Imp.	acceptă!	acoper**ă**!	adu!	adună!
Konj.	să accepte	să acoper**e**	să aducă	să adune
Part.	acceptat	acoperit	adus	adunat

	a afirma (1.0) behaupten	a afla (1.1) erfahren	a ajunge (3.0) ankommen, (aus)reichen	a alege (3.0) (aus)wählen
eu	afirm	aflu	ajung	aleg
tu	afirmi	afli	ajungi	alegi
el / ea	afirmă	află	ajunge	alege
noi	afirmăm	aflăm	ajungem	alegem
voi	afirmați	aflați	ajungeți	alegeți
ei / ele	afirmă	află	ajung	aleg
Imp.	afirmă!	află!	ajungi!	alege!
Konj.	să afirme	să afle	să ajungă	să aleagă
Part.	afirmat	aflat	ajuns	ales

	a ajuta (1.0*) helfen	a alerga (1.0) rennen	a(-şi) aminti (4.4*) sich erinnern	a anunța (1.0) ankündigen
eu	ajut	alerg	amintesc	anunț
tu	aju**ț**i	alergi	aminteşti	anunți
el / ea	ajută	al**ea**rgă	aminteşte	anunță
noi	ajutăm	alergăm	amintim	anunțăm
voi	ajutați	alergați	amintiți	anunțați
ei / ele	ajută	al**ea**rgă	amintesc	anunță
Imp.	ajută!	al**ea**rgă!	aminteşte!	anunță!
Konj.	să ajute	să alerge	să aminte**ea**scă	să anunțe
Part.	ajutat	alergat	amintit	anunțat

	a (se) apropia (1.3) (sich) nähern	a arăta (1.0) zeigen	a arunca (1.0) werfen	a (se) aşeza (1.0) (sich) hinsetzen
eu	apropii	arăt	arunc	aşez
tu	apropii	arăţi	arunci	aşezi
el / ea	apropie	arată	aruncă	aşează
noi	apropiem	arătăm	aruncăm	aşezăm
voi	apropiaţi	arătaţi	aruncaţi	aşezaţi
ei / ele	apropie	arată	aruncă	aşează
Imp.	apropie!	arată!	aruncă!	aşează!
Konj.	să apropie	să arate	să arunce	să aşeze
Part.	apropiat	arătat	aruncat	aşezat

	a aştepta (1.0) warten	a atinge (3.0) berühren	a auzi (4.0) hören	a avea (2.5*) haben
eu	aştept	ating	aud	am
tu	aştepţi	atingi	auzi	ai
el / ea	aşteaptă	atinge	aude	are
noi	aşteptăm	atingem	auzim	avem
voi	aşteptaţi	atingeţi	auziţi	aveţi
ei / ele	aşteaptă	ating	aud	au
Imp.	aşteaptă!	atinge!	auzi!	ai!
Konj.	să aştepte	să atingă	să audă	să aibă
Part.	aşteptat	atins	auzit	avut

	a băga (1.0) (hinein-)stecken	a bea (2.2) trinken	a se bucura (1.0) sich freuen	a cădea (2.0) fallen
eu	bag	beau	mă bucur	cad
tu	bagi	bei	te bucuri	cazi
el / ea	bagă	bea	se bucură	cade
noi	băgăm	bem	ne bucurăm	cădem
voi	băgaţi	beţi	vă bucuraţi	cădeţi
ei / ele	bagă	beau	se bucură	cad
Imp.	bagă!	bea!	bucură-te!	cazi!
Konj.	să bage	să bea	să se bucure	să cadă
Part.	băgat	băut	bucurat	căzut

	a cânta (1.0) singen	a câştiga (1.0) verdienen / gewinnen	a căuta (1.0) suchen	a cere (3.0) bitten, verlangen
eu	cânt	câştig	c**a**ut	cer
tu	cânț**i**	câştigi	c**a**uț**i**	ceri
el / ea	cântă	câştigă	c**a**ută	cere
noi	cântăm	câştigăm	căutăm	cerem
voi	cântaț**i**	câştigaţi	căutaț**i**	cereți
ei / ele	cântă	câştigă	c**a**ută	cer
Imp.	cântă!	câştigă!	caută!	cere!
Konj.	să cânte	să câştige	să caute	să ceară
Part.	cântat	câştigat	căutat	cerut

	a chema (1.0) rufen	a citi (4.4) lesen	a coace (3.0) backen	a coborî (5.0) hinuntergehen
eu	chem	citesc	c**o**c	cobor
tu	chemi	citeşti	c**o**ci	cobori
el / ea	ch**ea**mă	citeşte	coace	cob**oa**ră
noi	chemăm	citim	coacem	coborâm
voi	chemați	citiți	coaceți	coborâți
ei / ele	ch**ea**mă	citesc	c**o**c	cob**oa**ră
Imp.	ch**ea**mă!	citeşte!	coace!	cob**oa**ră!
Konj.	să cheme	să cit**ea**scă	să coacă	să cob**oa**re
Part.	chemat	citit	c**o**pt	coborât

	a conduce (3.0) begleiten, fahren	a construi (4.4) bauen	a corecta (1.4) korrigieren	a crede (3.0) glauben
eu	conduc	construiesc	corectez	cred
tu	conduci	construieşti	corectezi	cre**zi**
el / ea	conduce	construieşte	corectează	crede
noi	conducem	construim	corectăm	credem
voi	conduceți	construiți	corectați	credeți
ei / ele	conduc	construiesc	corectează	cred
Imp.	condu!	construieşte!	corectează!	crede!
Konj.	să conducă	să construiască	să corecteze	să creadă
Part.	condus	construit	corectat	cre**z**ut

	a creşte (3.0) wachsen	a cumpăra (1.0) kaufen	a cunoaşte (3.0) kennen	a da (1.2) geben
eu	cre**sc**	cumpăr	cun**o**sc	dau
tu	creşti	cump**e**ri	cun**o**şti	dai
el / ea	creşte	cumpără	cunoaşte	d**ă**
noi	creştem	cumpărăm	cunoaştem	d**ă**m
voi	creşteţi	cumpăraţi	cunoaşteţi	daţi
ei / ele	cre**sc**	cumpără	cun**o**sc	dau
Imp.	creşte!	cumpără!	cunoaşte!	d**ă**!
Konj.	să cr**ea**scă	să cump**e**re	să cunoască	să d**ea**
Part.	cresc**u**t	cumpărat	cun**o**scut	dat

	a dansa (1.4) tanzen	a decide (3.0) entscheiden	a deschide (3.0) öffnen	a descoperi (4.0) entdecken
eu	dansez	decid	deschid	descop**ă**r
tu	dansezi	decizi	deschi**z**i	descoperi
el / ea	dansează	decide	deschide	descoperă
noi	dansăm	decidem	deschidem	descoperim
voi	dansaţi	decideţi	deschideţi	descoperiţi
ei / ele	dansează	decid	deschid	descoperă
Imp.	dansează!	decide!	deschide!	descoperă!
Konj.	să danseze	să decidă	să deschidă	să descopere
Part.	dansat	deci**s**	deschi**s**	descoperit

	a (se) despărţi (4.0) (sich) trennen	a discuta (1.0) diskutieren	a dori (4.4) wünschen	a dormi (4.0) schlafen
eu	desp**a**rt	discut	doresc	dorm
tu	desp**a**rţi	discuţi	doreşti	dormi
el / ea	desp**a**rte	discută	doreşte	doarme
noi	despărţim	discutăm	dorim	dormim
voi	despărţiţi	discutaţi	doriţi	dormiţi
ei / ele	desp**a**rt	discută	doresc	dorm
Imp.	desp**a**rte!	discută!	doreşte!	dormi!
Konj.	să desp**a**rtă	să discute	să dor**ea**scă	să doarmă
Part.	despărţit	discutat	dorit	dormit

Tabellen

	a duce (3.0) tragen	a exista (1.0) existieren	a explica (1.0) erklären	a face (3.0) machen
eu	duc	exist	explic	fac
tu	duci	exi**ş**ti	explici	faci
el / ea	duce	există	explică	face
noi	ducem	existăm	explicăm	facem
voi	duceți	existați	explicați	faceți
ei / ele	duc	există	explică	fac
Imp.	**du**!	există!	explică!	**fă**!
Konj.	să ducă	să existe	să explice	să facă
Part.	du**s**	existat	explicat	f**ă**cut

	a fi (4.5*) sein	a fotografia (1.3) fotografieren	a fugi (4.0) (weg)laufen	a (se) gândi (4.4) (nach-)denken
eu	sunt	fotografiez	fug	gândesc
tu	eşti	fotografiezi	fugi	gândeşti
el / ea	este / e	fotografiază	fuge	gândeşte
noi	suntem	fotografiem	fugim	gândim
voi	sunteți	fotografiați	fugiți	gândiți
ei / ele	sunt	fotografiază	fug	gândesc
Imp.	fii!	fotografiază!	fugi!	gândeşte!
Konj.	să fie	să fotografieze	să fugă	să gând**ea**scă
Part.	fost	fotografiat	fugit	gândit

	a găsi (4.4) finden	a găti (4.4) kochen	a greşi (4.4) Fehler machen	a gusta (1.0) schmecken
eu	găsesc	gătesc	greşesc	gust
tu	găseşti	găteşti	greşeşti	gu**ş**ti
el / ea	găseşte	găteşte	greşeşte	gustă
noi	găsim	gătim	greşim	gustăm
voi	găsiți	gătiți	greşiți	gustați
ei / ele	găsesc	gătesc	greşesc	gustă
Imp.	găseşte!	găteşte!	greşeşte!	gustă!
Konj.	să găs**ea**scă	să găt**ea**scă	să greş**ea**scă	să guste
Part.	găsit	gătit	greşit	gustat

	a hotărî (5.4*) entscheiden	a ierta (1.0) verzeihen	a ieşi (4.0) herauskommen	a se îmbrăca (1.0) sich anziehen
eu	hotărăsc	iert	ies	mă îmbrac
tu	hotărăşti	ierţi	ieşi	te îmbraci
el / ea	hotărăşte	iartă	iese	se îmbracă
noi	hotărâm	iertăm	ieşim	ne îmbrăcăm
voi	hotărâţi	iertaţi	ieşiţi	vă îmbrăcaţi
ei / ele	hotărăsc	iartă	ies	se îmbracă
Imp.	hotărăşte!	iartă!	ieşi!	îmbracă-te!
Konj.	să hotărască	să ierte	să iasă	să se îmbrace
Part.	hotărât	iertat	ieşit	îmbrăcat

	a se îndrăgosti (4.4) sich verlieben	a se încălţa (1.0) sich die Schuhe anziehen	a încălzi (4.4) erwärmen	a începe (3.0) anfangen
eu	mă îndrăgostesc	mă încalţ	încălzesc	încep
tu	te îndrăgosteşti	te încalţi	încălzeşti	începi
el / ea	se îndrăgosteşte	se încalţă	încălzeşte	începe
noi	ne îndrăgostim	ne încălţăm	încălzim	începem
voi	vă îndrăgostiţi	vă încălţaţi	încălziţi	începeţi
ei / ele	se îndrăgostesc	se încalţă	încălzesc	încep
Imp.	îndrăgosteşte-te!	încalţă-te!	încălzeşte!	începe!
Konj.	să se îndrăgostească	să se încalţe	să încălzească	să înceapă
Part.	îndrăgostit	încălţat	încălzit	început

	a încerca (1.0) versuchen	a închide (3.0) schließen	a închiria (1.4) (ver)mieten	a îndrăzni (4.4) sich trauen
eu	încerc	închid	închiriez	îndrăznesc
tu	încerci	închizi	închiriezi	îndrăzneşti
el / ea	încearcă	închide	închiriază	îndrăzneşte
noi	încercăm	închidem	închiriem	îndrăznim
voi	încercaţi	închideţi	închiriaţi	îndrăzniţi
ei / ele	încearcă	închid	închiriază	îndrăznesc
Imp.	încearcă!	închide!	închiriază!	îndrăzneşte!
Konj.	să încerce	să închidă	să închirieze	să îndrăznească
Part.	încercat	închis	închiriat	îndrăznit

	a îngriji (4.4) pflegen	a (se) întâlni (4.4) (sich) treffen	a înțelege (3.0) verstehen	a întoarce (3.0) umdrehen
eu	îngrijesc	întâlnesc	înțeleg	înt**o**rc
tu	îngrijeşti	întâlneşti	înțelegi	înt**o**rci
el / ea	îngrijeşte	întâlneşte	înțelege	întoarce
noi	îngrijim	întâlnim	înțelegem	întoarcem
voi	îngrijiți	întâlniți	înțelegeți	întoarceți
ei / ele	îngrijesc	întâlnesc	înțeleg	înt**o**rc
Imp.	îngrijeşte!	întâlneşte!	înțelege!	întoarce!
Konj.	să îngrij**ea**scă	să întâln**ea**scă	să înțel**ea**gă	să întoarcă
Part.	îngrijit	întâlnit	înțele**s**	înt**o**r**s**

	a intra (1.1) hineingehen	a întreba (1.0) fragen	a învăța (1.0) lernen	a învinge (3.0) besiegen
eu	intru	întreb	învăț	înving
tu	intri	întrebi	înv**e**ți	învingi
el / ea	intră	într**ea**bă	înv**a**ță	învinge
noi	intrăm	întrebăm	învățăm	învingem
voi	intrați	întrebați	învățați	învingeți
ei / ele	intră	într**ea**bă	înv**a**ță	înving
Imp.	intră!	într**ea**bă!	înv**a**ță!	învinge!
Konj.	să intre	să întrebe	să înv**e**țe	să învingă
Part.	intrat	întrebat	învățat	învins

	a iubi (4.4) lieben	a (se) juca (1.0) spielen	a lăsa (1.0) (ver-)lassen	a locui (4.4) wohnen
eu	iubesc	mă j**o**c	l**a**s	locuiesc
tu	iubeşti	te j**o**ci	l**a**şi	locuieşti
el / ea	iubeşte	se j**oa**că	l**a**să	locuieşte
noi	iubim	ne jucăm	lăsăm	locuim
voi	iubiți	vă jucați	lăsați	locuiți
ei / ele	iubesc	se j**oa**că	l**a**să	locuiesc
Imp.	iubeşte!	j**oa**că-te!	l**a**să!	locuieşte!
Konj.	să iub**ea**scă	să se j**oa**ce	să l**a**se!	să locuiască
Part.	iubit	jucat	lăsat	locuit

	a lua (1.5) nehmen	a lucra (1.4) arbeiten	a mânca (1.5) essen	a merge (3.0) gehen
eu	iau	lucrez	mănânc	merg
tu	iei	lucrezi	mănânci	mergi
el / ea	ia	lucrează	mănâncă	merge
noi	luăm	lucrăm	mâncăm	mergem
voi	luați	lucrați	mâncați	mergeți
ei / ele	iau	lucrează	mănâncă	merg
Imp.	ia!	lucrează!	mănâncă!	mergi!
Konj.	să ia	să lucreze	să mănânce	să m**ea**rgă
Part.	luat	lucrat	mâncat	mer**s**

	a mirosi (4.0) riechen	a mişca (1.0) bewegen	a modifica (1.0) ändern	a mulțumi (4.4) danken
eu	miros	mişc	modific	mulțumesc
tu	miro**ş**i	mişti	modifici	mulțumeşti
el / ea	mir**oa**se	mişcă	modifică	mulțumeşte
noi	mirosim	mişcăm	modificăm	mulțumim
voi	mirosiți	mişcați	modificați	mulțumiți
ei / ele	miros	mişcă	modifică	mulțumesc
Imp.	mir**oa**se!	mişcă!	modifică!	mulțumeşte!
Konj.	să mir**oa**să	să mişte	să modifice	să mulțum**ea**scă
Part.	mirosit	mişcat	modificat	mulțumit

	a munci (4.4) arbeiten	a muri (4.0) sterben	a naşte (3.0) gebären	a oferi (4.0*) anbieten
eu	muncesc	m**o**r	na**sc**	ofer
tu	munceşti	m**o**ri	naşti	oferi
el / ea	munceşte	m**oa**re	naşte	oferă
noi	muncim	murim	naştem	oferim
voi	munciți	muriți	naşteți	oferiți
ei / ele	muncesc	m**o**r	na**sc**	oferă
Imp.	munceşte!	m**o**ri!	naşte!	oferă!
Konj.	să munc**ea**scă	să m**oa**ră	să na**sc**ă	să ofere
Part.	muncit	murit	nă**sc**ut	oferit

Tabellen

	a opri (4.4) anhalten	a organiza (1.4) organisieren	a părăsi (4.4) verlassen	a părea (2.0) scheinen
eu	opresc	organizez	părăsesc	p**a**r
tu	opreşti	organizezi	părăseşti	p**a**ri
el / ea	opreşte	organizează	părăseşte	p**a**re
noi	oprim	organizăm	părăsim	părem
voi	opriți	organizați	părăsiți	păreți
ei / ele	opresc	organizează	părăsesc	p**a**r
Imp.	opreşte!	organizează!	părăseşte!	p**a**ri!
Konj.	să opr**ea**scă	să organiz**eze**	să părăs**ea**scă	să p**a**ră
Part.	oprit	organizat	părăsit	păr**ut**

	a păstra (1.4) behalten	a permite (3.0) erlauben	a pierde (3.0) verlieren	a plăcea (2.0) gefallen
eu	păstrez	permit	pierd	plac
tu	păstrezi	permi**ți**	pier**zi**	placi
el / ea	păstrează	permite	pierde	place
noi	păstrăm	permitem	pierdem	plăcem
voi	pătrați	permiteți	pierdeți	plăceți
ei / ele	păstrează	permit	pierd	plac
Imp.	păstrează!	permite!	pierde!	place!
Konj.	să păstr**eze**	să permită	să pi**a**rdă	să placă
Part.	păstrat	permi**s**	pierd**ut**	plăc**ut**

	a plăti (4.4) bezahlen	a plânge (3.0) weinen	a pleca (1.0) weggehen	a se plimba (1.0) spazierengehen
eu	plătesc	plâng	plec	mă plimb
tu	plăteşti	plângi	pleci	te plimbi
el / ea	plăteşte	plânge	pl**ea**că	se plimbă
noi	plătim	plângem	plecăm	ne plimbăm
voi	plătiți	plângeți	plecați	vă plimbați
ei / ele	plătesc	plâng	pl**ea**că	se plimbă
Imp.	plăteşte!	plângi!	pl**ea**că!	plimbă-te!
Konj.	să plăt**ea**scă	să plângă	să plece	să se plimbe
Part.	plătit	plân**s**	plecat	plimbat

	a porni (4.4) losgehen, losfahren	a povesti (4.4) erzählen	a pregăti (4.4) vorbereiten	a primi (4.4) bekommen
eu	pornesc	povestesc	pregătesc	primesc
tu	porneşti	povesteşti	pregăteşti	primeşti
el / ea	porneşte	povesteşte	pregăteşte	primeşte
noi	pornim	povestim	pregătim	primim
voi	porniți	povestiți	pregătiți	primiți
ei / ele	pornesc	povestesc	pregătesc	primesc
Imp.	porneşte!	povesteşte!	pregăteşte!	primeşte!
Konj.	să porn**ea**scă	să povest**ea**scă	să pregăt**ea**scă	să prim**ea**scă
Part.	pornit	povestit	pregătit	primit

	a prinde (3.0) fangen, erwischen	a pune (3.0) setzen, stellen, legen	a purta (1.0) tragen	a putea (2.0) können
eu	prind	pun	p**o**rt	p**o**t
tu	prin**zi**	pu**i**	p**o**r**ț**i	p**o**ți
el / ea	prinde	pune	p**oa**rtă	p**oa**te
noi	prindem	punem	purtăm	putem
voi	prindeți	puneți	purtați	puteți
ei / ele	prind	pun	p**oa**rtă	p**o**t
Imp.	prinde!	pune!	p**oa**rtă!	să p**o**ți!
Konj.	să prindă	să pună	să p**oa**rte	să p**oa**tă
Part.	prin**s**	pu**s**	purtat	put**u**t

	a răci (4.4) (sich) erkälten, abkühlen	a râde (3.0) lachen	a rămâne (3.0) bleiben	a răspunde (3.0) antworten
eu	răcesc	râd	rămân	răspund
tu	răceşti	râ**z**i	rămâ**i**	răspun**z**i
el / ea	răceşte	râde	rămâne	răspunde
noi	răcim	râdem	rămânem	răspundem
voi	răciți	râdeți	rămâneți	răspundeți
ei / ele	răcesc	râd	rămân	răspund
Imp.	răceşte!	râ**z**i!	rămâ**i**!	răspunde!
Konj.	să răcească	să râdă	să rămână	să răspundă
Part.	răcit	râ**s**	răm**as**	răspun**s**

Tabellen

	a răsturna (1.0) stürzen	a renunța (1.0) verzichten	a reuşi (4.4) gelingen	a ridica (1.0) heben
eu	răstorn	renunț	reuşesc	ridic
tu	răstorni	renunți	reuşeşti	ridici
el / ea	răstoarnă	renunță	reuşeşte	ridică
noi	răsturnăm	renunțăm	reuşim	ridicăm
voi	răsturnați	renunțați	reuşiți	ridicați
ei / ele	răstoarnă	renunță	reuşesc	ridică
Imp.	răstoarnă!	renunță!	reuşeşte!	ridică!
Konj.	să răstoarne	să renunțe	să reuşească	să ridice
Part.	răsturnat	renunțat	reuşit	ridicat

	a ruga (1.0) bitten	a rupe (3.0) (zer)reißen	a saluta (1.0) grüßen	a sări (4.0) springen
eu	rog	rup	salut	sar
tu	rogi	rupi	saluți	sari
el / ea	roagă	rupe	salută	sare
noi	rugăm	rupem	salutăm	sărim
voi	rugați	rupeți	salutați	săriți
ei / ele	roagă	rup	salută	sar
Imp.	roagă!	rupe!	salută!	sari!
Konj.	să roage	să rupă	să salute	să sară
Part.	rugat	rupt	salutat	sărit

	a săruta (4.0) küssen	a schimba (1.0) wechseln	a scoate (3.0) herausnehmen	a scrie (3.2) schreiben
eu	sărut	schimb	scot	scriu
tu	săruți	schimbi	scoți	scrii
el / ea	sărută	schimbă	scoate	scrie
noi	sărutăm	schimbăm	scoatem	scriem
voi	sărutați	schimbați	scoateți	scrieți
ei / ele	sărută	schimbă	scot	scriu
Imp.	sărută!	schimbă!	scoate!	scrie!
Konj.	să sărute	să schimbe	să scoată	să scrie
Part.	sărutat	schimbat	scos	scris

	a se scula (1.0) aufstehen	a scuza (1.0) entschuldigen	a (se) supăra (1.0) (sich) ärgern	a se teme (3.0) sich fürchten
eu	mă sc**o**l	scuz	mă supăr	mă tem
tu	te sc**o**li	scuzi	te sup**e**ri	te temi
el / ea	se sc**oa**lă	scuză	se supără	se teme
noi	ne sculăm	scuzăm	ne supărăm	ne temem
voi	vă sculați	scuzați	vă supărați	vă temeți
ei / ele	se sc**oa**lă	scuză	se supără	se tem
Imp.	sc**oa**lă-te!	scuză!	supără-te!	teme-te!
Konj.	să se sc**oa**le	să scuze	să se sup**e**re	să se t**ea**mă
Part.	sculat	scuzat	supărat	tem**ut**

	a (se) servi (4.4) (sich) bedienen	a (se) simți (4.0) (sich) fühlen	a (se) spăla (1.1) (sich) waschen	a spera (1.0) hoffen
eu	servesc	sim**t**	spăl	sper
tu	servești	simți	sp**e**li	speri
el / ea	servește	sim**te**	sp**a**lă	speră
noi	servim	simțim	spălăm	sperăm
voi	serviți	simțiți	spălați	sperați
ei / ele	servesc	sim**t**	sp**a**lă	speră
Imp.	servește!	sim**te**!	sp**a**lă!	speră!
Konj.	să serv**ea**scă	să sim**t**ă	să sp**e**le	să spere
Part.	servit	simțit	spălat	sperat

	a spune (3.0) sagen	a sta (1.2) wohnen, bleiben	a ști (1.2) wissen	a stinge (3.0) ausschalten, löschen
eu	spun	st**au**	știu	sting
tu	spu**i**	st**ai**	șt**ii**	stingi
el / ea	spune	stă	șt**ie**	stinge
noi	spunem	stăm	știm	stingem
voi	spuneți	stați	științi	stingeți
ei / ele	spun	st**au**	știu	sting
Imp.	spune!	st**ai**!	să șt**ii**!	stinge!
Konj.	să spună	să st**ea**	să șt**ie**	să stingă
Part.	spu**s**	stat	șt**iut**	stin**s**

	a studia (1.4) studieren	a suna (1.0) klingeln, anrufen	a tăcea (2.0) schweigen	a tăia (1.3) schneiden
eu	studiez	sun	t**a**c	t**a**i
tu	studiezi	suni	t**a**ci	t**a**i
el / ea	studiază	sună	t**a**ce	t**a**ie
noi	studiem	sunăm	tăcem	tăiem
voi	studiați	sunați	tăceți	tăiați
ei / ele	studiază	sună	t**a**c	t**a**ie
Imp.	studiază!	sună!	t**a**ci!	t**a**ie!
Konj.	să studi**e**ze	să sune	să t**a**că	să t**a**ie
Part.	studiat	sunat	tăc**ut**	tăiat

	a termina (1.0) beenden	a ține (3.0) halten	a trage (3.0) ziehen	a trăi (4.4) leben
eu	termin	țin	trag	trăiesc
tu	termini	ți**i**	tragi	trăiești
el / ea	termină	ține	trage	trăiește
noi	terminăm	ținem	tragem	trăim
voi	terminați	țineți	trageți	trăiți
ei / ele	termină	țin	trag	trăiesc
Imp.	termină!	ține!	trage!	trăiește!
Konj.	să termine	să țină	să tragă	să trăi**a**scă
Part.	terminat	țin**ut**	tra**s**	trăit

	a trece (3.0) vorbeigehen	a se trezi (4.4) aufwachen	a trimite (3.0) schicken	a turna (1.0) gießen
eu	trec	mă trezesc	trimit	t**o**rn
tu	treci	te trezești	trimiți	t**o**rni
el / ea	trece	se trezește	trimite	t**oa**rnă
noi	trecem	ne trezim	trimitem	turnăm
voi	treceți	vă treziți	trimiteți	turnați
ei / ele	trec	se trezesc	trimit	t**oa**rnă
Imp.	treci!	trezește-te!	trimite!	t**oa**rnă!
Konj.	să tr**ea**că	să se trez**ea**scă	să trimită	să toarne
Part.	trec**ut**	trezit	trimi**s**	t**oa**rnat

Tabellen

	a (se) uita (1.0*) vergessen, (schauen)	a umple (3.2) füllen	a uni (4.4) verbinden	a urca (1.0) hinaufgehen
eu	(mă) uit	umplu	unesc	urc
tu	(te) uiți	umpli	uneşti	urci
el / ea	(se) uită	umple	uneşte	urcă
noi	(ne) uităm	umplem	unim	urcăm
voi	(vă) uitați	umpleți	uniți	urcați
ei / ele	(se) uită	umplu	unesc	urcă
Imp.	uită(-te)!	umple!	uneşte!	urcă!
Konj.	să (se) uite	să umple	să un**ea**scă	să urce
Part.	uitat	umpl**ut**	unit	urcat

	a urî (5.5) hassen	a vedea (2.0*) sehen	a veni (4.0) kommen	a vizita (1.4) besuchen
eu	urăsc	v**ă**d	vin	vizitez
tu	urăşti	ve**z**i	vii	vizitezi
el / ea	urăşte	vede	vine	vizitează
noi	urâm	vedem	venim	vizităm
voi	urâți	vedeți	veniți	vizitați
ei / ele	urăsc	v**ă**d	vin	vizitează
Imp.	urăşte!	ve**z**i!	vin**o**!	vizit**ează**!
Konj.	să ur**a**scă	să v**a**dă	să vin**ă**	să vizit**eze**
Part.	urât	v**ăzut**	venit	vizitat

	a vorbi (4.4) sprechen	a vrea (2.5) wollen	a zbura (1.0) fliegen	a zice (3.0) sagen
eu	vorbesc	vre**au**	zb**o**r	zic
tu	vorbeşti	vrei	zb**o**ri	zici
el / ea	vorbeşte	vre**a**	zb**oa**ră	zice
noi	vorbim	vrem	zburăm	zicem
voi	vorbiți	vreți	zburați	ziceți
ei / ele	vorbesc	**vor**	zb**oa**ră	zic
Imp.	vorbeşte!	să vrei!	zb**oa**ră!	**zi**!
Konj.	să vorb**ea**scă	să vre**a**	să zb**oare**	să zică
Part.	vorbit	vr**ut**	zburat	zi**s**

Alphabet / Aussprache

A1 Das Alphabet: Konsonanten

1 1. A iubire B cabană C rupt D şampon 2. A autogară B vacă C mic D goală 3. A varză B sare C masă D roz 4. A zăpadă B cred C cartof D fotbal 5. A oraş B prăjitură C roşie D a juca 6. A sportiv B frumos C fereastră D a vinde

2 1. A gară B morcov C copil D loc 2. A tort B timp C nord D tren 3. A mătuşă B joc C roşu D şcoală 4. A barbă B corp C arab D alb 5. A bluză B televizor C casă D orez

4 1. Eşti obosit. Du bist müde.
2. Ai nevoie de o vacanţă departe de zgomotul oraşului şi de oamenii din jurul tău.
Du brauchst Ferien weit von dem Lärm der Stadt und den Leuten um dich.
3. Cu siguranţă mătuşa ta de la ţară te aşteaptă.
Mit Sicherheit wartet deine Tante vom Lande auf dich.
4. Ce mai astepţi? Worauf wartest du noch?

5 1. Şase saşi în şase saci. Sechs Sachsen in sechs Säcken.
2. Capra crapă piatra în patru, piatra crapă capul caprei.
Die Ziege zerbricht den Stein in vier, der Stein zerbricht den Kopf der Ziege.

A2 Das Alphabet: Vokale und das Alphabet

1 1. săptămână 2. pâine 3. mere 4. lămâie 5. mâine 6. ieri

2 Mihai: Vrei o cafea?
Alina: Mulţumesc. Nu vreau. Trebuie sa fug la şcoală.
Mihai: Fugi! E foarte târziu.

3 Ziua bună se cunoaşte de dimineaţă.

5 Marius Pătraşcu, Violeta Enăchiţă

A3 Aussprache

2 1. A cine B ginere C ce 2. A ceas B deget C centru 3. A merge B geantă C ceapă

3 1. A face B beci C urechi 2. A vechi B ceai C dulce 3. A pachet B baschet C concert

4 1. A George B Gheorghe C Gicu
2. A geamantan B portugheza C merge 3. A ginere B îngheţată C german

5 1. fa-mi-li-e (Familie) / fa-mi-li-ar (familiär) / fa-mi-li-i-le (die Familien)
2. în-vă-ţă-tor (Lehrer) / în-vă-ţă-toa-re-le (die Lehrerinnen) / a în-vă-ţa (lernen) / în-va-ţă (er/sie lernt, sie lernen)
3. a lo-cui (wohnen) / noi lo-cu-im (wir wohnen) / lo-cu-i-tor (Bewohner) / lo-cu-in-ţă (Wohnung) / lo-ca-li-ta-te (Ortschaft)
4. a scrie (schreiben) / scri-soa-re (Brief) / scri-i-tor (Schriftsteller) / scri-i-toa-re (Schriftstellerin)

6 A fost odată o fată, care purta mereu o căciuliţă roşie. În drum spre casa bunicii fata s-a întâlnit cu lupul. În timp ce fata culegea flori pentru bunicuţa bolnavă, lupul a mâncat-o pe bunică. Apoi lupul a înghiţit-o şi pe fata. Un vânător le-a salvat şi l-a omorât pe lup. – Es war einmal ein Mädchen, das immer eine rotes Käppchen trug. Auf dem Weg zum Haus ihrer Großmutter traf sie den Wolf. Während das

Mädchen Blumen für die Großmutter pflückte, aß der Wolf die Großmutter auf. Später schluckte er auch das Mädchen. Ein Jäger rettete sie und tötete den Wolf.

7 N-am timp să-ți scriu. Ich habe keine Zeit dir zu schreiben.

A4 Alternanzen

1 1. bărbat – bărbați (Mann – Männer) 2. fac – faci (ich tue – du tust) 3. școală – școli (Schule – Schulen) 4. ghid – ghizi (Reiseführer, Sg. – Pl.) 5. invit – inviți (ich lade ein – du lädst ein) 6. geacă – geci (Jacke – Jacken) 7. fericit – fericiți (glücklich, *Sg. m. – Pl. m.*) 8. vostru – voștri (euer – eure)

2 1. citesc – el citește (ich lese – er liest) 2. piatră – pietre (Stein – Steine) 3. fiică – fiice (Tochter – Töchter) 4. el roagă - să roage (er bittet – Konjunktiv: dass er bittet) 5. vorbesc - el vorbește (ich spreche – er spricht) 6. pară – pere (Birne – Birnen) 7. eu pot - ea poate (ich kann – sie kann) 8. a minți – el minte (lügen – er lügt)

3 1. serios – serioasă (ernsthaft *Sg. m. – Sg. f.*) 2. el merge – să meargă (er geht – Konjunktiv) 3. deștept – deșteaptă (klug, *Sg. m. – Sg. f.*) 4. prost – proastă (dumm, *Sg. m. – Sg. f.*) 5. profesor – profesoară (Lehrer – Lehrerin) 6. nepot – nepoată (Neffe – Nichte)

4 1. el scoate – eu scot (er holt raus – ich hole raus) 2. a plânge – eu plâng (weinen – ich weine) 3. ea aduce – ei aduc (sie bringt mit – sie bringen mit) 4. a minți – ei mint (lügen – sie lügen) 5. a fugi – eu fug (weglaufen – ich laufe weg) 6. studenți – student (Studenten – Student) 7. această – acest (diese – dieser) 8. dinți – dinte (Zähne – Zahn)

Wortschatz

W1 Persönliche Angaben

1 1. loc de muncă 2. nume de familie 3. număr de telefon 4. loc de naștere 5. card de credit 6. carnet de conducere

2 1. gras, frumos, atractiv, slab 2. sociabil, politicos, interesant, prietenos

3 1. C • 2. B • 3. D

W2 Berufe / Arbeitsorte

1 1. C • 2. D • 3. A • 4. B

2 1. brutăriță 2. chelneriță 3. profesor 4. doctor 5. directoare 6. bucătăreasă 7. inginer 8. polițist

3 1. frizer, frizeriță / coafor, coafeză 2. polițist, polițistă 3. vânzător, vânzătoare 4. învățător, învățătoare

4 1. C • 2. C • 3. B • 4. A

W3 Länder / Nationalitäten / Sprachen

1 1. A, C • 2. B • 3. A, C

2 1. C • 2. A • 3. D • 4. E • 5. B

3 1. germana / nemțește 2. engleza / englezește 3. Rușii 4. franceza / franțuzește 5. Italienii 6. spaniola 7. Polonezii 8. japoneza

4 1. America 2. Anglia 3. Italia 4. Franța 5. Rusia 6. Spania 7. Germania

W4 Familie

1 1. mamă 2. soție 3. fiu 4. soră 5. unchi 6. măritată 7. socru 8. noră 9. divorțat

2 1. frate 2. bunic 3. văr / verișor 4. soacră

3 1. căsătorit / însurat 2. văduv 3. divorțată 4. căsătorită / măritată

4 1. C • 2. A • 3. B

W5 Freizeit / Hobbys

1 1. să cânte 2. să călătorească 3. să înoate 4. să meargă în drumeție 5. să joace fotbal 6. să citească 7. să danseze 8. să picteze 9. să facă jogging 10. să se uite la meci

2 1. C D • 2. A B • 3. A C D • 4. B C D

3 1. C • 2. B • 3. A

W6 Zahlen

1 2: doi – al doilea 3: trei – al treilea 4: patru – al patrulea 5: cinci – al cincilea 6: șase – al șaselea 7: șapte – al șaptelea 8: opt – al optulea 9: nouă – al nouălea

2 1. cinci unu zero patru trei 2. opt nouă doi șase șapte

3 1. 11 2. 14 3. 19 4. 18 5. 15 6. 17 7. 16 8. 13 9. 12

4 20. douăzeci 30. treizeci 40. patruzeci 50. cincizeci 60. șaizeci 70. șaptezeci 80. optzeci 90. nouăzeci.

5 1. treizeci și șapte 2. cincizeci și opt 3. o sută patruzeci și șase 4. două sute douăzeci și nouă

W7 Zeitangaben

1 1. martie aprilie mai 2. iunie, iulie, august 3. septembrie, octombrie, noiembrie 4. decembrie, ianuarie, februarie

2 1. D • 2. C • 3. A • 4. B

3 1. fix • 2. opt • 3. fără • 4. sfert • 5. și

W8 In der Stadt

1 1. C • 2. B • 3. A • 4. D

2 1. alimentară 2. cofetărie 3. brutărie 4. de jucării 5. librărie 6. de confecții 7. de lactate

3 1. Biserica 2. orașul vechi 3. Piața 4. Parcul 5. cartierul

W9 Restaurant / Speisen und Getränke

1 1. apă 2. bere 3. supă 4. chelner

2 1. prăjitură, înghețată. 2. bere, țuică, vin. 3. cafea, suc, apă minerală.

3 1. ciorbă 2. pâine 3. chelneriță 4. preparate 5. desert 6. cafea 7. țuică 8. mâncare 9. suc 10. apă

W10 Lebensmittel / Mengenangaben

1 1. legume 2. unt 3. zahăr

2 1. zahăr 2. pâine 3. unt 4. lapte 5. salată 6. brânză 7. făină 8. ouă

3 1. vinete 2. ulei 3. ceapă 4. cepe 5. sare 6. roșii 7. pâine 8. maioneză 9. usturoi

W11 Kleidung / Farben

1 1. alb, roşu, albastru, gri 2. sportiv, şic, modern, elegant 3. mare, larg, scurt, lung

2 1. E • 2. F • 3. D • 4. C • 5. A • 6. B

3 1. nu se potriveşte 2. a descălța 3. a dezbrăca 4. a se dezbrăca 5. mic 6. scurt

4 1. şosetă / pantof 2. fustă 3. pantalon 4. palton 5. costum 6. căciulă / pălărie 7. rochie

W12 Wohnen

1 1. televizor 2. pat 3. uşă 4. fereastră

2 1. dormitor 2. bucătărie 3. garaj 4. baie

3 1. Apartamentul, camere 2. Dormitorul 3. patul, dulapul 4. birou, o masă, un computer 5. sufrageria, un balcon

4 pat, aşternut, dulap, masă, scaun, televizor etc.

W13 Verkehr

1 1. B • 2. C • 3. A • 4. B

2 3 • 5 • 1 • 2 • 4

3 1. B • 2. C • 3. A • 4. D

4 1. bilet, amendă 2. stație 3. a urca 4. şofer 5. a opri, a coborî

W14 Körper / Hygiene / Gesundheit

1 1. sprâncene, dinți, ochi, nas, gură, buze 2. umeri, brațe, degete, picior

2 1. păr 2. cap 3. gât 4. umeri 5. piept 6. burtă 7. fund 8. picioare

3 1. E • 2. A • 3. D • 4. B • 5. C

4 1. capul 2. dinții 3. febră 4. pieptul 5. burta 6. sănătos

W15 Verbenmix

1 1. a vorbi 2. a răspunde 3. a termina 4. a iubi 5. a se aşeza 6. a se odihni

2 1. a iubi 2. a putea 3. a avea 4. a lucra 5. a vedea 6. a merge 7. a înțelege 8. a face

3

r	i	l	n	m	g	l	i	m	r	**p**	t	i	z	u	n
i	m	t	u	r	e	p	n	a	u	**u**	n	l	**f**	o	e
e	ă	b	s	a	g	e	h	c	i	**t**	**r**	**ă**	**i**	b	g
a	u	o	**c**	e	i	o	p	u	s	**e**	i	j	p	u	h
v	**e**	**n**	**i**	l	a	**ş**	**e**	**d**	**e**	**a**	t	v	ă	l	d
e	n	a	**t**	g	u	**t**	m	**o**	s	t	n	o	m	i	**v**
a	g	c	**i**	**u**	**b**	**i**	a	**r**	**ă**	**s**	**p**	**u**	**n**	**d**	**e**
b	o	c	ă	**i**	b	u	t	**i**	v	t	d	e	a	r	**d**
a	n	o	d	**t**	e	g	p	u	r	î	d	u	p	o	**e**
l	**u**	**c**	**r**	**a**	n	i	s	o	**t**	**e**	**r**	**m**	**i**	**n**	**a**

Grammatik

G1 Geschlecht der Substantive

1 1. copac, câine, an, băiat 2. masă, casă, fată, cafea 3. zero, radio

2 1. studentă 2. ingineră 3. elevă 4. ambasadoare 5. cititoare 6. turistă 7. colegă

3 1. candidat 2. frizer 3. urs 4. elvețian 5. nepot 6. orășean

G2 Singular und Plural

1 1. colegi 2. colegă 3. studenți 4. studentă 5. turist 6. turiste 7. elevi 8. elevă 9. prieteni 10. prietene 11. german 12. romånce

2

M	**E**	**S**	**E**	T	N	F	**C**	**Ă**	**R**	**Ț**	**I**	Z
Z	E	L	I	P	R	**S**	**C**	**A**	**U**	**N**	**E**	U
Ă	**R**	Ș	E	G	**D**	F	R	U	H	O	A	L
Ț	**A**	U	M	Ț	**U**	V	Ț	N	I	D	**U**	Ș
I	**D**	Ț	E	R	**L**	Z	A	**L**	M	O	**Ș**	**P**
M	**I**	U	A	P	**A**	U	G	**Ă**	V	Ț	**I**	**A**
Ș	**O**	Ă	Ș	S	**P**	F	Ă	**M**	J	D	C	**T**
N	**U**	E	J	L	**U**	N	C	**P**	N	O	Ă	**U**
Ț	**R**	A	**P**	**E**	**R**	**E**	**Ț**	**I**	E	Ț	E	**R**
C	**I**	I	E	D	**I**	**R**	**A**	**F**	**T**	**U**	**R**	**I**

3 1. perete 2. carte, masă, lampă, ușă 3. dulap, pat, radio, raft, scaun

G3 Der unbestimmte Artikel

1 1. un avion 2. niște avioane 3. o mașină 4. niște mașini 5. o bicicletă 6. niște tramvaie 7. un autobuz 8. niște metrouri

2 3. un parc, printr-un parc 4. o seară, într-o seară 5. un copac, într-un copac 6. o școală, dintr-o școală 7. un cunoscut, printr-un cunoscut

3 1. unui 2. unei 3. unor 4. unui 5. unor 6. unui

G4 Der bestimmte Artikel

1 1. Strada 2. numărul 3. autobuzul 4. stația, Facultatea

2 2. taxiul 3. casa 4. fratele 5. urechile

3 1. munte, prietenii 2. cabana 3. plimbări, pădure 4. plimbările, munte 5. Sora, prietenul, cortul 6. cort

G5 Die Fälle

1 1. Vokativ 2. Akkusativ 3. Genitiv 4. Nominativ 5. Dativ

2 2. Ce faci azi, Radule? / Radule, ce faci azi? 3. Bunica le face copiilor o prăjitură. 4. Îl aștept pe prietenul meu la gară. 5. Mergem la mare cu mașina prietenei mele.

3 1. D • 2. C • 3. A • 4. B

G6 Genitiv / Dativ

1 1. fratelui 2. mamei 3. soțului 4. tatălui

2 2. Copiii sunt ai prietenilor. 3. Dulapul este al bunicii. 4. Mobila este a prietenului. 5. Notele sunt ale elevului. 6. Părerea este a studentei. 7. Casa este a vecinilor.

3 1. copilului 2. a cunoscuților 3. a prietenilor 4. ale fratelui 5. vecinilor, ai părinților

G7 Akkusativ mit pe / Genitiv / Dativ mit lui

1 2. pe 3. pe 8. pe

2 2. lui 3. lui

3 1. lui 2. pe 3. lui 4. lui 5. pe 6. lui

G8 Der Vokativ

1 1. drag**ă** priete**ne** 4. stimat**e** Domn**ule** 7. Iubit**o** 8. Frumos**ule**

2 1. vecin 2. bunică 3. băiat 4. colegă 5. copil 6. fete

3 2. stimată doamnă 3. iubiți prieteni 4. drag domn / dragă domnule 5. stimate colege

G9 Das Adjektiv

1 1. frumos, frumoasă, frumoşi, frumoase 2. puternic, puternică, puternici, puternice 3. necăsătorit, necăsătorită, necăsătoriți, necăsătorite 4. bogat, bogată, bogați, bogate 5. albastru, albastră, albaştri, albastre 6. interesant, interesantă, interesanți, interesante 7. negru, neagră, negri, negre

2 1. urâte, nouă 2. franceză, adusă 3. lungă, neagră, large 4. simplă, şic 5. surprinzător

3 bună, frumoasă, săracă

G10 Die Steigerung des Adjektivs

1 1. cea mai frumoasă 2. foarte frumoasă 3. mai frumoasă 4. din ce în ce mai neliniştită 5. la fel de neliniştită

2 1. Ion e mai mare decât / ca Mihai. 2. Merele sunt foarte scumpe. 3. Doina e la fel de frumoasă ca Florina. 4. Anca e mai puțin directă decât / ca Lavinia.

3 2. cei mai înalți munți din 3. cel mai lung râu din 4. cel mai mare oraş din

G11 Die Personalpronomen im Nominativ

1 2. eu 3. noi 4. ea 5. voi 6. tu 7. ele 8. ei

2 1. Dumneavoastră 2. Dumnealui 3. dumnealor 4. Dumneaei 5. Dumneavoastră 6. Dumnealui 7. Dumneaei

G12 Die Personalpronomen im Akkusativ

1 1. o 2. Te 3. Îl 4. Îi 5. Vă 6. Mă 7. Le 8. Vă.

2 1. Te- 2. -o 3. i- 4. -l 5. Le-

3 1. mine 2. noi 3. tine 4. ei 5. ea 6. voi 7. ele

G13 Die Personalpronomen im Dativ

1 1. Ne 2. îi 3. Îți 4. Îmi 5. mi

2 1. V- 2. -i 3. -ți 4. mi- 5. Le- 6. Ne-

3 1. ei 2. ție 3. lui 4. Nouă

G14 Die Possessiva

1 1. ta 2. său / ei 3. mei 4. tale 5. nostru 6. tale 7. voastră 8. noştri

2 1. a mea 2. Ale tale 3. ai mei 4. a voastră 5. a lor

3 1. de-ale mele 2. de-al său / de-al lui 3. de-a ta 4. de-a voastră

G15 Die Demonstrativa

1 2. aceasta / aceea / aceeaşi 3. acestea / acelea / aceleaşi 4. aceşti / acei / aceiaşi 5. această / acea / aceeaşi 6. aceştia / aceia / aceiaşi 7. acest / acel / acelaşi 8. aceste / acelea / aceleaşi

2 1. cei 2. cel 3. cele 4. cea 5. cel 6. cea

3 1. acestui 2. aceleiaşi 3. acelor 4. celui 5. acelora 6. celor

G16 Die Verneinung

1 1. Nu am aşteptat mult. / N-am aşteptat mult. 2. Nu vii cu noi? 3. Nu ne vedem des. 4. Nu vorbesc germana.

2 2. nimic 3. nu, niciodată 4. nu, nici 5. nu, nici, nici

3 1. nici o 2. nici unul 3. nici un 4. nici una

G17 Das Präsens (I)

1 1. merg 2. Veniți 3. cunoşti 4. înțelegem

2 1. tac • taci • tace • tăcem • tăceți • tac
2. văd • vezi • vede • vedem • vedeți • văd
3. cobor • cobori • coboară • coborâm • coborâți • coboară

3 2. lăudăm 3. dormiți 4. poartă 5. plec 6. ajung

G18 Das Präsens (II)

1 1. iubesc • iubeşti • iubeşte • iubim • iubiți • iubesc
2. hotărăsc • hotărăşti • hotărăşte • hotărâm • hotărâți • hotărăsc
3. vizitez • vizitezi • vizitează • vizităm • vizitați • vizitează

2 2. plăteşte 3. vizitez 4. mulțumim 5. citesc

3 2. Stau 3. Vii 4. mănâncă 5. rămâi 6. Vreau 7 Iau

G19 Das Präsens (III): a fi und a avea

1 2. Da, sunt 3. Da, suntem 4. Da, avem 5. Da, am 6. Da, am

2 2. Nu, nu-s 3. Nu, nu suntem 4. Nu, n-avem 5. Nu, n-am 6. Nu, n-am

3 1. Ai 2. Am 3. i 4. sunt 5. ai 6. s 7. e

G20 Der Konjunktiv

1 2. să fugă 3. să scrie 4. să hotărască 5. să plece 6. să lucreze 7. să înțeleagă 8. să poată

2 2. să sărbătorim 3. să aducă 4. să cânți 5. să se odihnească

3 1. -l 2. nu 3. -ți 4. vă 5. mai 6. mă

G21 Das zusammengesetzte Perfekt

1 1. Eu am mâncat la restaurant. – Ich habe im Restaurant gegessen.
2. Mircea a văzut filmul. – Mircea hat den Film gesehen.
3. Voi ați vorbit cu directorul. – Ihr habt mit dem Direktor gesprochen.
4. Copiii au coborât din autobuz. – Die Kinder sind aus dem Bus ausgestiegen.

2 1. lucrat 2. fugit 3. adus 4. iubit 5. invitat 6. venit 7. tăcut 8. dorit

3 2. Nu, am cumpărat ieri de mâncare. 3. Nu, au avut ieri examen.
4. Nu, a primit ieri musafiri.

G22 Das Imperfekt

1 2. nu veneați des în România. 3. nu putea să vorbească o limbă străină.
4. nu citeai ziare româneşti. 5. nu scriam scrisori. 6. nu aveau prieteni români.

2 1. învățam 2. ploua 3. citeam

G23 Das einfache Perfekt

1 1. a fi, a vedea 2. a spera 3. a vrea, a dansa, a face 4. a întreba, a primi

2 1. făcu 2. ajunseră 3. rămase 4. bătură

G24 Das zusammengesetzte Perfekt – Imperfekt

1 1. E • 2. A • 3. D • 4. B • 5. C

2 1. ne vedeam 2. Ai călătorit 3. Erau, au terminat 4. v-am vizitat, locuiați
5. ştiam, îți spuneam 6. vorbeam, a sunat 7. te-am întâlnit, am mers
8. eram, cunoşteam

G25 Das Plusquamperfekt

1 1. C • 2. D • 3. E • 4. A • 5. B

2 2. Aseară, copiii veniseră deja de la bunici. 3. Povestiseşi deja despre ce era vorba?
4. Noi însă aflaserăm deja că pregăteați o surpriză. 5. Am ajuns la plajă când soarele răsărise deja. 6. Pentru a lua hotărârea vorbiserăți deja cu prietenii voştri.

G26 Das Futur

1 1. C • 2. D • 3. B • 4. A

2 2. a merge 3. a lucra 4. a repara 5. a face 6. a rămâne

3 2. vom merge 3. vei lucra 4. veți repara 5. vor face 6. va rămâne

4 1. o să ne găteşti, ne vei găti, ai să ne găteşti
2. îți va da, are să îți dea / are să-ți dea, o să îți dea / o să-ți dea
3. am să le dăruiesc / le voi dărui / o să le dăruiesc

G27 Der Optativ Präsens

1 1. B • 2. C • 3. A • 4. D

2 1. ați 2. Aş 3. ar 4. aş 5. Am 6. ar 7. Ați

3 1. aş avea, aş merge 2. Am sta 3. ar găti 4. ați putea

G28 Der Optativ Perfekt

1 1. Ne-am fi bucurat 2. Ar fi trebuit 3. Aş fi preferat

2 1. Dacă ai fi luat autobuzul, ai fi fost devreme acasă./ai fi fost acasă devreme.
2. Dacă aş fi avut o bicicletă, aş fi venit în excursie.
3. Dacă nu ţi-am fi explicat drumul, n-ai fi găsit casa.
4. Dacă ar fi traversat pe roşu, l-ar fi oprit poliţia.

G29 Das Gerunziu (Gerundium)

1 2. strigând 3. cântând 4. Citind 5. Având

2 1. nefăcând 2. Neînţelegând

3 2. Dându-mi 3. Plimbându-se 4. Amintindu-şi 5. Fiindu-le teamă

G30 Die Reflexiven Verben

1 2. Musafirul îşi pune geamantanul în hol. 3. Colegii se salută.
4. Vă întrebaţi cât e ceasul.

2 1. C • 2. E • 3. F • 4. B • 5. A • 6. D

3 1. Ne 2. mă, se 3. Îţi 4. se 5. ne 6. Mă

G31 Das Passiv

1 1. Explicaţia a fost înţeleasă de toţi elevii.
2. Mâine va fi arătat filmul./Filmul va fi arătat mâine.
3. Expoziţia a fost deschisă de către primar.
4. Am fost invitaţi la petrecere de colegii mei/Am fost invitaţi de colegii mei la petrecere.

2 2. Expoziţia a fost deschisă ieri de (către) artist.
3. A fost sunat acasă de (către) colegi.
4. Legea a fost apropbată ieri de (către) minister.

3 1. Cina va fi servită pe terasă.
2. Strada a fost reparată.
3. Pachetele vor fi trimise mâine.

G32 Der Imperativ

1 2. Lăsaţi 3. Puneţi 4. Amestecaţi 5. răsturnaţi 6. Serviţi

2 2. Nu veni târziu! 3. Nu întârziaţi! 4. Nu vă grăbiţi! 5. Nu mă suna!
6. Nu vă aşezaţi! 7. Nu sta acolo! 8. Nu te duce! 9. Nu lăsa apa să fiarbă!
10. Nu merge acasă! 11. Nu cânta! 12. Nu te aşeza! 13. Nu o invita!/N-o invita!

G33 Präpositionen

1 1. Facem o excursie în România. 2. Trenul pleacă la ora 5.
3. Ziua ta este pe 27 iunie./Pe 27 iunie este ziua ta. 4. Mergem la Bucureşti
5. Aşează-te lângă mine. 6. Am băut un pahar de bere la restaurant./
La restaurant am băut un pahar de bere.

2 1. în 2. Pe, cu 3. lângă, la 4. Între 5. Pe, de 6. Sub

3 2. pe 3. în 4. cu 5. sub 6. lângă 7. din

Kommunikation

K1 Begrüßen

1 1. Bună ziua! Bună seara! Bună! Bună dimineața! Sărut mâna!
2. Pa! Numai bine! La revedere!

2 2. Bună 3. Ce (mai) 4. tu 5. Bună 6. Bună ziua 7. faceți 8. dumneavoastră?

3 1. Bună seara! / Bună! / Salut! / Servus! 2. Bună dimineața, doamnă / domnișoară!
3. Bună! / Salut! 4. Servus! 5. Bună ziua! / Sărut mâna!

4 1. Foarte bine, mulțumesc. 2. Așa și așa. 3. Nu prea bine.

K2 Sich / jemanden vorstellen

1 1 • 5 • 3 • 6 • 4 • 2

2 1. Bună seara. 2. Markus Mustermann 3. De asemenea.

3 1. Bună 2. Markus Mustermann vă numiți / vă cheamă
3. Încântat, -ă de cunoștință. / Mă bucur să vă cunosc.

4 1. Dumnealui este domnul… 2. Dumneaei este… 3. Ea / el este…

K3 Alter / Beruf / Adresse angeben

1 1. C • 2. A • 3. D • 4. B • 5. E

2 1. A • 2. C • 3. B

3 1. Ce sunteți de profesie / meserie? 2. Câți ani aveți? / Ce vârstă aveți?
3. Ce adresă aveți?

K4 Nationalität / Herkunft / Wohnort angeben

1 1. C • 2. D • 3. A • 4. B

2 2. german / neamț 3. englezoaică 4. franțuzoaică 5. italiancă 6. irlandez
7. germancă / nemțoaică

3 1. Locuiesc la București. 2. Stau într-un hotel. 3. Sunt din România. 4. Stau la prieteni.

K5 Über Familie sprechen

1 1. B • 2. C • 3. C

2 1. Ai frați? 2. Ești căsătorit? 3. Ai surori? 4. Câți copii ai?

3 1. copii 2. soția 3. frate 4. bunica 5. unchi 6. văduv 7. mătușă 8. căsătorită 9. verișori
10. necăsătoriți 11. nepot

K6 Sich entschuldigen / Um etwas bitten / Sich bedanken

1 1. Scuză-mă! Scuzați, vă rog! Pardon!
2. Mulțumesc! Mersi!
3. Vă rog… Ați putea să… Poți să…! Te rog… Fiți amabilă…

2 1. Nici o problemă! / Nu face nimic! / Nu-i nimic!
2. Cu plăcere! / Pentru nimic! / N-aveți pentru ce! / N-ai pentru ce!

3 1. Dă-mi, te rog, Puteți să-mi dați, vă rog, Ați putea să-mi dați, vă rog
2. Poți să-mi spui, te rog, Fiți amabil, puteți să-mi spuneți, Ați putea să-mi spuneți

K7 Sprachkenntnisse angeben / Missverständnisse klären

1 1. ştii 2. înţeleg 3. vorbim 4. vorbeşti

2 2. vorbeşte foarte bine 3. vorbeşte bine 4. vorbeşte puţin 5. vorbeşte prost 6. nu vorbeşte

3 1. E • 2. F • 3. D • 4. A • 5. C • 6. B

K8 Über Gewohnheiten / Vorlieben / Abneigungen sprechen

1 1. -mi 2. vă 3. -i 4. -ţi 5. ne 6. le

2 1. place 2. plac 3. place 4. plac 5. place 6. plac

3 1 • 5 • 3 • 6 • 4 • 2

4 1. Călătoresc des vara. / De obicei călătoresc vara.
2. Merg des la meciuri de fotbal. / De obicei merg la meciuri de fotbal.

K9 Am Telefon

1 1. D • 2. H • 3. C • 4. A • 5. B • 6. G • 7. F • 8. E

2 1 • 5 • 2 • 4 • 3

3 1. Aş dori să vorbesc cu Monica. / Pot vorbi cu Monica? 2. Sunt…
3. Puteţi să-i spuneţi să mă sune, vă rog? La revedere!

K10 Sich verabreden / Vorschläge machen, annehmen, ablehnen

1 1. D • 2. C • 3. E • 4. A • 5. B

2 1. E o idee bună. 2. Din păcate, nu pot vineri. Poate mai bine sâmbătă?
3. Când şi unde ne întâlnim?

3 Vrei să vedem filmul "Titanic"? / Vrei să mergem să vedem filmul "Titanic"?
Vrei să mergem la un meci de fotbal?
Vrei să mergem la concertul "Mozart"?

K11 Nach dem Weg fragen / den Weg beschreiben

1 1. A • 2. C • 3. C

2 1. B • 2. E • 3. D • 4. C • 5. F • 6. A • 7. H • 8. G

3 1. se ajunge 2. strada, la stânga 3. tot înainte 4. semafor luaţi-o 5. pe partea dreaptă

K12 Im Restaurant

1 1 • 7 • 2 • 3 • 5 • 4 • 6

2 1. D • 2. C • 3. E • 4. A • 5. B • 6. F

3 1. Poftă bună! 2. Noroc! 3. Aş mai dori nişte vin, vă rog. 4. Vă place mâncarea?
5. Aş putea să văd lista de meniuri? 6. Nota de plată, vă rog.
7. Sperăm că v-a plăcut mâncarea.

K13 Einkaufen / Dinge vergleichen

1 1. Ich hätte gerne dieses Kleid. 2. Wie viel muss ich bezahlen?
3. Ich seh mich nur um. 4. Wie viel kostet diese Jacke? 5. Dieser Rock ist zu teuer.
6. Haben Sie diese Schuhe eine Nummer größer?

2 1. E • 2. C • 3. A • 4. B • 5. F • 6. D

3 1. prea scumpă 2. prea mic 3. nu-mi plac 4. mai frumoasă 5. îmi place mult

K14 Im Hotel

1 2 • 4 • 5

2 1. F • 2. C • 3. B • 4. D • 5. A • 6. E • 7. G

3 1. Aş dori o cameră simplă.
2. Aş dori o cameră cu mic dejun.
3. Cum e mobilată camera?
4. Aş dori o cameră pentru o săptămână.
5. Aş dori o cameră simplă cu televizor, pentru două nopți.
6. Aş dori să rezerv o cameră dublă, pentru o noapte.
7. Aş dori să rezerv două camere cu balcon.

K15 Reisen

1 1. Un bilet la Cluj, vă rog. 2. Unde este casa de bilete? 3. Trenul are întârziere. 4. Trenul acesta merge la Berlin?

2 1. Când pleacă trenul? 2. Unde merge autobuzul? 3. De unde pleacă trenul? 4. Când decolează avionul? 5. Autobuzul acesta merge în centru?

3 1. Bine ați venit! 2. Drum bun!

Mini-Wörterbuch

Beachten Sie bei der Benutzung des Mini-Wörterbuchs bitte, dass die Reihenfolge des rumänischen Alphabets verwendet wurde. Substantive erscheinen in der unbestimmten Form im Nominativ. Das Geschlecht und der Plural des Substantivs wurde ebenfalls angegeben.
Verben stehen immer mit a... bzw. a se... sind jedoch unter dem entsprechenden Anfangsbuchstaben des Verbs zu finden.
Für alle Formen der Pronomen und Begleiter sehen Sie bitte in den Tabellen nach.
Bei mehrsilbigen Wörter wurde der Vokal der Silbe, auf der die Betonung des Wortes liegt, fett hervorgehoben.

A

ac**a**să zu Hause
a accept**a** annehmen
accid**e**nt, accid**e**nte *n.* Unfall
ac**e**(e)a jener, jene, jenes
ac**ea**sta, ac**ea**stă dieser, diese, dieses
acee**a**şi derselbe, dieselbe, dasselbe
ac**o**lo dort
ac**e**la jener, jene, jenes
ac**e**st(a) dieser, diese, dieses
acel**a**şi derselbe, dieselbe, dasselbe
a acoper**i** bedecken
acru sauer
ac**u**m jetzt
ad**â**nc tief, tiefsinnig
adevăr**a**t wahr, richtig
adj**u**nct, adj**u**ncți *m.* Stellvertreter
adj**u**nctă, adj**u**ncte *f.* Stellvertreterin
administr**a**tor, administr**a**tori *m.* Hausmeister
adr**e**să, adr**e**se *f.* Adresse
a ad**u**ce bringen
a adun**a** sammeln
aerop**o**rt, aerop**o**rturi *n.* Flughafen
af**a**ră draußen
a afirm**a** behaupten
a afl**a** erfahren
a se afl**a** sich befinden
aglomer**a**t voll *(mit Menschen)*
aia jener, jene, jenes
a**i**ci hier
a aj**u**nge (la) ankommen (in), ausreichen
ajut**o**r, ajuto**a**re *n.* Hilfe
alb weiß
Albă ca Z**ă**pada Schneewittchen
alb**a**stru blau
alco**o**lic alkoholisch
ale der, des
ale jener, jene, jenes
al**e**e, al**e**i *f.* Allee
a al**e**ge (aus-) wählen
a alerg**a** laufen, rennen
aliment**a**ră, aliment**a**re *f.* Lebensmittelgeschäft
al**o** Hallo *(am Telefon)*
altă, **a**lt ein anderer, eine andere
alt(ul) ein anderer, eine andere
altceva etwas anders
altcineva jemand anders
altcuiva (von) jemand anderem
altcumva irgendwie anders
alte(le) (die) anderen
altei(a) einem anderen, einer anderen
alți(i) (die) anderen
am**a**bil nett, entgegenkommend
am**a**r bitter
ambasado**a**re, ambasado**a**re *f.* Botschafterin
ambasad**o**r, ambasad**o**ri *m.* Botschafter
ambutei**a**j, ambutei**a**je *n.* Stau
am**e**ndă, am**e**nzi *f.* Strafe
Am**e**rica America
americ**a**n, americ**a**ni *m.* Amerikaner
americ**a**na Amerikanisch
americ**a**ncă, americ**a**nce *f.* Amerikanerin
a amestec**a** rühren
a(-şi) amint**i** (sich) erinnern
an, **a**ni *m.* Jahr
angaj**a**t, angaj**a**ți *m.* Angestellter
angaj**a**tă, angaj**a**te *f.* Angestellte
Anglia England
anot**i**mp, anot**i**mpuri *n.* Jahreszeit
a-nt**â**ia die Erste
ant**e**nă, ant**e**ne *f.* Antenne
a anunț**a** ankündigen
apar**a**t, apar**a**te *n.* Apparat
~ de ras Rasierapparat

Mini-Wörterbuch

apartament, apartamente *n.* Wohnung
apă, ape *f.* Wasser
~ minerală Mineralwasser
a apăra beschützen
aperitiv, aperitive *n.* Vorspeise
apoi dann, danach
aprilie April
aproape nah
a (se) apropia (sich) nähern
apropiat nahe
aprozar, aprozare *n.* Obst- und Gemüsehandel
arab arabisch
a arăta zeigen
a (se) arde (sich) verbrennen, brennen
ardei, ardei *m.* Paprika
argintiu silbern
arogant arrogant
artă, arte *f.* Kunst
artist, artişti *m.* Künstler
a arunca werfen
a asculta hören, zuhören, folgen (*Kinder*)
aseară gestern Abend
asta, astă dieser, diese, dieses
astăzi heute
aşa so
a se aşeza sich setzen
a aştepta warten
aşternut, aşternuturi *n.* Bettwäsche
atât de so viel
atelier, ateliere *n.* Studio, Werkstatt
atent aufmerksam
a ateriza landen
a atinge berühren, erreichen
atletism *n.* Leichtathletik
atractiv attraktiv
atunci dann, damals
august August
Austria Österreich
austriac, austrieci *m.* Österreicher
austriaca Österreichisch
austriacă, austriece *f.* Österreicherin
autobuz, autobuze *n.* Bus
autogară, autogări *f.* Busbahnhof
automobil, automobile *n.* Auto
autostradă, autostrăzi *f.* Autobahn
a auzi hören
a avea haben
~ nevoie de brauchen
~ de gând să vorhaben
~ treabă zu tun haben
~ timp Zeit haben
a (n-) avea habar de (keine) Ahnung von etw. haben
avion, avioane *n.* Flugzeug
avocat, avocaţi *m.* Anwalt
avocată, avocate *m.* Anwältin
azi heute

Ă

ăia jene
ăla jener, jene, jenes
ăsta dieser, diese, dieses
ăştia diese

B

ba doch
Ba da! Doch!
bagaj, bagaje *n.* Gepäck
baie, băi *f.* Bad, Badezimmer
balcon, balcoane *n.* Balkon
ban, bani *m.* Geld, rum. Währung: 100 bani = 1 leu
bancă, bănci *f.* Bank
bar, baruri *n.* Bar
barbă, bărbi *f.* Bart
barcă, bărci *f.* Boot
baschet Basketball
a bate schlagen, klopfen
a băga (hinein-) stecken
băiat, băieţi *m.* Junge
bărbat, bărbaţi *m.* Mann
bătrân alt
băutură, băuturi *f.* Getränk
~ alcoolică alkoholisches Getränk
~ nealcoolică alkoholfreies Getränk
a bea trinken
beci, beciuri *n.* Keller
bej beige
bere, beri *f.* Bier
bibliotecă, biblioteci *f.* Bibliothek
bicicletă, biciclete *f.* Fahrrad
bifurcaţie, bifurcaţii *f.* Abzweigung
bijuterie, bijuterii *f.* Juweliergeschäft

bilet, bilete *n.* Karte
bine *Adv.* gut
a-i fi ~ es geht jdm. gut
birou, birouri *n.* Büro, Arbeitszimmer, Schreibtisch
biserică, biserici *f.* Kirche
bleu hellblau
bleumarin dunkelblau
bloc, blocuri *n.* Hochhaus
blond blond
bluză, bluze *f.* Buse
bogat reich
boia Paprikapulver
~ dulce süßes Paprikapulver
~ iute scharfes Paprikapulver
bolnav krank
borş, borşuri *n.* saure Gemüsesuppe
botez, botezuri *n.* Taufe
brad, brazi *m.* Tanne
braţ, braţe *n.* Arm
brânză, brânzeturi *f.* Käse, *Pl.:* Käsesorten
brunet schwarzhaarig
brutar, brutari *m.* Bäcker
brutărie, brutării *f.* Bäckerei
brutăriță, brutărițe *f.* Bäckerin
bucătar, bucătari *m.* Koch
bucătăreasă, bucătărese *f.* Köchin
bucătărie, bucătării *f.* Küche
a se bucura sich freuen
bucuros froh
buletin, buletine *n.* Ausweis
bulevard, bulevarde *n.* große Straße
bulgar, bulgari *m.* Bulgare
Bulgaria Bulgarien
bulgăroaică, bulgăroaice *f.* Bulgarin
bumbac *n.* Baumwolle
bun gut
Bună. (Guten) Tag.
bunic, bunici *m.* Großvater, *Pl. auch:* Großeltern
bunică, bunici *f.* Großmutter
burtă, burți *f.* Bauch
buză, buze *f.* Lippe

C

cabană, cabane *f.* Hütte
cabină, cabine *f.* Kabine
~ de probă Umkleidekabine
cadă, căzi *f.* Badewanne
cadou, cadouri *n.* Geschenk
cafea, cafele *f.* Kaffee
cafenea, cafenele *f.* Café
caiet, caiete *n.* Heft
cal, cai *m.* Pferd
cald warm
cameră, camere *f.* Zimmer
~ de zi Wohnzimmer
~ copiilor Kinderzimmer
cămin, cămine *n.* Kindergarten, (Kinder-) Heim
cană, căni *f.* Tasse
candidat, candidați *m.* Kandidat
candidată, candidate *f.* Kandidatin
cantină, cantine *f.* Kantine
cantitate, cantități *f.* Menge
cap, capete *n.* Kopf
capitală, capitale *f.* Hauptstadt
capră, capre *f.* Ziege
caracter, caractere *n.* Charakter
card de credit, carduri… *n.* Kreditkarte
care welcher, welche, welches
careva irgendjemand
carne, cărnuri *f.* Fleisch
~ de vită Rindfleisch
~ de porc Schweinefleisch
~ de curcan Putenfleisch
carnet de conducere, carnete… *n.* Führerschein
Carpați Karpaten
carte, cărți *f.* Buch
cartier, cartiere *n.* Viertel
cartof, cartofi *m.* Kartoffel
casă, case *f.* Haus
castravete, castraveți *m.* Gurke
caz, cazuri *n.* Fall
că dass
căciulă, căciuli *f.* Mütze
a cădea fallen
călător, călători *m.* Reisender, Passagier
a călători reisen

călătorie, călătorii *f.* Reise
~ dus-întors Hin- und Rückreise
călcâi, călcâie *n.* Ferse
cămaşă, cămăşi *f.* Hemd
căsătorit verheiratet
câine, câini *m.* Hund
câmp, câmpuri *n.* Feld
când wann, als, wenn
a cânta singen
cântăreață, cântărețe *f.* Sängerin
cântăreț, cântăreți *m.* Sänger
cârnat, cârnați *m.* Wurst
a câştiga gewinnen, verdienen
cât wie viel
câtva einige, ein wenig
a căuta suchen
CD, CD-uri *n.* CD
ce was
ceai, ceaiuri *n.* Tee
ceapă, cepe *f.* Zwiebel
ceas, ceasuri *n.* Uhr, Uhrzeit
ceaşcă, ceşti *f.* Tasse
ceea ce das was
ceh, cehi *m.* Tscheche
ceha Tschechisch
cehă, cehe *f.* Tschechin
Cehia Tschechien
cel derjenige
celei derjenigen
centru, centre *n.* Zentrum
Cenuşăreasa Aschenputtel
cer, ceruri *n.* Himmel
cercetătoare, cercetătoare *f.* Forscherin, Wissenschaftlerin
cercetător, cercetători *m.* Forscher, Wissenschaftler
a cere bitten, verlangen
cereale *Pl. f.* Getreide
a se certa sich streiten
ceva etwas
chel kahl
chelner, chelneri *m.* Kellner
chelneriță, chelnerițe *f.* Kellnerin
a chema rufen
a se ~ heißen
chiar dacă obwohl, auch wenn
Ciau! Tschüss!
chiflă, chifle *f.* Brötchen
China China
chinez, chinezi *m.* Chinese
chinezoaică, chinezoaice *f.* Chinesin
ciorbă, ciorbe *f.* Fleisch- oder Gemüsesuppe
chioşc, chioşcuri *n.* Kiosk
~ de ziare Zeitungskiosk
chiuvetă, chiuvete *f.* Waschbecken
cină, cine *f.* Abendessen
cinci fünf
cincisprezece fünfzehn
cincizeci fünfzig
cine wer
cinema(tograf), cinematografe *n.* Kino
cineva jemand
ciocolată, ciocolate *f.* Schokolade
circulație, circulații *f.* Verkehr
agent de ~ Verkehrspolizist
a citi lesen
cititoare, cititoare *f.* Leserin
cititor, cititori *m.* Leser
ciubuc, ciubucuri *n.* Trinkgeld
clădire, clădiri *f.* Gebäude
clasă, clase *f.* Klasse
clipă, clipe *f.* Moment
club, cluburi *n.* Club
a (se) coace backen, reif werden
coafeză, coafeze *f.* Friseurin
coafor, coafori *m.* Friseur
coafor, coafuri *n.* Friseursalon *(für Frauen)*
a coborî hinuntergehen
cofetărie, cofetării *f.* Konditorei
coleg, colegi *m.* Kollege
colegă, colege *f.* Kollegin
colind, colinde *n.* Weihnachtslied
colț, colțuri *n.* Ecke
a comanda bestellen
comod bequem
companie, companii *f.* Unternehmen, Firma
complicat kompliziert
computer, computere *n.* Computer
concediu, concedii *n.* Urlaub
concert, concerte *n.* Konzert
condiment, condimente *n.* Gewürz
a conduce begleiten, fahren, lenken
conform + *Dat.* laut, gemäß
a construi bauen

contrar + *Dat.* entgegen
convorbire, convorbiri *f.* Gespräch
copac, copaci *m.* Baum
copil, copii *m.* Kind
copilaş, copilaşi *m.* Kindlein
copilă, copile *f.* Mädchen (*Kosename*)
copt gebacken, reif (*Obst*)
a corecta korrigieren
corp, corpuri *n.* Körper
corpolent korpulent
cort, corturi *n.* Zelt
costum, costume *n.* Anzug
a coti abbiegen
Crăciun, Crăciunuri *n.* Weihnachten
a crede glauben
creion, creioane *n.* Bleistift
cremă, creme *f.* Creme
a creşte wachsen
croitor, croitori *m.* Schneider
croitoreasă, croitorese *f.* Schneiderin
croitorie, croitorii *f.* Schneiderei
cu mit
cu toate că obwohl
cui wem
cuiva jemandem
a se culca ins Bett gehen, sich hinlegen
  a sta culcat liegen
a culege pflücken
culoare, culori *f.* Farbe
cultură, culturi *f.* Kultur
cuminte brav
cumnat, cumnați *m.* Schwager
a cumpăra kaufen
cumpărături Einkäufe
  a merge la ~ einkaufen gehen
cumva irgendwie
a cunoaşte kennen, kennen lernen
cunoştință, cunoştințe *f.* Bekannte, -r, Kenntnis
cununie, cununii *f.* Trauung
curând bald
curcan, curcani *m.* Pute
curs, cursuri *n.* Kurs
cuțit, cuțite *n.* Messer
cuvânt, cuvinte *n.* Wort

D

a da geben
  a-şi ~ cu cremă sich eincremen
a-şi da seama wahrnehmen, merken, verstehen
dacă wenn, falls
damă, dame *f.* Dame
dans, dansuri *n.* Tanz
a dansa tanzen
dar aber
dată, date *f.* Datum
  dată de naştere Geburtsdatum
datorită + *Dat.* wegen
a dărui schenken
dânsa sie *(höflich)*
dânsul er *(höflich)*
de von, aus, seit, zu
  de la… (până) la von … bis
de-a lungul + *Gen.* entlang
deasupra + *Gen.* über
decembrie Dezember
a decide entscheiden
a decola abfliegen, starten
defect defekt, kaputt
deget, degete *n.* Finger
deja schon
deloc gar nicht
Delta Dunării Donaudelta
deoarece weil
deosebit besonders
departe weit
deranj, deranjuri *n.* Störung
a deranja stören
des oft
a (se) descălța (sich) die Schuhe ausziehen
a deschide öffnen, eröffnen
a descoperi entdecken
desert, deserturi *n.* Nachtisch
deşi obwohl
a (se) despărți (sich) trennen
despre über
deştept schlau, klug
a deveni werden
devreme früh
a (se) dezbrăca (sich) ausziehen
diaree *f.* Durchfall
a dicta diktieren

dificil schwierig
dimineața morgens, der Morgen
dimineață, dimineți *f.* Morgen
din aus
din cauza + *Gen.* wegen
din păcate leider
dintâi erster, erste, erstes
dinte, dinți *m.* Zahn
direct direkt
directoare, directoare *f.* Direktorin
director, directori *m.* Direktor
a discuta diskutieren
diseară heute Abend
divorț, divorțuri *n.* Scheidung
divorțat geschieden
doamnă, doamne *f.* Frau, Dame
doar doch, nur
doctor, doctori *m.* Arzt, Doktor
doctoriță, doctorițe *f.* Ärztin
document, documente *n.* Dokument
doi zwei
doisprezece zwölf
domiciliu, domicilii *n.* Wohnort
domn, domni *m.* Herr
domnişoară, domnişoare *f.* Fräulein
a dori wünschen
a dormi schlafen
dormitor, dormitoare *n.* Schlafzimmer
două *f.* zwei
douăzeci zwanzig
drag lieb
drăguț hübsch, nett
drept recht, gerade, gerecht
dreapta rechts
drum, drumuri *n.* Weg
~ bun! Gute Reise!
drumeție, drumeții *f.* Wanderung
a merge în ~ wandern
dublu doppel
a duce tragen
a se duce gehen
dulap, dulapuri *n.* Schrank
~ de bucătărie Küchenschrank
dulce süß
dulciuri *Pl.* Süßigkeiten
duminica der Sonntag, sonntags
duminică, duminici *f.* Sonntag
dumneavoastră Sie, Ihr, Ihre, Ihnen
după nach, hinter
a durea schmerzen
durere, dureri *f.* Schmerz
dureri de gât Halsschmerzen
duş, duşuri *n.* Dusche

E

ea sie *Sg.*
editură, edituri *f.* Verlag
ei sie *Pl. m.*, ihr
el er, ihn
ele sie *Pl. f.*
electrician, electricieni *m.* Elektriker
electro-casnice Haushaltswaren
elegant elegant
elev, elevi *m.* Schüler
elevă, eleve *f.* Schülerin
elicopter, elicoptere *n.* Hubschrauber
elvețian, elvețieni *m.* Schweizer
elvețiancă, elvețience *f.* Schweizerin
email, emailuri *n.* Email
enervare *f.* Aufregung
englez, englezi *m.* Engländer
engleza Englisch
englezeşte englisch
englezoaică, englezoaice *f.* Engländerin
Estonia Estland
estonian, estonieni *m.* Estländer
estoniana Estländisch
estoniancă, estonience *f.* Estländerin
etaj, etaje *n.* Stockwerk
eu ich
exact exakt, genau
examen, examene *n.* Examen
excelent ausgezeichnet
excursie, excursii *f.* Ausflug, Reise
exemplu, exemple *n.* Beispiel
exercițiu, exerciții *n.* Übung
a exista existieren
a explica erklären
explicație, explicații *f.* Erklärung
expoziție, expoziții *f.* Ausstellung
extraordinar de außerordentlich
extrem äußerst

F

fabrică, fabrici *f.* Fabrik
a face machen
a o ~ la abbiegen
a ~ duş duschen
a ~ baie baden
a ~ autostop per Anhalter fahren
fag, fagi *m.* Buche
fals falsch
familie, familii *f.* Familie
farfurie, farfurii *f.* Teller
farmacie, farmacii *f.* Apotheke
farmacist, farmacişti *m.* Apotheker
farmacistă, farmaciste *f.* Apothekerin
fată, fete *f.* Mädchen
faţă, feţe *f.* Gesicht
făină, făinuri *f.* Mehl
fără ohne
febră, febre *f.* Fieber
a avea ~ Fieber haben
februarie Februar
fel, feluri *n.* Art, Weise
la ~ de genauso
felie, felii *f.* Scheibe
femeie, femei *f.* Frau
fereastră, ferestre *f.* Fenster
fericit glücklich
a fi sein
a-i fi bine jdm. geht es gut
a-i fi cald jdm. ist warm
a-i fi foame Hunger haben
a-i fi frică Angst haben
a-i fi frig jdm. ist kalt, jmd. friert
a-i fi lene faul, träge sein
a-i fi rău jdm. ist übel, jdm. geht es schlecht
a-i fi sete Durst haben
a-i fi teamă sich fürchten
fiecare jeder, jede, jedes
a fierbe kochen
fierbinte heiß
fiică, fiice *f.* Tochter
fiindcă weil
film, filme *n.* Film
Finlanda Finnland
finlandez, finlandezi *m.* Finne
finlandeza Finnisch
finlandeză, finlandeze *f.* Finnin
firmă, firme *f.* Firma
fiu, fii *m.* Sohn
fix fest
floare, flori *f.* Blume
florărie, florării *f.* Blumenladen
foame *f.* Hunger
a-i fi ~ Hunger haben
foarte sehr
formă, forme *f.* Form
fotbal Fußball
a fotografia fotografieren
fotografie, fotografii *f.* Foto
fotoliu, fotolii *n.* Sessel
francez, francezi *m.* Franzose
franceza Französisch
franceză, franceze *f.* Französin
Franţa Frankreich
franţuzesc französisch
frate, fraţi *m.* Bruder
frăţior, frăţiori *m.* Brüderchen
frecventat besucht
frică, frici *f.* Angst
a-i fi ~ Angst haben
frig kalt
a-i fi frig jdm. ist kalt
frig, friguri *n.* Kälte
frigider, frigidere *n.* Kühlschrank
frişcă *f.* (Schlag-) Sahne
frizer, frizeri *m.* Friseur
frizerie, frizerii *f.* Friseursalon *(für Männer)*
frizeriţă, frizeriţe *f.* Friseurin
frumos schön
a fugi (weg-) laufen
a funcţiona funktionieren
fund, funduri *n.* Hintern, Boden (eines Gefäßes), Holzbrett
furculiţă, furculiţe *f.* Gabel
fursec, fursecuri *n.* Keks
furtună, furtuni *f.* Gewitter
fustă, fuste *f.* Rock

G

galben gelb
galerie, galerii *f.* Galerie
garaj, garaje *n.* Garage
gară, gări *f.* Bahnhof
garnitură, garnituri *f.* Beilage
gastronomie, gastronomii *f.* Gastronomie
gazdă, gazde *f.* Gastgeber, Vermieter
gălăgios laut
a găsi finden
a găti kochen
a (se) gândi (nach-) denken
gât, gâturi *n.* Hals
geacă, geci *f.* Jacke
geam, geamuri *n.* Fenster (-scheibe)
geamantan, geamantane *n.* Koffer
geantă, genţi *f.* Tasche
gel, geluri *n.* Gel
~ de duş Duschgel
general allgemein
german, germani *m.* Deutscher
german deutsch
germana Deutsch
germancă, germance *f.* Deutsche
Germania Deutschland
gheaţă, gheţuri *f.* Eis (*kein Speiseeis*)
ghepard, gheparzi *m.* Gepard
ghid, ghizi *m.* Reiseführer
ginere, gineri *m.* Schwiegersohn
gol leer, nackt
gras fett, dick
graţie + *Dat.* dank
gram, grame *n.* Gramm
graniţă, graniţe *f.* Grenze
a se grăbi sich beeilen
grădină, grădini *f.* Garten
grădiniţă, grădiniţe *f.* Kindergarten
greaca Griechisch
grec, greci *m.* Grieche
greceşte Griechisch
Grecia Griechenland
grecoaică, grecoaice *f.* Griechin
a greşi Fehler machen, sich irren
~ numărul sich verwählen
greu schwer
greutate, greutăţi *f.* Gewicht
gri grau
grijă, griji *f.* Sorge
a avea ~ sorgen für, auf etw. achten
gros dick
gură, guri *f.* Mund
a gusta schmecken, probieren
gustare, gustări *f.* Vorspeise, Snack

H

Hai! Lass uns / Lasst uns … !
Haide! Lass uns / Lasst uns … !
haină, haine *f.* *Sg.*: Mantel, *Pl.*: Klamotten
~ de ploaie Regenmantel
hol, holuri *n.* Flur
hotărâre, hotărâri *f.* Entscheidung
a (se) hotărî (sich) entscheiden, beschließen
hotel, hoteluri *n.* Hotel

I

i-, -i ihm/ihr
ianuarie Januar
iar und, wieder, während
iarnă, ierni *f.* Winter
iaurt, iaurturi *n.* Yoghurt
idee, idei *f.* Idee
ieftin billig, günstig
ieri gestern
a ierta verzeihen
a ieşi herauskommen
ieşire, ieşiri *f.* Ausgang
imediat gleich, sofort
impermeabil, impermeabile *n.* Regenmantel, *Adj.*: wasserfest
important wichtig
incomod unbequem
incredibil unglaublich
informaţie, informaţii *f.* Auskunft
inginer, ingineri *m.* Ingineur
ingineră, inginere *f.* Ingineurin
institut, institute *n.* Institut
instituţie, instituţii *f.* Institution, Einrichtung
insulă, insule *f.* Insel
inteligent intelligent
interesant interessant
intersecţie, intersecţii *f.* Kreuzung
a intra hineingehen

intrare, intrări *f.* Eingang
invitat eingeladen
invitație, invitații *f.* Einladung
Italia Italien
italian, italieni *m.* Italiener
italiana Italienisch
italiancă, italience *f.* Italienerin
a iubi lieben
iubit geliebt, liebster
iulie Juli
iunie Juni
iute scharf

Î

a (se) îmbrăca (sich) anziehen
îmbrăcăminte *f.* Kleidung
a îmbrățișa umarmen
a împinge stoßen
împotriva + *Gen.* gegen
împreună zusammen
în in, an
  în fața + *Gen.* vor
  în jurul + *Gen.* rund um
  în spatele + *Gen.* hinter
înainte früher, geradeaus
înalt hoch, groß
înapoi zurück
înălțime, înălțimi *f.* Höhe, Körpergröße
înăuntru hinein, drinnen
încă noch
a (se) încălța (sich) die Schuhe anziehen
a încălzi erwärmen
a începe anfangen
a încerca versuchen
a închide schließen
a închiria (ver-) mieten
încoace hierher
îndepărtat entfernt
a îndoi falten
a se îndrăgosti sich verlieben
a îndrăzni sich trauen
înghețată, înghețate *f.* Eiscreme
a îngriji pflegen
îngrijire, îngrijiri *f.* Pflege
  îngrijirea corpului Körperpflege
înmormântare, înmormântări *f.* Beerdigung
înot *n.* Schwimmsport
a înota schwimmen
a însemna bedeuten
înspre zu, gegen
însurat verheiratet (*für Männer*)
întâi erster, erste, erstes
a (se) întâlni (sich) treffen
a se întâmpla passieren, geschehen
a întârzia sich verspäten
întârziere, întârzieri *f.* Verspätung
a întoarce umdrehen
  a se ~ sich umdrehen, zurückkehren
între zwischen
a întreba fragen
întrebare, întrebări *f.* Frage
întreg ganz
a se întuneca dunkel werden
a (se) înțelege (sich) verstehen
a învăța lernen
învățător, învățători *m.* (Grundschul-) Lehrer
învățătoare, învățătoare *f.* (Grundschul-) Lehrerin
a învinge besiegen

J

Japonia Japan
japonez, japonezi *m.* Japaner
japoneza Japanisch
japoneză, japoneze *f.* Japanerin
jogging Jogging
  a face ~ joggen
joi Donnerstag
joia der Donnerstag, donnerstags
jos unten
  pe ~ zu Fuß
a juca (*ein Spiel*) spielen
  a se ~ spielen
județ, județe *n.* Kreis
jumătate, jumătăți *f.* Hälfte

K

kaki kakifarben
kilogram, kilograme *n.* Kilo
kilometru, kilometri *m.* Kilometer

L

la an, nach, zu, um
lac, lacuri *n.* See
lampă, lămpi *f.* Lampe
lapte *m.* Milch
larg breit
a lăuda loben
lămâie, lămâi *f.* Zitrone
a lăsa (ver-) lassen
lângă neben
legătură, legături *f.* Verbindung
lege, legi *f.* Gesetz
legume *Pl. f.* Gemüse
lene *f.* Faulheit
  a-i fi ~ faul / träge sein
leneş faul
lenjerie, lenjerii *f.* Unterwäsche, Bettwäsche
letonian, letonieni *m.* Lette
Letonia Lettland
letoniana Lettisch
letoniancă, letonience *f.* Lettin
librărie, librării *f.* Buchhandlung
lichior, lichioruri *n.* Likör
lift, lifturi *n.* Aufzug
limbă, limbi *f.* Zunge, Sprache
  ~ străină Fremdsprache
lingură, linguri *f.* Löffel
linguriță, lingurițe *f.* Teelöffel
linie, linii *f.* Linie, Gleis
liniştit ruhig
a lipsi fehlen
listă, liste *f.* Liste
litru, litri *m.* Liter
Lituania Litauen
lituanian, lituanieni *m.* Litauer
lituaniana Litauisch
lituaniancă, lituanience *f.* Litauerin
loc, locuri *n.* Ort, Stelle
  pe ~ auf der Stelle
  ~ de muncă Arbeitsort, Arbeitsstelle
  ~ de naştere Geburtsort
a locui wohnen
locuitor, locuitori *m.* Bewohner
locuință, locuințe *f.* Wohnung
localitate, localități *f.* Ortschaft
logodit verlobt
logodnă, logodne *f.* Verlobung
lor ihr, ihnen
a lua nehmen
  a o ~ la (dreapta, stânga) (rechts, links) abbiegen
lubeniță, lubenițe *f.* Melone
a lucra arbeiten (beruflich)
lucrare, lucrări *f.* Arbeit
lucru, lucruri *n.* Sache, Ding, Arbeit
lui sein, ihm
lună, luni *f.* Mond, Monat
lunea der Montag, montags
lung lang
luni Montag
lup, lupi *m.* Wolf
lupoaică, lupoaice *f.* Wölfin

M

magazin, magazine *n.* Laden
  ~ de confecții Bekleidungsgeschäft
  ~ de jucării Spielzeugladen
  ~ de lactate Geschäft für Milchprodukte
  ~ de pantofi Schuhgeschäft
  ~ universal Warenhaus
maghiara Ungarisch
mai Mai
mai noch
mamă, mame *f.* Mutter
mamaie *f.* Omi
manager, manageri *m.* Geschäftsführer, Manager
mare groß
mare, mări *f.* Meer
maro braun
marțea der Dienstag, dienstags
marți Dienstag
martie März
masă, mese *f.* Tisch
  a lua masa cu... mit jmd. essen
maşină, maşini *f.* Auto, Maschine
  ~ de spălat Waschmaschine
marfă, mărfuri *f.* Ware
măcelar, măcelari *m.* Metzger
măcelărie, măcelării *f.* Metzgerei
măcelăriță, măcelărițe *f.* Metzgerin
mălai Maismehl
mămăligă, mămăligi *f.* Maisbrei, Polenta
mămică, mămici *f.* Mami

măr, mere *n.* Apfel
mărime, mărimi *f.* Größe
măritată verheiratet *(für Frauen)*
mătuşă, mătuşi *f.* Tante
mâine morgen
mână, mâini *f.* Hand
mănăstire, mănăstiri *f.* Kloster
a mânca essen
mâncare, mâncăruri *f.* Essen, Gericht
mânecă, mâneci *f.* Ärmel
a mângâia streicheln
meci, meciuri *n.* Spiel *(im Sport)*
~ de fotbal Fußballspiel
medic, medici *m.* Arzt, Ärztin
medicament, medicamente *n.* Medizin
membru, membri *m.* Mitglied
meniu, meniuri *n.* Menu, Speisekarte
meniul zilei Tageskarte
lista de meniuri Speisekarte
mereu ständig
a merge gehen, funktionieren
meserie, meserii *f.* Beruf
metrou, metrouri *n.* U-Bahn
meu, mea, mei, mele mein, meine
mic klein
mic, mici / mititei *m.* Cevapcici
mic dejun, mic dejunuri *n.* Frühstück
mie, mii *f.* Tausend
miercurea der Mittwoch, mittwochs
miercuri Mittwoch
miezul nopții *n.* Mitternacht
mijloc, mijloace *n.* Mitte, Mittel
~ de transport Verkehrsmittel
milion, milioane *n.* Million
minister, ministere *n.* Ministerium
a minți lügen
minut, minute *n.* Minute
a se mira sich wundern
mire, miri *m.* Bräutigam
mireasă, mirese *f.* Braut
a mirosi riechen
a mişca bewegen
moale weich
mobilă, mobile *f.* Möbel
mobilier *n.* Einrichtung
modă, mode *f.* Mode
modern modern
a modifica ändern
momentan im Moment, zur Zeit
monument, monumente *n.* Denkmal
morcov, morcovi *m.* Möhre
mult viel
a mulțumi danken
Mulțumesc. Danke.
mulțumit + *Dat.* zufrieden
mulțumită dank
muncă, munci *f.* Arbeit
a munci arbeiten
muncitoare, muncitoare *f.* Arbeiterin, arbeitsam
muncitor, muncitori *m.* Arbeiter, arbeitsam
munte, munți *m.* Berg, Gebirge
a muri sterben
musafir, musafiri *m.* Gast
mustață, mustăți *f.* Schnauzbart
muşchetar, muşchetari *m.* Musketier
muzeu, muzee *n.* Museum
muzică, muzici *f.* Musik

N

nan, nani *m.* Pate, *Pl. auch:* Pateneltern
nană, nane *f.* Patin
nas, nasuri *n.* Nase
naş, naşi *m.* Pate, *Pl. auch:* Pateneltern
naşă, naşe *f.* Patin
naştere, naşteri *f.* Geburt
naționalitate, naționalități *f.* Nationalität
navă, nave *f.* Schiff
neamț, nemți (*ugs.*) *m.* Deutscher
nebun wahnsinnig
necăsătorit unverheiratet, ledig
negru schwarz
neînțelegere, neînțelegeri *f.* Missverständnis
neliniştit unruhig
nemțesc (*ugs.*) deutsch
nemțeşte (*ugs.*) Deutsch
nemțoaică, nemțoaice (*ugs.*) *f.* Deutsche
nemulțumit unzufrieden
nepoată, nepoate *f.* Nichte
nepot, nepoți *m.* Neffe
nepoțel, nepoței *m.* Enkel, Neffe *(Kosename)*
nesigur unsicher
nicăieri nirgendwo
nici auch nicht

nici… nici weder … noch
nicicum auf keinen Fall
nicidecum auf keinen Fall
niciodată niemals
nimeni niemand
nimic nichts
a ninge schneien
nivel de formare, niveluri… *n.* Ausbildungsniveau
nivel de pregătire, niveluri… *n.* Ausbildungsniveau
noapte, nopți *f.* Nacht
miezul nopții Mitternacht
noi wir, uns
noiembrie November
noptieră, noptiere *f.* Nachtkästchen
noră, nurori *f.* Schwiegertochter
noroc *n.* Glück
Noroc! Prost!
Norvegia Norwegen
norvegian, norvegieni *m.* Norweger
norvegiana Norwegisch
norvegiancă, norvegience *f.* Norwegerin
nostru, noastră unser, unsere
notă, note *f.* Notiz, Note
~ de plată Rechnung
nou neu
nouă neun, uns
nouăsprezece neunzehn
nouăzeci neunzig
numai nur
număr, numere *n.* Nummer
~ de telefon Telefonnummer
nume, nume *n.* Name
~ de familie Nachname
nuntă, nunți *f.* Hochzeit

O

oaspete, oaspeți *m.* Gast
obicei, obiceiuri *n.* Gewohnheit, Brauch
de ~ gewöhnlich
obişnuit gewöhnlich, gewöhnt
obosit müde
ocazie, ocazii *f.* Gelegenheit, Ereignis
ocean, oceane *n.* Ozean
ochelari *Pl. m.* Brille
ochi, ochi *m.* Auge
ocolire, ocoliri *f.* Umleitung
octombrie Oktober
ocupat beschäftigt, besetzt
odată einmal
a se odihni sich ausruhen
odihnit ausgeruht
a oferi anbieten
oglindă, oglinzi *f.* Spiegel
oglinjoară, oglinjoare *f.* Spieglein
Olanda Holland
olandez, olandezi *m.* Holländer
olandeza Holländisch
olandeză, olandeze *f.* Holländerin
om, oameni *m.* Mensch, Mann
~ de afaceri Geschäftsmann
a omorî töten
onomastică, onomastici *f.* Namenstag
a opri anhalten
opt acht
optsprezece achzehn
optzeci achtzig
oră, ore *f.* Uhr (-zeit), Stunde
la ora… um … Uhr
oraş, oraşe *n.* Stadt
oraşul vechi Altstadt
orăşean, orăşeni *m.* Städter
orăşeancă, orăşence *f.* Städterinnen
orez *m.* Reis
a organiza organisieren
oricare egal wer
oricât egal wie viel
orice egal was, alles
oricine egal wer, alle
oricui egal wessen / wem, allen
oricum egal wie, auf jeden Fall
oțet *n.* Essig
ou, ouă *n.* Ei

P

pa tschüss
pachet, pachete *n.* Paket
pahar, pahare *n.* Glas, Becher
paisprezece vierzehn
palmă, pălmi *f.* Handfläche
palton, paltoane *n.* Mantel
pantalon, pantaloni *m., meist Pl.* Hose
pantof, pantofi *m.* Schuh

papă, papi *m.* Papst
pară, pere *f.* Birne
parc, parcuri *n.* Park
a parca parken
parcare, parcări *f.* Parkplatz
pardesiu, pardesie *n.* dünner Mantel
parlament, parlamente *n.* Parlament
parte, părți *f.* Seite, Teil
participant, participanți *m.* Teilnehmer
participanți la trafic Verkehrsteilnehmer
pasager, pasageri *m.* Passagier
pasăre, păsări *f.* Vogel
pastă, paste *f.* Paste
~ de dinți Zahncreme
paste *f., Pl.* Teigwaren, Nudeln
pastilă, pastile *f.* Tablette
paşaport, paşapoarte *n.* Pass
pat, paturi *n.* Bett
patinoar, patinoare *n.* Eislaufbahn
patiserie, patiserii *f.* Patisserie
patru vier
patruzeci vierzig
păcat, păcate *n.* Sünde
~! Schade!
din păcate leider
pădure, păduri *f.* Wald
pălărie, pălării *f.* Hut
păr, peri *m.* Haar, Haare
a părăsi verlassen
a părea scheinen
părere, păreri *f.* Meinung
a păstra behalten
pătrat quadratisch
pătură, pături *f.* Decke
pâine, pâini *f.* Brot
pe auf, an
pentru für
pentrucă weil
perdea, perdele *f.* Gardine, Vorhang
perete, pereți *m.* Wand
periuță de dinți, periuțe... *f.* Zahnbürste
a permite erlauben
pescar, pescari *m.* Fischer
peste über, in
peşte, peşti *m.* Fisch
petrecere, petreceri *f.* Feier
pian, piane *n.* Klavier
piatră, pietre *f.* Stein
piață, piețe *f.* Markt, Platz
picant würzig, scharf
picior, picioare *n.* Fuß, Bein
a picta malen
pictor, pictori *m.* Maler
pictoriță, pictorițe *f.* Malerin
pictură, picturi *f.* Malerei
piele, piei *f.* Haut
piept, piepturi *n.* Brust
a (se) pieptăna (sich) kämmen
pieptene, piepteni *m.* Kamm
a pierde verlieren
piesă, piese *f.* Stück
~ de teatru Theaterstück
pieton, pietoni *m.* Fußgänger
piftie, piftii *f.* Knoblauchsülze
piper *m.* Pfeffer
piscină, piscine *f.* Schimmhalle
pisică, pisici *f.* Katze
pix, pixuri *n.* Kugelschreiber
plajă, plaje *f.* Strand
a plăcea gefallen
plăcere, plăceri *f.* Vergnügen
cu ~ gerne
plăcintă, plăcinte *f.* gefüllter Blechkuchen
a plânge weinen
a planta pflanzen
a plăti bezahlen
a pleca weggehen
plictisitor langweilig
a se plictisi sich langweilen
a se plimba spazieren gehen
plimbare, plimbări *f.* Spaziergang
a merge la ~ spazieren gehen
plin voll
a ploua regnen
poate vielleicht
podea, podele *f.* Boden
poezie, poezii *f.* Gedicht
poftă, pofte *f.* Appetit, Lust
~ bună! Guten Appetit!
politician, politicieni *m.* Politiker
politiciană, politiciene *f.* Politikerin
politicos höflich
poliție, poliții *f.* Polizei
polițist, polițişti *m.* Polizist

polițistă, polițiste *f.* Polizistin
polonez, polonezi *m.* Pole
poloneza Polnisch
poloneză, poloneze *f.* Polin
Polonia Polen
pompier, pompieri *m.* Feuerwehrmann, -frau
pompieri *m., Pl.* Feuerwehr
popă, popi *m.* Pfarrer
porc, porci *m.* Schwein
a porni losgehen, losfahren
port, porturi *n.* Hafen
portocaliu orange
Portugalia Portugal
portughez, portughezi *m.* Portugese
portugheza Portugiesisch
portugheză, portugheze *f.* Portugiesin
poştă, poşte *f.* Post
a (se) potrivi passen
potrivit + *Dat.* passend, laut
poveste, poveşti *f.* Märchen, Geschichte
a povesti erzählen
poză, poze *f.* Foto
prăjitură, prăjituri *f.* Kuchen
prânz, prânzuri *n.* Mittagessen, Mittag (-szeit)
  la ~ mittags
  a lua prânzul zu Mittag essen
prea zu
a preda unterrichten, übergeben
a pregăti vorbereiten
prenume, prenume *n.* Vorname
preparate *n. Pl.* Speisen
prieten, prieteni *m.* Freund
prietenă, prietene *f.* Freundin
prietenos freundlich
prima die Erste
primărie, primării *f.* Rathaus
primăvară, primăveri *f.* Frühling
primele die Ersten
a primi bekommen
primul der Erste
prin durch, in
principal hauptsächlich
  strada principală Hauptstraße
a prinde fangen, erwischen
prinț, prinți *m.* Prinz
prințesă, prințese *f.* Prinzessin
a privi ansehen, betrachten
a proba anprobieren, versuchen
problemă, probleme *f.* Problem
produs, produse *n.* Produkt
  ~e lactate Milchprodukte
  ~e de panificație Backwaren
profesie, profesii *f.* Beruf
profesoară, profesoare *f.* Lehrerin, Professorin
profesor, profesori *m.* Lehrer, Professor
proprietar, proprietari *m.* Besitzer
propunere, propuneri *f.* Vorschlag
prosop, prosoape *n.* Handtuch
prost dumm, schlecht
provincie, provincii *f.* Provinz
pui, pui *m.* Hähnchen
pulovăr, pulovere *n.* Pullover
punct, puncte *n.* Punkt
a pune stellen, setzen, legen
a purta tragen
a putea können
puternic stark
puțin wenig
  ~ câte ~ nach und nach

R

a (se) rade (sich) rasieren
radio, radiouri *n.* Radio
raft, rafturi *n.* Regal, Regalbrett
rapid schnell
rar langsam, selten
a răci sich erkälten, abkühlen
răbdare *f.* Geduld
a rămâne bleiben
a răsări aufgehen (*Sonne*)
a răspunde antworten
răspuns, răspunsuri *n.* Antwort
a răsturna stürzen
a se rătăci sich verlaufen
rău schlecht
  a-i fi ~ jdm. ist schlecht, übel
război, războaie *n.* Krieg
a râde lachen
râu, râuri *n.* Fluss
reacție, reacții *f.* Reaktion
rece kalt
a recomanda empfehlen

rege, regi *m.* König
regină, regine *f.* Königin
a renunța verzichten
a repara reparieren
repede schnell
a repeta wiederholen
restaurant, restaurante *n.* Restaurant
a reuşi gelingen
revedere, revederi *f.* Wiedersehen
La revedere! Auf Wiedersehen!
revoluție, revoluții *f.* Revolution
a rezerva reservieren
a ridica heben
a se ridica aufstehen *(vom Stuhl)*
ridiche, ridichi *f.* Radieschen
rochie, rochii *f.* Kleid
romantic romantisch
roman, romane *n.* Roman
român, români *m.* Rumäne
româna Rumänisch
româncă, românce *f.* Rumänin
românesc rumänisch
România Rumänien
roşie, roşii *f.* Tomate
roşu rot
rotund rund
roz rosa
rudă, rude *f.* Verwandter
a ruga bitten
a se ruga beten
a rupe (zer-) reißen
a-şi rupe ceva sich etwas brechen
rus, ruşi *m.* Russe
rusa Russisch
Rusia Russland
rusoaică, rusoaice Russin

S

sac, saci *m.* Sack
salată, salate *f.* Salat
Salut! Hi!
a saluta grüßen
a salva retten
sare, săruri *f.* Salz
sarma, sarmale *f.* Kohlroulade
sas, saşi *m.* Sachse
sat, sate *n.* Dorf
sănătate *f.* Gesundheit
sănătos gesund
săptămână, săptămâni *f.* Woche
săpun, săpunuri *n.* Seife
sărac arm
sărbătoare, sărbători *f.* Fest
a sărbători feiern
a sări springen
a săruta küssen
Sărut mâna. Küss die Hand.
său, sa, săi, sale sein, ihr, seine, ihre
sâmbăta der Samstag, samstags
sâmbătă Samstag
scară, scări *f.* Treppe, Leiter
casa scărilor Treppenhaus
scaun, scaune *n.* Stuhl
scenă, scene *f.* Bühne
a schimba wechseln
~ trenul in einen anderen Zug umsteigen
a scoate herausnehmen
a scrie schreiben
scriitoare, scriitoare *f.* Schriftstellerin
scriitor, scriitori *m.* Schriftsteller
scrisoare, scrisori *f.* Brief
a se scula aufstehen
scump teuer
scurt kurz
a scuza entschuldigen
seara der Abend, abends
seară, seri *f.* Abend
secret, secrete *n.* Geheimnis
secretar, secretari *m.* Sekretär
secretară, secretare *f.* Sekretärin
secundă, secunde *f.* Sekunde
semafor, semafoare *n.* Ampel
separat getrennt
septembrie September
sertar, sertare *n.* Schublade
a servi bedienen, servieren
serviciu, servicii *n.* Dienst, Arbeit
sete Durst
a-i fi sete Durst haben
sfârşit, sfârşituri *n.* Ende
~ de săptămână Wochenende
sfert, sferturi *n.* Viertel
sfert de oră Viertelstunde
siguranță, siguranțe *f.* Sicherheit

sigur sicher
simpatic sympathisch
simplu einfach
a simți fühlen
sincer ehrlich
singur allein
situație, situații *f.* Situation
slab dünn, mager
slănină, slănini *f.* Speck
smântână, smântâni *f.* Rahm, Schmand
soacră, soacre *f.* Schwiegermutter
soare, sori *m.* Sonne
sociabil gesellig
a socoti rechnen
socru, socri *m.* Schwiegervater,
  Pl. auch Schwiegereltern
sofa, sofale *f.* Sofa
somn *m.* Schlaf
  Somn uşor! Schlaf gut!
soră, surori *f.* Schwester
soț, soți *m.* Ehemann
soție, soții *f.* Ehefrau
Spania Spanien
spaniol, spanioli *m.* Spanier
spaniola Spanisch
spanioloaică, spanioloaice *f.* Spanierin
spate, spate *n.* Rücken
a (se) spăla (sich) waschen
  ~ pe dinți sich die Zähne putzen
a spera hoffen
spital, spitale *n.* Krankenhaus
sportiv sportlich
sprânceană, sprâncene *f.* Augenbrauen
spre zu, hin zu
a spune sagen
S.R.L. GmbH
a sta stehen, sitzen, liegen, bleiben, wohnen
stare civilă *f.* Familienstand
stație, stații *f.* Haltestelle
a staționa stehen, halten
stâng links
stânga links, linke Seite
a şti wissen
sticlă, sticle *f.* Flasche
stil, stiluri *n.* Stil
stimat geehrt
a stinge ausschalten, löschen
stradă, străzi *f.* Straße
străin fremd
străinătate *f.* Ausland
strâmt eng
stricat kaputt
student, studenți *m.* Student
studentă, studente *f.* Studentin
a studia studieren
studiu, studii *n.* Studium
sub unter
substantiv, substantive *n.* Substantiv
subțire dünn
suc, sucuri *n.* Saft
suedez, suedezi *m.* Schwede
suedeza Schwedisch
suedeză, suedeze *f.* Schwedin
Suedia Schweden
sufragerie, sufragerii *f.* Esszimmer
a suna klingeln, anrufen
supă, supe *f.* Suppe
a (se) supăra (sich) ärgern, böse sein
surioară, surioare *f.* Schwesterchen
surprinzător überraschend
surpriză, surprize *f.* Überraschung
sută, sute *f.* Hundert

Ş

şaisprezece sechszehn
şaizeci sechzig
şampanie, şampanii *f.* Sekt
şampon, şampoane *n.* Shampoo
şapte sieben
şaptesprezece siebzehn
şaptezeci siebzig
şase sechs
şaten braunhaarig
şcoală, şcoli *f.* Schule
şedea sitzen
şedință, şedințe *f.* Besprechung
şervețel, şervețele *n.* Serviette
şi und
  şi … şi sowohl … als auch
şic schick
şofer, şoferi *m.* Fahrer
şoferiță, şoferițe *f.* Fahrerin
a şopti flüstern
şosea, şosele *f.* Landstraße, Fahrbahn

şosetă, şosete *f.* Socke
a şterge wischen
a (se) şterge (sich) abtrocknen
ştrand, ştranduri *n.* Freibad
şuncă, şunci *f.* Schinken

T

tabletă, tablete *f.* Tablette
tablou, tablouri *n.* Bild
a tăcea schweigen
tare stark
tată, tați *m.* Vater
tataie *m.* Opa
tavan, tavane *n.* Decke (*eines Raumes*)
taxi, taxiuri *n.* Taxi
a tăia schneiden
tăiței *Pl. m.* Nudeln
tătic, tătici *m.* Papi
tău, ta, tăi, tale dein, deine
tânăr jung
târziu spät
teamă Furcht
a-i fi ~ de… sich vor … fürchten
teatru, teatre *n.* Theater
telefon, telefoane *n.* Telefon
telemea *f.* Fetakäse
televizor, televizoare *n.* Fernseher
a se teme sich fürchten
tenis Tennis
teren, terenuri *n.* Grundstück
~ de sport Sportplatz
a termina beenden
timid schüchtern
timp, timpuri *n.* Zeit
toaletă, toalete *f.* Toilette
toamnă, toamne *f.* Herbst
tocmai gerade
tort, torturi *n.* Torte
tot ganz, alles
tot atât de genauso (viel)
tot aşa de genauso
trafic, traficuri *n.* Verkehr
a trage ziehen
tradiție, tradiții *f.* Tradition
tramvai, tramvaie *n.* Straßenbahn
a transforma verwandeln
a transmite ausrichten, senden
a transpira schwitzen
a traversa überqueren
a trăi leben
trăsătură de caracter, trăsături… *f.* Charaktereigenschaften
a trebui brauchen, müssen, sollen
a trece vorbeigehen, vergehen
trecere, treceri *f.* Übergang
~ de pietoni Fußgängerübergang
trei drei
treisprezece dreizehn
treizeci dreißig
tren, trenuri *n.* Zug
a trezi wecken
a se trezi aufwachen
tricou, tricouri *n.* T-Shirt
a trimite schicken
trist traurig
troleibuz, troleibuze *n.* Trolleybus
trotuar, trotuare *n.* Gehweg
tu du
turc, turci *m.* Türke
turca Türkisch
turceşte türkisch
Turcia Türkei
turcoaică, turcoaice *f.* Türkin
turist, turişti *m.* Tourist
turistă, turiste *f.* Touristin
a turna gießen
tutungerie, tutungerii *f.* Tabakwaren- und Zeitungsgeschäft

Ț

țară, țări *f.* Land
la ~ auf dem Land
a ține halten
țuică, țuici *f.* Schnaps

U

a uita vergessen
a se uita schauen
ulei, uleiuri *n.* Öl
umăr, umeri *m.* Schulter
a umbla herumgehen
a umple füllen
una eine
unchi, unchi *m.* Onkel

unde wo
de ~ woher
undeva irgendwo
uneori manchmal
ungara Ungarisch
Ungaria Ungarn
ungur, unguri *m.* Ungar
ungureşte ungarisch
unguroaică, unguroaice *f.* Ungarin
a uni verbinden
unii einige
universitate, universităţi *f.* Universität
unsprezece elf
unt *m.* Butter
unu eins
a ura wünschen
urât hässlich
a urca einsteigen, aufsteigen
ureche, urechi *f.* Ohr
a urî hassen
urs, urşi *m.* Bär
ursoaică, ursoaice *f.* Bärin
uşă, uşi *f.* Tür
uşor leicht
usturoi *m.* Knoblauch

V

vacă, vaci *f.* Kuh
vacanţă, vacanţe *f.* Ferien
vapor, vapoare *n.* Schiff
vară, vere *f.* Cousine
vară, veri *f.* Sommer
varză, verze *f.* Weißkohl
vază, vaze *f.* Vase
văduv verwitwet
văr, veri Cousin
vânătă, vinete *f.* Aubergine
vânător, vânători *m.* Jäger
vânzătoare, vânzătoare *f.* Verkäuferin
vânzător, vânzători *m.* Verkäufer
vârf, vârfuri *n.* Spitze, Gipfel
vârstă, vârste *f.* Alter
vechi alt
vecin, vecini *m.* Nachbar
vecină, vecine *f.* Nachbarin
a vedea sehen
a veni kommen
verb, verbe *n.* Verb
verde grün
verişoară, verişoare *f.* Cousine *(Kosename)*
verişor, verişori *m.* Cousin *(Kosename)*
vesel fröhlich
veselă *f.* Geschirr
viaţă, vieţi *f.* Leben
vin, vinuri *n.* Wein
vinerea der Freitag, freitags
vineri Freitag
violet lila
vită, vite *f.* Rind
a vizita besuchen
voi ihr, euch
volei Volleyball
vorbăreţ gesprächig, redselig
a vorbi sprechen
vostru, voastră, voştri, voastre euer, Ihr, eure, Ihre
a vrea wollen
vreme, vremuri *f.* Zeit, Wetter
pe vremea aceea damals
vreo irgendeine
vreodată irgendwann, jemals
vreun irgendein

Z

zacuscă, zacuşte *f.* Gemüsepaste
zahăr *n.* Zucker
zăpadă, zăpezi *f.* Schnee
a zbura fliegen
zebră, zebre *f.* Zebra (-streifen)
zece zehn
zero, zerouri *n.* Null
zgomot, zgomote *n.* Lärm
zi, zile *f.* Tag
~ de naştere Geburtstag
toată ziua den ganzen Tag
ziar, ziare *n.* Zeitung
a zice sagen